W0175502

INHALTSVERZEICHNIS

PROLOG

Was wäre wenn … die Welt ein Dorf mit 100 Menschen wäre? Diese Frage haben wir uns schon vor knapp zehn Jahren gestellt und daraus das Buch „Unser kleines Dorf" gemacht, das 2009 erschienen ist. Darin haben wir die Welt so beschrieben, als ob sie im Jahr 2000 nur hundert Einwohnerinnen und Einwohner gehabt hätte – und nicht die mehr als sechs Milliarden, wie das wirklich der Fall war. Wir wollten damit die teils gewaltigen Zahlen, die über die Welt im Umlauf waren, begreifbarer machen. Also haben wir uns auf die Suche nach möglichst vielen zuverlässigen Daten über die Welt gemacht und sie dann so umgerechnet, dass sie für unser 100-Menschen-Dorf passten.

Nach einigen Jahren, in denen wir mit dem Buch, seinen Inhalten und einigen daraus entstandenen Ideen durch die Lande gezogen sind, haben wir uns mit all den Eindrücken, die wir dabei gesammelt haben, wieder an die Arbeit gemacht. Es wurde nämlich dringend Zeit, das Dorf wieder zu besuchen. Schließlich hat sich die Welt in den letzten Jahren weitergedreht. Mehr als eine Milliarde Menschen sind z.B. neu dazugekommen.

Was also machen wir in diesem neuen Buch? Wir rechnen wieder alles um. Diesmal nehmen wir als Basis aber das Jahr 2015, weil es jenes Jahr ist, in dem die Vereinten Nationen (UN, UNO) einen Beschluss gefasst haben, der hoffentlich zukunftsweisend ist. 2015 lief nämlich der sogenannte „Millenniums-prozess" aus, den die UN im Jahr 2000 gestartet hatte. Die Überprüfung der damals verabschiedeten Entwicklungsziele ergab teils recht erfreuliche Ergebnisse, in manchen Bereichen und manchen Regionen gab es aber auch gute Gründe zur Unzufriedenheit. Also ging man daran, die Bemühungen wieder aufzunehmen und zu verstärken, und es wurden – nach mehrjährigen Vorbereitungen – auf der Generalversammlung im September 2015 die sogenannten „nachhaltigen Entwick-lungsziele" (auf Englisch: *sustainable development goals*, daher in der Abkürzung „SDGs") verabschiedet. Diese siebzehn ambitionierten Ziele sollen nun bis zum Jahr 2030 erreicht werden und dazu beitragen, unsere Welt zu einem besseren Ort zu machen – für alle Menschen, aber möglichst auch für alle anderen Lebewesen.

Wir werden nun Globo erneut besuchen und die aktuellen Lebensbedingungen diesmal anhand der siebzehn „nachhalti-gen" Ziele darstellen. Wir werden außerdem den Menschen im Dorf ein zumindest „statistisches" Gesicht geben, indem wir sie als Personen in das Geschehen einbinden. Dafür mussten einige Entscheidungen getroffen werden. Eine davon war, dass wir bei Hundert bleiben. Wir dividieren daher diesmal alle Angaben durch einen neuen Umrechnungsfaktor von ca. 73,5 Millionen, denn die Welt des Jahres 2015 hatte bereits 7,35 Milliarden Bewohnerinnen und Bewohner.[1] Das macht das Buch leichter lesbar und vor allem besser verständlich, als es

---

[1] Genau genommen waren es laut UN-Bevölkerungsprogramm im Juli 2015 insgesamt 7 Milliarden 349 Millionen 472 Tausend und 99. Wir nehmen für unsere Umrechnungen immer genau diese Zahl als Referenz – obwohl ... eigentlich ist die Zahl alles andere als „genau". Denn letztlich weiß niemand, wie viele Menschen wirklich auf der Erde leben, weswegen selbst die „Zählungen" der Vergangenheit (wie diese) eigentlich nur Schätzungen sind. Für uns in Globo besonders bemerkenswert ist, dass die statistische Schwankungsbreite dieser Angabe mehr als 1 Globo-Person beträgt. Und in der realen Welt ist die Zahl der Menschen, während sie diese Fußnote gelesen haben, je nach Lesetempo um ungefähr 50 Personen gestiegen. Da wird selbst das Nachzählen schwierig.

sonst wäre, wenn wir das Dorf hätten weiterwachsen lassen. Denn dann wären wir nämlich heute schon bei mehr als 120 Menschen und das würde das Mitdenken schwieriger machen. Schließlich heißt „Prozent" ja wörtlich „von Hundert" und die Chance wollten wir uns nicht entgehen lassen, nah an Prozentangaben zu bleiben, weil sich doch recht viele Menschen zumindest unter „Prozent" ohne viel Erklärung etwas vorstellen können. Leider sind daher aber die Zahlen aus den beiden Büchern nicht direkt vergleichbar. Man kann zwar beide jeweils als Anteile lesen und sie so recht zuverlässig nebeneinanderstellen, aber die absoluten Zahlen stimmen nicht zusammen. Im alten Buch stand ein Mensch für 60,8 Millionen, im neuen für 73,5 Millionen. Das heißt auch, dass wir niemanden aus dem alten Buch wiedertreffen könnten, weil die Hundert im neuen Buch wirklich andere Menschen sind. Und das Dorf selbst hat sich natürlich auch verändert: wenn die Zahl der Menschen gleichgeblieben ist, obwohl sie sich in der realen Welt deutlich vergrößert hat, dann muss das Dorf geschrumpft sein. Und so ist es auch. Die 100 Menschen leben 2015 nicht mehr auf 8,4 Quadratkilometern Gesamtfläche, sondern auf nur noch 6,9. Unverändert ist freilich, dass davon immer noch mehr als zwei Drittel Wasseroberfläche sind.

Außerdem ist es uns ein Anliegen, dass begreifbarer wird, was „uns" mit „den anderen" eigentlich verbindet. Denn das ist eine ganze Menge. „Wir" sind dabei sowohl jene, die dieses Buch tatsächlich lesen, als auch die Menschen in Europa, die Deutsch verstehen (im Dorf Globo wären das übrigens nur zwei). Wir werden noch sehen, dass all diese Menschen in Globo zu den Begünstigten zählen, selbst wenn uns die Alltagssorgen und Zukunftsängste manchmal zu erdrücken drohen und selbst wenn es natürlich auch in Europa ziemlich große Unterschiede gibt, die die Verhältnisse in Globo spiegeln. Und „die Anderen", das sind sowohl die statistischen Personen, die in diesem Buch lebendig werden, als auch die Milliarden Menschen in anderen Weltteilen. Also legen wir besonderen Wert darauf, Zusammenhänge zwischen Europa und der Welt deutlich zu machen, ohne dabei allzu viel vorzugeben, das man mit guten Gründen auch völlig anders sehen könnte. Das wird manchmal nur in sehr verkürzter Weise möglich sein, wir tun aber unser Bestes. Und am besten wäre es sowieso, wenn Sie, die Sie dieses Buch lesen, auf solche Verbindungen selbst kommen. Sie werden einige wissen, für die wir keinen Platz haben oder an die wir vielleicht auch gar nicht gedacht hätten. Also ist das Buch natürlich auch eine Einladung zum Selberdenken – und in weiterer Folge auch zum Handeln im eigenen Wirkungsbereich.

Wir arbeiten in diesem Buch mit vielen Statistiken und werden versuchen, diesen Statistiken Gesichter zu geben. Dabei legen wir vieles fest, das eigentlich nicht festzulegen ist. Denn zahlreiche Angaben über die reale Welt unterscheiden sich. Manchmal schwanken sogar Zahlen zum völlig gleichen Sachverhalt zur selben Zeit um ein Mehrfaches. Ja, wirklich: es geht nicht um eine kleine Abweichung von ein paar Prozent, es geht um unbekannte Größenordnungen, sodass es auch doppelt oder halb so viele Menschen sein könnten. Was also tun? Wir könnten diese teils großen Unsicherheiten wiedergeben und mit Schwankungsbreiten arbeiten, wir wollen aber zugleich nicht unnötig verwirren. Also geben wir zu allem immer nur eine Zahl und haben dabei den Anspruch, dass es die „beste" aller verfügbaren Zahlen ist. Daher arbeiten wir vor allem auf der Basis von offiziellen Statistiken, bei denen einigermaßen einheitlich nachvollziehbar ist, wo ihre Schwächen liegen. Sie kommen vor allem von der UNO und ihren Teilorganisationen (vorwiegend von der Weltbank oder vom UN-Entwicklungsprogramm) oder auch von anderen internationalen Spezialorganisationen. Bei manchen Themen und insbesondere bei historischen Daten war es aber auch nötig, auf wissenschaftliche Literatur und Datenbanken zurückzugreifen.

Außerdem steht jedes der Gesichter zu diesen Zahlen für 73,5 Millionen echte Menschen. Also darf man nie vergessen, dass solche statistischen Durchschnitte, von denen es im Buch nur so wimmelt, niemals „echte" Menschen sind, denn niemand, der auf dieser Welt lebt, ist Durchschnitt, sondern jede und jeder ist eine einzigartige Persönlichkeit mit ihrer oder seiner ganz eigenen Geschichte. Das merkt man auch dann, wenn von so etwas wie „Familien" die Rede ist, die es im Dorf so eigentlich nicht geben kann. Aber von den Menschen in den Teilen des Dorfes sind manche jung und andere älter, was es naheliegend macht, sie sich als Kinder und Eltern zu denken, und manchmal sogar als Großeltern und Enkelkinder.

Weiters gibt es immer nur einen ganzen Menschen, niemals Bruchteile davon. Man kann vielleicht verschiedene Berufe ausüben und seine Arbeitszeit darauf aufteilen, aber es kann niemals nur ein halber Mensch hungern (Welche Hälfte denn? Vielleicht die linke?). Also werden alle Angaben, die direkt die Menschen betreffen, immer auf ganze Zahlen gerundet – und damit zum Teil sehr deutlich auf- oder abgerundet. Das einfache Rückrechnen unserer Angaben aus dem Dorf Globo auf Menschen in der realen Welt ist daher problematisch, weil sich schnell ein „Rundungsfehler" von durchaus 50 Millionen Menschen einstellen könnte, vor allem, wenn es um Sachverhalte geht, die nur einzelne Menschen in Globo betreffen.

Einfacher ist das bei Angaben zum Ölverbrauch oder zum Einkommen, wo es ja durchaus Bruchteile geben kann und daher Kommazahlen kein Problem sind – auch wenn wir uns ganz bewusst auf die Angabe von maximal einer Kommastelle beschränken werden, um den falschen Anschein von Exaktheit der Zahlen zu vermeiden, den die reale Welt nie einhalten könnte. Wie heißt es so vielsagend: Glauben Sie nur der Statistik, die sie selbst gefälscht haben! Das hat etwas für sich, aber meistens geht es dabei um so einfache Sachverhalte, wie dass man nie genau wissen wird, wie viele Menschen gerade in der realen Welt leben, und das schon allein deshalb, weil jede Sekunde ungefähr zwei dazukommen. Oder Menschen sind in Umfragen vergesslich oder wollen gar nichts Genaues zu ihren Lebensbedingungen angeben, oder man ist sogar überhaupt auf eine Schätzung angewiesen, ohne mit den Betroffenen gesprochen zu haben oder sprechen zu können. Aus all dem werden Ungenauigkeiten in den Statistiken, die völlig unvermeidlich sind.

Die verwendeten Zahlen sind also so richtig wie nur möglich – bei Statistiken von „wahr" zu sprechen, wäre wohl im wahrsten Sinne des Wortes „vermessen". Und „richtig" meint dabei eine Mischung aus sachlich korrekt und allgemein anerkannt. Die besten Zahlen helfen nichts, wenn sie niemand ernst nimmt. Doch gerade in Zeiten, in denen seröse Berichterstattung oder Forschung von manchen pauschal als „Fake News" bezeichnet wird oder zumindest in den Verdacht gerückt wird, eine interessengeleitete Verdrehung von Fakten zu sein, tun verständliche Informationen über die Welt wohl besonders not. Dabei angemessen kritisch zu sein, ist selbstverständlich, vor allem selbstkritisch. Und wer selbst nachschauen will: am Ende des Buches geben wir natürlich eine Liste unserer Quellen an, die in der Regel frei verfügbar sind (zumindest, wenn man einen Internet-Anschluss hat), und eine kleine Auswahl von interessanter weiterführender Literatur. Wir geben auch direkte Quellenverweise bei allen Abbildungen (in Kurzform; dabei findet sich im Quellen- und Literaturverzeichnis jeweils die ausführliche Angabe), auf einzelne Verweise zu den Zahlen im Text verzichten wir hingegen, um den Lesefluss nicht zu stören. Hin und wieder ergänzen wir trotzdem noch etwas in einer Fußnote. Das hat vor allem den Sinn, relevante Informationen über die reale Welt zu liefern, die in der Globo-Realität nicht angemessen abbildbar sind. Denn außer in diesem Prolog und im abschließenden Epilog bleiben wir den ganzen Text hindurch konsequent in der kleinen Welt von Globo.

Dieses Buch ist also ein erneutes Experiment, das hoffentlich öfter gut als schlecht geraten ist. Es hat seine Grenzen, denn wir legen ja z.B. fest, dass es alles, was es rechnerisch in Globo geben muss, auch tatsächlich geben kann. In einem echten so kleinen Dorf wären hingegen fast alle Erfindungen niemals gemacht worden, die die Grundlage unseres heutigen Lebens sind. Es könnte die rund 100 Handys z.B. gar nicht geben, die in Globo aber natürlich existieren müssen. Und wir setzen voraus, dass es alles, was es braucht, geben muss. Rechnerisch gäbe es z.B. kein einziges Boot (geschweige denn ein Schiff). Aber es muss Boote geben, weil man ansonsten kaum etwas von Europa oder Asien nach Amerika transportieren könnte. Wir stoßen immer wieder an diese und ähnliche Grenzen, wenn wir versuchen, Zusammenhänge wirklich mit Personen oder Orten zu verbinden, was immer zu Vereinfachungen führen muss, die nicht immer allen gleich gut gefallen werden und die selten wirklich ganz und gar stimmig sein können. Sie werden aber hoffentlich immer mehr erklären und hinführen, als sie weglassen oder ablenken. Die Kapitel sind dabei so gestaltet, dass man auch jedes für sich lesen kann und in jedem auch etwas Näheres über das Dorf selbst und seine Menschen erfahren wird. Wir heben jeden Namen einmal sogar fett hervor, immer dann, wenn sich etwas Information über die jeweilige Person und ihre Region im Text findet (mehr zu allen gibt es dann im Anhang). Insgesamt empfiehlt es sich, am Anfang auf jeden Fall die Einleitung zu lesen, selbst wenn man „Unser kleines Dorf" schon kennt. Am Ende wird es sich auch sicher lohnen, das Schlusskapitel zu lesen, weil es den Blick in die Zukunft lenkt. Und wer dann noch immer nicht genug hat: auf den letzten 50 Seiten folgen noch kurze statistische „Biografien" der hundert Menschen in Globo im Jahr 2015, damit man sich vielleicht noch etwas mehr unter diesen Personen vorstellen kann, von denen eine ja auch für jeden und jede von uns steht.

Wir hoffen, dass sich im Laufe des Lesens und Durchstöberns neue Erkenntnisse ergeben werden. Wir hoffen aber auch, dass es dabei nicht bleibt und dass der eine oder andere Weg im Buch gefunden wird, um selbst dazu beizutragen, die reale Welt zu einem besseren Ort zu machen. Das beginnt am besten in der eigenen Umgebung. Und da niemand von uns allein die Welt wird retten können, braucht es viele Beiträge, gerade die kleinen, alltäglichen, kaum merklichen. In der Vergangenheit haben viele solcher Handlungen schon eine ganze Menge zum Besseren gewendet, was dieses Buch auch dokumentiert. Der wichtige Unterschied ist nämlich nicht, wie groß oder umwälzend oder öffentlichkeitswirksam die eigene Tat ist, sondern nur, ob sie getan wird oder nicht. Ob sich eine Haltung verändert oder nicht. Denn nur so verwandelt man sich von jemandem, der oder die einer Entwicklung nur erlebt, gegen die scheinbar nichts zu machen ist, zu jemandem, die oder der unsere gemeinsame Zukunft bewusst gestaltet.

Hier ist schlussendlich auch noch der richtige Platz, um Danke zu sagen. Wir Autoren könnten nicht tun, was wir tun, ohne die Unterstützung durch Familie und Freunde oder ohne die Möglichkeiten, die eine moderne Gesellschaft bietet. Wir können uns auf vieles verlassen, das oft für allzu selbstverständlich gehalten wird und das hoffentlich nicht dann erst bemerkt wird, wenn es plötzlich fehlt. Für das vorliegende Buch waren insbesondere die vielen Erfahrungen grundlegend, die wir in den letzten Jahren mit unseren Freunden im teamGlobo gemacht haben und zu denen auch viele Menschen beigetragen haben, mit denen wir in diesen Jahren gesprochen haben oder denen wir bei Vorträgen, Wettbewerben, Ausstellungen, Fortbildungen oder anderen Veranstaltungen begegnet sind, oder manchmal auch einfach nur so. Viele dieser Menschen waren Kinder, deren Reaktionen oft besonders erhellend waren. Unser Dank gilt aber ganz besonders Christine Rainer, die uns im gesamten Projektverlauf begleitet und auf vielfältige Weise mit ihren Erfahrungen und Ratschlägen unterstützt hat, und Markus Mayr, der uns immer wieder wichtiges Feedback gegeben hat. Außerdem ist Thomas Pacher hervorzuheben, der uns bei der Erstellung der Biografien tatkräftig unterstützt hat. Des Weiteren sind wir Ruth Buchauer, Robert Buratti, Sabine Comploi, Guido Rüthemann, Paul Tschurtschenthaler und Alexandra Weiss, die das Manuskript akribisch gelesen haben, für ihre vielfältigen Rückmeldungen sehr dankbar. Alle trotzdem noch verbliebenen Fehler sind allein unsere. Schließlich haben auch die Studierenden aus einer Lehrveranstaltung im Wintersemester 2015/16 an der Universität Innsbruck über *„Unser kleines Dorf" in der Post-MDG-Welt* mit ihren damaligen Beiträgen einen Anteil am Aussehen dieses Buches. Aus vielen Tropfen entsteht ein Fluss, ohne sie bliebe die Erde unfruchtbar.

Transantarktisches Gebirge

PAZIFIK

EIN ABEND, DER ZU DENKEN GAB

Globo ist ein kleines Dorf mit 100 Menschen. Diese Menschen leben etwas verstreut in fünf Weilern: 5 Menschen leben in „Nordamerika", 8 in „Lateinamerika", 10 in „Europa", 16 in „Afrika" und 61 in „Asien". Sie wohnen in dieser kleinen Gemeinschaft zwar recht nah beieinander und sie haben auch sehr viel miteinander zu tun, es gibt aber auch einiges, das sie trennt, und sie treffen sich nur selten in großer Runde.

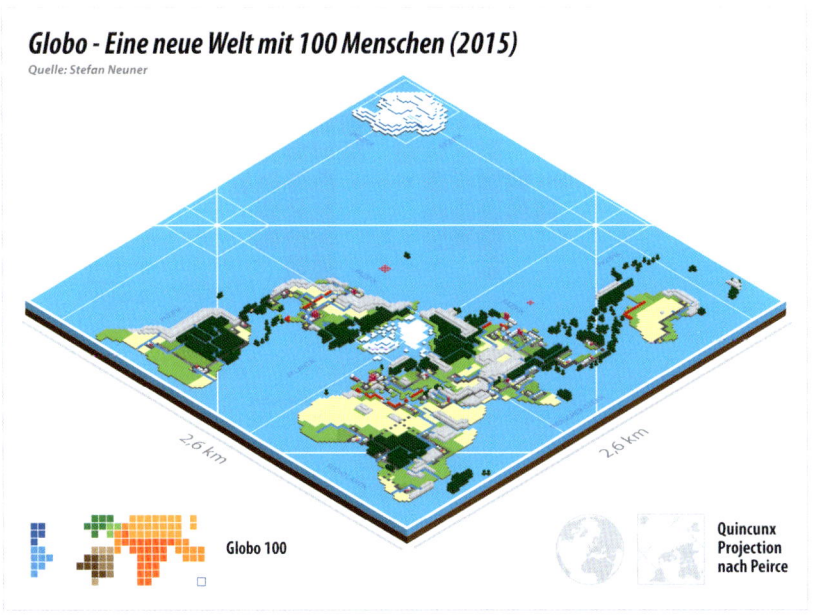

Globo - Eine neue Welt mit 100 Menschen (2015)
Quelle: Stefan Neuner

2.6 km

2.6 km

Globo 100

Quincunx
Projection
nach Peirce

Dass sie sich so selten treffen, mag auch daran liegen, dass sich zwischen diesen Weilern viel Wasser befindet und man daher ein Boot braucht, wenn man von einem Ort zum anderen kommen möchte. Das kostet etwas Mühe, auch wenn eine Überfahrt nirgends in Globo länger als ein paar Minuten dauert und die meisten Distanzen letztlich schwimmbar wären. Die beiden Weiler Nordamerika und Lateinamerika sind aber von den anderen sogar ganz durch das Wasser getrennt und auch der Weiler Afrika ist mit Europa und Asien nur durch ein schmales Landstück verbunden. Wasser dominiert also das Bild des Dorfes aus der Vogelperspektive. Die Menschen sehen in diesem kleinen Meer und seinen Inseln daher sogar so etwas wie einen eigenen Weiler und nennen ihn „Ozeanien". Dort lebt allerdings niemand.[2]

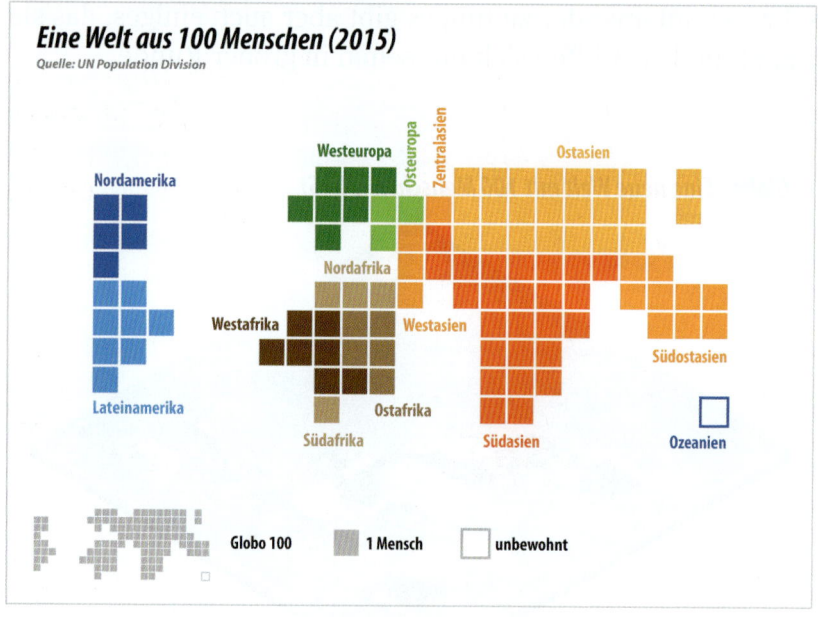

---

[2] In der realen Welt leben natürlich fast 40 Millionen Menschen in dieser Region, das heißt in Australien, Neuseeland, Papua-Neuguinea und andere pazifischen Inseln, was in Globo aber bei weitem nicht für eine Person ausreicht.

Dass die Menschen sich so selten treffen, mag aber auch darin begründet sein, dass manche Teile des Dorfes nicht ohne weiteres von allen betreten werden dürfen. Manchmal halten sie sogar Mauern fern. Eine echte Gemeinschaft sieht wohl anders aus. Die Menschen in Globo leben aber auch sonst in einer seltsamen Welt. Sie ist ein Quadrat von etwa 7 Quadratkilometern Fläche, also könnte die größte Entfernung zwischen zwei Menschen im Dorf nur rund 3.700 Meter Luftlinie betragen. Weiter distanzieren kann man sich nicht und wäre da nicht so viel Wasser, könnte man die Strecke in einer Stunde zu Fuß zurücklegen. Auch scheint der Winter nur manche Regionen des Dorfes zu besuchen (vor allem eine Insel weit draußen im Meer und eine Wasserfläche in der Mitte), während es in anderen immer warm ist. Überhaupt regnet es an manchen Plätzen viel, an anderen hingegen kaum oder gar nicht, oft weniger als hundert Meter nebeneinander. In manchen Gegenden wächst daher sehr wenig, ja es finden sich sogar ewiges Eis und Sanddünen, während es anderswo üppig grünt und es dichte Wälder, weite Wiesen und fruchtbare Äcker gibt. Dort sammelt sich das Wasser zu kurzen Süßwasserflüssen und in kleinen Seen, während wieder anderswo sich Felsen zu kleinen Bergen und Klippen auftürmen. Das meiste der Scheibe besteht aber ohnehin aus dem Salzwassermeer, denn das Land und damit die Menschen drängen sich auf kaum 2 Quadratkilometern Landfläche, von denen einiges (wie Eis-, Gebirgs- und Wüstenflächen) nicht einmal bewohnbar ist. Letztlich dient nur ungefähr die Hälfte dieser Fläche als Dauernutzungsraum für die Menschen.

In Globo hat dabei jeder Mensch ein eigenes Haus, selbst die kleinen Kinder. Das heißt natürlich nicht, dass sie dort ganz allein leben oder gar, dass ihnen das Haus gehört, aber es ist doch immer auch ein Symbol für den persönlichen Lebensstandard. So unterscheiden sich die Häuser stark in ihren Ausstattungen. Es gibt solche mit Stromanschluss, mit guten Sanitäreinrichtungen und sogar mit Internetzugang. Hingegen ist in anderen all das nicht vorhanden, ja oft nicht einmal eine Wasserleitung, und es muss mit Holz- oder Kerosinfeuer gekocht oder geheizt werden. Manche haben dabei in ihrer Umgebung auch viel mehr Platz als andere. In Nordamerika leben z.B. insgesamt nur 5 Menschen auf einer viel größeren Fläche als in einer Siedlung namens „Indien", wo aber 18 Menschen leben. Ja, im Weiler Asien leben so viele Menschen, dass sich dort regelrechte Siedlungen gebildet haben. Die zweite größere ist „China", in der sogar 19 Menschen leben. Für den genaueren Überblick über die Unterschiede im Dorf ist aber nicht nur Asien, sondern es sind auch die Weiler Europa und Afrika noch weiter unterteilt.

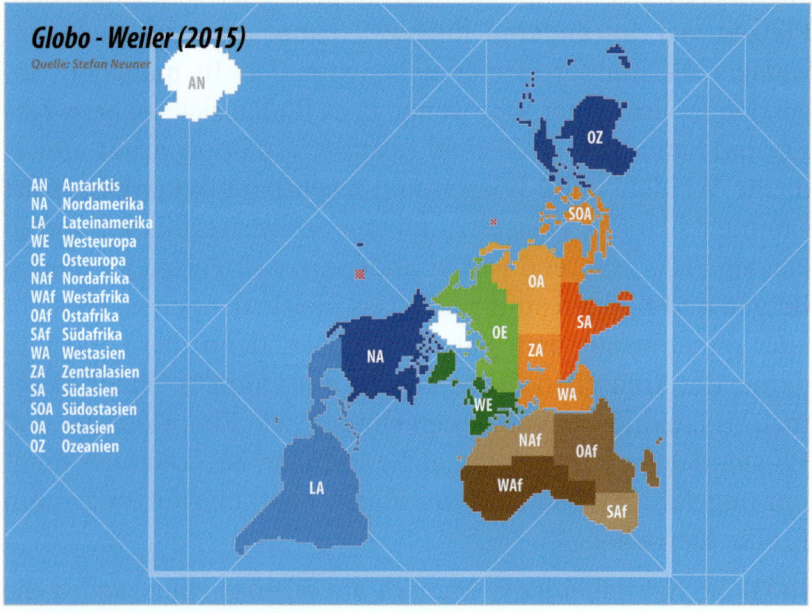

Globo - Weiler (2015)
Quelle: Stefan Neuner

AN   Antarktis
NA   Nordamerika
LA   Lateinamerika
WE   Westeuropa
OE   Osteuropa
NAf   Nordafrika
WAf   Westafrika
OAf   Ostafrika
SAf   Südafrika
WA   Westasien
ZA   Zentralasien
SA   Südasien
SOA   Südostasien
OA   Ostasien
OZ   Ozeanien

Verglichen mit Indien und China wirken manche Regionen im Dorf aber geradezu menschenleer. Im Fall von Ozeanien stimmt das ja sogar, dort leben nur einige Nutztiere – ein Rind, ein Schwein und zwei Hühner – in einem kleinen Gehege. Überall im Dorf gibt es übrigens solche Gehege, meistens mit viel mehr Tieren, und es gibt auch Maschinen, die vollautomatisch in der Landwirtschaft (z.b. bei der Ernte) oder im Bergbau (z.b. in der Ölförderung) eingesetzt werden. Außerdem gibt es in jedem Weiler Lagerflächen, auf denen Güter für den täglichen Bedarf gesammelt werden. Sie werden teils direkt dort abgegeben, manchmal aber auch von einem Boot oder einem Lastwagen dorthin gebracht. Dann werden sie zu „Warenkörben" zusammengestellt, die als Ganzes oder in Teilen gekauft werden können, sofern man genug Geld hat. Daher braucht es im Dorf auch keine Geschäfte, der gesamte Einkauf wird über die Lagerflächen abgewickelt. Kranke Menschen werden in Gesundheitszentren versorgt, die freilich je nach Weiler sehr unterschiedliche Öffnungszeiten und Ausstattungen haben. Eine Schule gibt es in Globo hingegen nicht, Unterricht findet zuhause statt.

Die meisten Erwachsenen haben mehrere Berufe und nur zwei von ihnen arbeiten z.b. in den Gesundheitszentren, zwei weitere in Teilzeit als Lehrende. Einige teilen sich auch die Arbeit bei den Lagerflächen. Der Großteil der Menschen arbeitet aber praktisch zuhause, indem sie Landwirtschaft betreiben oder Dienstleistungen anbieten oder in einer dort eingerichteten Werkstätte Dinge herstellen, die irgendwo im Dorf jemand braucht oder will. Bezahlt wird in der Währungseinheit des Dorfes, dem Oro. Der ist überall in Globo gleich viel wert (günstigerweise entspricht 1 Oro zudem genau 1 Euro),[3] aber weil die Einkommen sehr unterschiedlich sind, können sich bei weitem nicht alle Menschen das gleiche leisten. Manche haben

---

[3] Leider finden sich in den internationalen Statistiken die meisten Angaben in US$ bzw. in kaufkraftbereinigten PPP$, die wir dann zudem teils noch auf das Referenzjahr 2015 umrechnen mussten. Für die Umrechnung dieser Werte in Oro wird ein Umrechnungskurs von 1 Oro = 1,10 US$ angewandt, weil das auch zum Selbstnachrechnen sehr gut geeignet ist und außerdem in etwa dem durchschnittlichen Wechselkurs von Euro und US$ im Jahr 2015 entspricht.

aber auch gar kein Geld und müssen schauen, wie sie selbst all das erzeugen, was sie zum Leben brauchen. Das gilt insbesondere für die Menschen, die von der Landwirtschaft leben. Bei ihrer Arbeit helfen auch keine Maschinen, sie müssen selbst zum Werkzeug greifen oder arbeiten überhaupt nur mit den eigenen Händen.

So geht das Leben in Globo seinen gewohnten Gang. Doch an einem Septemberabend im Jahr 2015 war das anders. Damals begab sich etwas Besonderes. Alle 100 Bewohnerinnen und Bewohner des Dorfes waren nämlich zu einer Versammlung eingeladen. Und sie alle, von der Jüngsten, gerade neu geboren, bis zur Ältesten, bereits 81 Jahre alt, sind auch gekommen. Normalerweise werden Angelegenheiten in kleinen Gruppen oder einfach auf der Straße besprochen und vieles wird den meisten Menschen erst im Nachhinein bekannt. An diesem Abend aber kamen alle auf einer Wiese inmitten des Weilers Asien zusammen, um über die Zukunft zu reden, die viel mehr als bisher eine gemeinsame sein soll. Daher standen auch fünf Menschen – jemand aus jedem Weiler – vor der Versammlung auf einem kleinen Podium. Was sie vortrugen, wurde sofort in die am meisten gesprochenen Sprachen von Globo übersetzt – Mandarin, Hindi, Englisch, Spanisch und Arabisch – und dann in andere Sprachen weiterübersetzt, sodass die Anwesenden am Ende auch alle verstanden, was da gesagt wurde. Das dauerte zwar eine Weile, aber es ging ja auch um ein sehr wichtiges Thema.

Preston aus Europa, ein 31jähriger Mann, eröffnete die Versammlung und erzählte, dass das Dorf in das Zeitalter des „Anthropozän" eingetreten ist. Das bedeutet, so Preston, dass wir seit ungefähr zweihundert Jahren nun die Umwelt entscheidend bestimmen, ja der Mensch ist eigentlich zu dem prägenden Faktor in Globo geworden. Das bedeutet auch, dass wir in einer „vollen Welt" leben, in der wir nicht mehr einfach

Neuland im Dorf erschließen können, weil es keines mehr gibt. Sogar das Klima spielt deswegen manchmal verrückt. Viele der Anwesenden nickten zustimmend, denn sie haben das schon selbst erlebt. Es war in letzter Zeit immer wärmer geworden und manchmal regnet es zu wenig oder auch zu viel für eine gute Ernte. Also wird es Zeit, etwas zu tun, berichtet Preston weiter, und der Abend dient dazu, mit allen zu besprechen, welche Vorschläge es dazu gibt.

Zuerst aber sollte ein kleiner Rückblick gegeben werden, wie es dazu gekommen ist. Also trat Austin aus Nordamerika, ein 59jähriger Mann, nach vorne und erzählte, dass sich in diesen zweihundert Jahren ja vieles verändert hat. Zu Beginn dieser Zeitspanne lebten erst 14 Menschen in Globo – 3 in Europa, 10 in Asien und 1 in Afrika – und es ging allen ungefähr gleich schlecht. Dann aber wurden neue Techniken erfunden und man konnte bald viel mehr produzieren. Die Menschen aus Europa fuhren auch überall im Dorf herum, suchten nach Rohmaterialien und Globo begann sich zu wandeln. Man brauchte immer mehr Energie, zuerst vor allem Kohle, später Erdöl. Wer Rohstoffe und Energie zur Verfügung hatte, dem ging es in der Folge auch tatsächlich immer besser. Die Arbeit war zwar immer noch hart, aber immer mehr Maschinen halfen dabei. Die Wohnungen konnten beheizt und beleuchtet werden, der Unterricht wurde immer besser und die Menschen lebten gesünder und länger. So waren es vor hundert Jahren denn auch bereits 24 Menschen, die Globo bevölkerten: 13 in Asien, 7 in Europa, 2 in Afrika und je 1 in Nordamerika und in Lateinamerika. Unsere Vorfahren, so erklärte Austin, haben viel erreicht. Anderswo lebten aber fast alle noch wie früher, warf jemand aus dem Publikum ein, nämlich von der Landwirtschaft und damit davon, was sie täglich selbst erzeugten. Ihr Leben hatte sich kaum verbessert, teils im Gegenteil: die aus Europa und Nordamerika waren oft nur gekommen, um Befehle auszugeben.

Ja, das stimmt, meinte nun Rosario aus Lateinamerika, ein 51-jähriger Mann. Diese Beschleunigung in manchen Teilen des Dorfes hat auch einiges durcheinandergebracht, und er erntete dafür zustimmende Bemerkungen aus der Menge. Es gab auch gefährliche Ideen, die das Denken der Menschen vergifteten, und es folgten Jahre des Streits und der Gewalt im Dorf. Die Älteste in der Runde, Nara aus Asien, konnte sich noch daran erinnern und auch daran, dass man deshalb vor etwa siebzig Jahren zum ersten Mal alle Menschen so wie heute zusammen gerufen hatte, um über die Probleme im Dorf offen zu sprechen. Damals war sie noch ein junges Mädchen und es war ihre erste Bootsreise, denn das Treffen fand in Nordamerika statt. Aber wenn sie so genau nachdachte: eingeladen waren doch bei weitem nicht alle.

Genau, bekräftigte nun Tian aus Asien, ein 50jähriger Mann. Damals lebten zwar schon 34 Menschen in Globo – 19 in Asien, 8 in Europa, 3 in Afrika und je 2 in Nordamerika und Lateinamerika –, eingeladen waren aber nur 10. Und schon klar, dass Austin von „uns" gesprochen hat, denn sein Vater war natürlich unter den Geladenen. Die meisten anderen aber nicht, so auch nicht Tians Eltern. Sie sind zwar auch gekommen, denn von der Versammlung erfahren haben alle, sie durften aber genauso wie Nara nur von außerhalb eines Zaunes zuhören und übersetzt wurde für sie draußen nichts. Außerdem hatten manche Eingeladene Waffen dabei und haben manchmal während der Gespräche auch damit gedroht. Da ist es natürlich kein Wunder, dass man sich noch lange nicht über den Weg traute. Also begann man damit, solche Versammlungen öfter abzuhalten und immer mehr Leute auch wirklich einzuladen. Vor knapp 25 Jahren war es dann so weit und zum ersten Mal kamen wirklich alle (damals schon 72) zusammen, und zehn Jahre später ist das noch einmal gelungen (mit inzwischen 83 Menschen). Damals war dann zum ersten Mal schon die Mitnahme von Waffen verboten, ein großer Schritt.

Er selbst war beide Male dabei, als er noch ein jüngerer Mann war, erzählte Tian.

So wie heute, sagte nun der letzte und älteste der Männer, der 69jährige Sefrou aus Afrika, und er erntete damit auch ein bisschen Gelächter. Gleich wurde er aber wieder ernst, denn gerade die Sache mit den Waffen sei ja immer noch ein großes Problem, wie sicher alle wüssten. Das könne man laut sagen, tönte es von weit hinten aus dem Publikum. Aber, so Sefrou, es ist bei weitem nicht das einzige Problem: andere sind Armut, Hunger, Krankheit, schmutziges Wasser oder Kinder, die nicht lernen können, sondern arbeiten müssen. Auch wird zu viel im Dorf bei der Produktion von Gütern verbraucht oder zerstört und erst der Müll und die Abwässer! Manche Fischer berichten, dass sie selbst im Meer kaum noch etwas fangen. Es ist daher dringend Zeit zu handeln. Also hätte man folgende siebzehn Punkte für mehr „Nachhaltigkeit" ausgearbeitet, die in Globo in den nächsten Jahren in einer gemeinsamen Anstrengung in Angriff genommen werden sollen.

Die Spannung stieg und nach kurzem Innehalten war es an Preston, die Liste zu verlesen:

1. Niemand soll mehr in Armut leben.

2. Alle sollen genug zu essen haben.

3. Alle sollen ein gesundes Leben führen können.

4. Alle sollen gute Bildungschancen haben.

5. Frauen und Mädchen sollen nicht gegenüber Männern und Buben benachteiligt werden.

6. Alle sollen genug Wasser und Sanitäranlagen haben.

7. Alle sollen Zugang zu ausreichender Energie haben.

8. Die Wirtschaft soll wachsen und die Arbeitsbedingungen sollen sich verbessern.

9. Die Qualität der Infrastruktur soll verbessert werden.

10. Die Ungleichheit soll sich verringern.
11. Alle sollen sicher wohnen können.
12. Konsum und Produktion sollen nachhaltig sein.
13. Der Klimawandel soll begrenzt werden.
14. Das Meer soll nachhaltig genutzt werden.
15. Auch Land und Wald sollen nachhaltig genutzt werden.
16. Alle sollen in Frieden leben und mitbestimmen können.
17. Es soll eine Partnerschaft für nachhaltige Entwicklung geben.

Schon während die Liste verlesen wurde, reagierten einige der Anwesenden mit Kopfschütteln, wieder andere mit Gelächter, einige begannen auch, laut in Richtung des Podiums zu rufen. Das sei doch wieder einmal typische Besserwisserei von denen, die schon bisher alle Vorteile aus dem „guten Weg" genossen hatten, den das Dorf angeblich genommen hatte. Für die meisten hier bliebe da doch nicht mehr als von den alten Versprechungen, und das wäre meistens nichts. Das fing schon beim ersten Punkt an, verstärkte sich beim achten und beim sechzehnten hörten die meisten schon nicht mehr wirklich zu. Am Podium war auch ein „Hab ich es Dir nicht gesagt?" zu vernehmen, denn die Versammlung löste sich in einige eifrig diskutierende Gruppen auf und andere, die sich nachdenklich oder auch mürrisch auf den Weg nach Hause machten. So oder so schien die Sache aber entschieden und eigentlich waren sich ja auch alle einig, dass sich etwas ändern muss. Ja, niemand bestritt ernsthaft die Sinnhaftigkeit der Punkte auf der Liste, auch wenn es unterschiedliche Meinungen über ihre Wichtigkeit gab. So stand z.B. eine Gruppe Frauen aus fast allen Weilern zusammen und beredete das Offensichtliche: dass schon wieder die Männer Entscheidungen verkündet hatten, ohne auch nur eine Frau reden zu lassen; wenn es dann um die Arbeit geht, würden sie sicher nicht übersehen.

An diesem Abend gingen die Menschen von Globo daher letztlich etwas ratlos auseinander. Manche wirkten zufrieden und zuversichtlich, andere machten ihrem Ärger über die herrschenden Zustände Luft, manche zuckten mit der Bemerkung mit den Achseln, dass man ohnehin nichts machen könne, und wieder andere diskutierten noch angestrengt herum, wie man denn das alles schaffen solle, wenn schon jetzt so vieles nicht funktioniert. Fast alle waren sich einig, dass es Leute im Dorf gab, mit denen nicht sinnvoll zu reden sei. Wer das sei, darüber gingen die Meinungen aber weit auseinander, und niemand dachte das von sich selbst. Eigentlich seltsam, oder? Jedenfalls war bei fast allen zumindest Skepsis zu spüren und so legten sich manche an diesem Abend ins Bett, um lange nicht einschlafen zu können und schlussendlich eine unruhige Nacht zu verbringen. Immerhin wartete am nächsten Tag ein neuer Morgen. Der erste Morgen auf dem Weg in eine bessere Zukunft?

Einfach würde es sicher nicht werden, denn trotz einiger Verbesserungen in den letzten Jahrzehnten liegt vieles im Dorf im Argen. Das wussten die Menschen nur zu gut. Es lohnt sich daher ein näherer Blick in die Weiler des Dorfes. Denn es stimmt schon: kaum jemand in der Runde weiß wirklich, wie es im Dorf aussieht. Man kennt seine eigene Umgebung, die Menschen, mit denen man zusammenlebt, aber sonst? Um wirklich die Chancen für die Zukunft einzuschätzen, muss man das ganze Dorf, alle seine Bewohnerinnen und Bewohner, besser kennen. Das ist die Grundlage für gute Entscheidungen, die es dringend braucht – jeden Tag ein bisschen dringender. Zumindest das war den Menschen in Globo spätestens an diesem Abend klar geworden. Machen wir uns also auf den Weg.

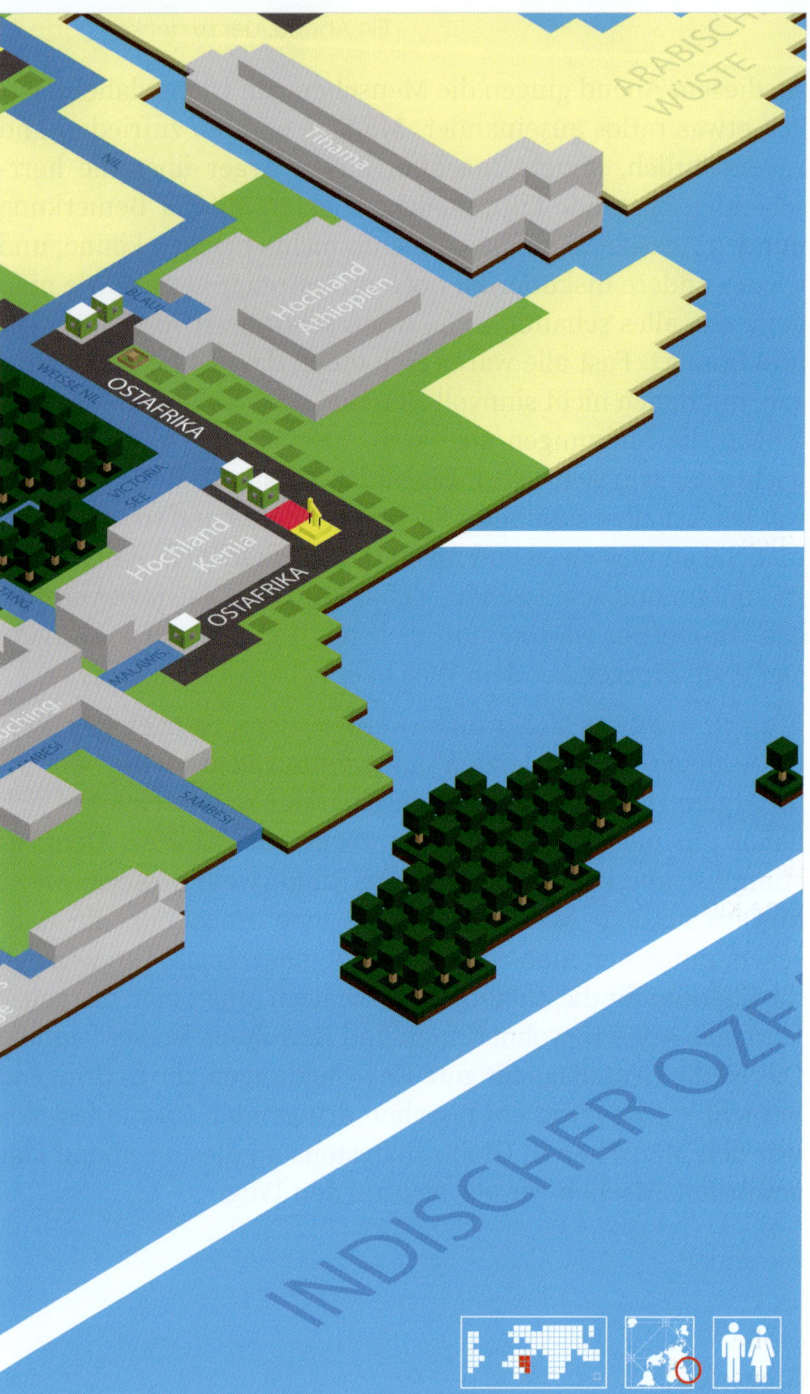

AM ANFANG STEHT DIE ARMUT

Aus der Perspektive der relativ wohlhabenden Menschen in Globo – und das ist der Blickwinkel von fast allen, die dieses Buch lesen – geht es den Menschen im Dorf eigentlich recht gut. Das ist aber nur ein Blickwinkel, eine Seite der Medaille. Das liegt daran, dass die meisten Menschen vor allem andere Menschen kennen, denen es ungefähr so geht wie ihnen selbst. Da kann schon einmal ein falscher Eindruck entstehen, ohne dass man sich allzu viel dabei denkt.

Tatsächlich gibt es im Dorf nicht viele wirklich wohlhabende Menschen. Der Lebensstandard, der in den reicheren Teilen des Dorfes völlig selbstverständlich ist, er ist ein Programm für eine kleine Minderheit. In Westeuropa entspricht der niedrigste Lebensstandard, wenn man öffentliche Dienstleistungen einrechnet, immer noch einem Gegenwert von mehr als 30 Oro pro Tag und das wiederum ist fast der arithmetische Mittelwert für das ganze Dorf. Mit diesem Wert liegt man aber nicht etwa in der Mitte der Verteilung, sondern deutlich im obersten Drittel, weil einige wenige sehr Wohlhabende den Mittelwert nach oben ziehen. Der Median der Verteilung – das ist jener Wert, bei dem die Hälfte der Menschen mehr und die andere Hälfte weniger hat – liegt hingegen bei nur ungefähr 15 Oro. Wer also in Europa, wo teils Stundenlöhne in dieser Höhe bezahlt werden, zu den am wenigsten wohlhabenden Menschen zählt, dem geht es gemessen an den anderen im

Dorf immer noch ziemlich gut. Das ist übrigens größtenteils Glück: statistisch verdanken sich heute ungefähr 75 Prozent des eigenen Lebensstandards der Gnade der Geburt in einem der Weiler in Globo – Glück für die Menschen in Europa, Pech für jene in Afrika; nur ungefähr 25 Prozent verdanken sich hingegen der Geburt in eine bestimmte soziale Schicht in diesem Weiler oder eigener Leistung – ziemlich wenig eigentlich.

Das merkt man natürlich nur, wenn man sich im Dorf bewegt. Da fallen dann die Unterschiede auf, da fällt auf, wie viel so vielen offensichtlich fehlt. Oder es fällt umgekehrt auf, wie viel mehr manche offensichtlich haben. Solange man diesen Vergleich nicht hat, solange kann auch Unzufriedenheit im Wohlstand herrschen oder Zufriedenheit im Mangel – und beides scheinbar zu Recht. Denn es gibt Menschen, die unter einem absoluten Mangel selbst an den lebensnotwendigsten Gütern leiden. Es geht ihnen deshalb aber vielleicht nicht einmal besonders schlecht, denn oft macht erst der Vergleich arm. Wenn alle in der Nachbarschaft nichts haben, gibt es dann einen Grund, mit dem eigenen Mangel unzufrieden zu sein? Zugleich: wenn es allen in meiner Umgebung ziemlich gut geht, fällt mir dann nicht viel deutlicher auf, was mir fehlt? So ist die Situation in Globo: man kann sehr schwer wegschauen, weil alles so nahe ist. Ist das ein Nachteil oder vielleicht sogar ein entscheidender Vorteil?

Schauen wir uns also ein bisschen um. Die Wiege der Menschheit, so heißt es, stand in Afrika. Was liegt daher näher, als die Reise durch das Dorf dort zu beginnen, wo auch sonst alles begann: im Weiler Afrika oder genauer, bei den Menschen in Ostafrika. Von den 5 Menschen dort sind 3 noch Kinder: der 1jährige **Awassa**, die 7jährige **Dese** und die 14jährige **Pembe**. Dazu kommen noch der 23jährige **Nakuru** und die 57jährige **Tabora**. Stellen wir uns diese Menschen vielleicht als Familie vor, auch wenn es sich – wie oft in Globo – eher um eine Art

„Patchwork" handelt. Die Menschen wirken zufrieden und gehen ihren Tätigkeiten nach, die Kinder sind fröhlich und spielen draußen, schließlich ist es angenehm warm. Im Vergleich zu anderen Regionen im Dorf sind die Lebensumstände aber auch sehr ärmlich. Es gibt nicht für alle sauberes Wasser, schon gar kein fließendes im Haus und nicht zu reden von Warmwasser aus der Leitung. Es gibt kaum Elektrizität und daher auch nur wenige elektrische Geräte, und wenn, dann eher ein Batterieradio als ein Haushaltsgerät, das die tägliche Arbeit erleichtern könnte. Unterricht und Gesundheitsversorgung gibt es zwar, aber wirklich darauf verlassen kann man sich nicht. Pembe z.B. hat mit ihren 14 Jahren die Ausbildung bereits beendet, weil sie sich das Lernen nicht mehr leisten kann. Und das Gesundheitszentrum steht in einem anderen Teil des Weilers und ist nur selten geöffnet. Die Menschen haben auch kaum Geld. Alles zusammen haben die fünf vor allem dank eines für den Weiler Afrika ziemlich guten Einkommens von Nakuru einen Lebensstandard, der etwas mehr als 8.000 Oro entspricht – für alle zusammen und das ganze Jahr. Niemand in Westeuropa hat so wenig: dort würde es gerade reichen, um einer Person drei Monate den durchschnittlichen Lebensstandard zu finanzieren. Und in Nordamerika sind die jährlichen Ausgaben allein für die Gesundheit so hoch – im Durchschnitt und pro Kopf.

Die Unterschiede sind also riesig und Armut ist auch relativ. In Globo muss man daher relative von absoluter Armut unterscheiden: relative Armut gibt es in allen Weilern, während absolute Armut nur in bestimmten Weilern verbreitet ist. Zusätzlich ist es sinnvoll, die „Armen" von den „Sehr-Armen" zu unterscheiden. Arm sind nämlich viele, vom Weiler Europa aus betrachtet sogar fast alle. Denn als arm gilt man, wenn man pro Tag höchstens den Gegenwert von 3 Oro in Geld oder Gütern zur Verfügung hat, also im Monat weniger als 100 (netto natürlich). Sehr arm ist man hingegen dann, wenn nur wenig mehr als der Gegenwert von 1 Oro zur Verfügung steht, also weniger als 50 pro Monat.⁴ Das betrifft in Globo oft auch Kinder, deren Eltern sehr arm sind. Und das sind dann noch dazu meistens *„working poor"*, d.h. die betroffenen Menschen haben wenig oder gar kein Geld, obwohl sie ganz normal arbeiten. Wobei eigentlich ist diese Arbeit oft gar nicht „ganz normal", es handelt sind vielmehr meist um anstrengende, körperliche Tätigkeiten. In den reicheren Regionen des Dorfes werden sie längst von Maschinen verrichtet oder man hat sie eben „ausgelagert".

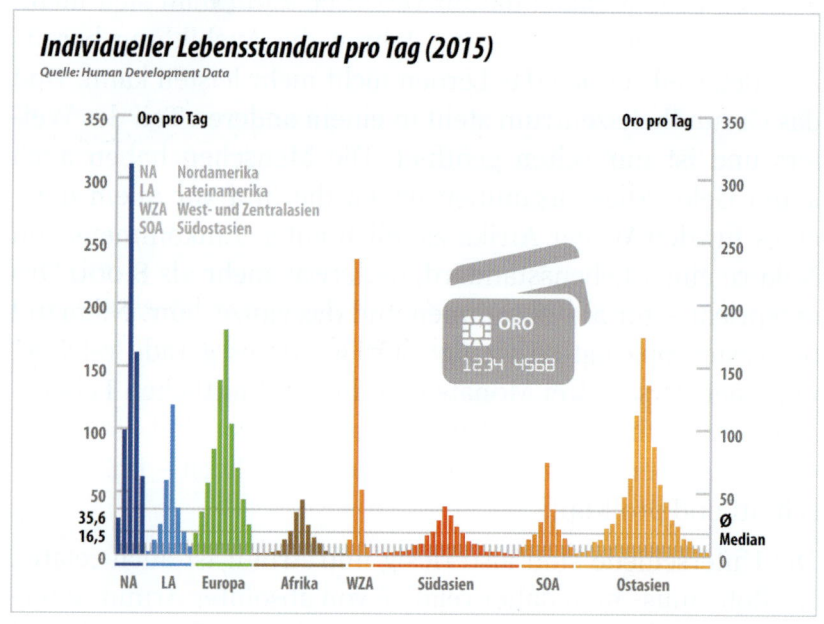

Individueller Lebensstandard pro Tag (2015)
Quelle: Human Development Data

NA Nordamerika
LA Lateinamerika
WZA West- und Zentralasien
SOA Südostasien

---

⁴ In der wirklichen Welt geht es hier um den sogenannten *„poverty headcount"* (also eine Zählung der armen „Köpfe"), der mit kaufkraftbereinigten Daten (mit Bezug zum Jahr 2011, ausgedrückt in PPP$) berechnet ist. Armut betrifft dann alle, die in einem Haushalt leben, wo weniger als der Gegenwert von 1,90 bzw. 3,20 PPP$ pro Kopf zur Verfügung steht. In Globo sind das umgerechnet genau 1,72 bzw. 2,88 Oro, aber wir runden diese Zahlen auf 1 bzw. 3 Oro pro Tag und näherungsweise 50 bzw. 100 pro Monat, damit man es sich besser merken kann.

Gemessen an diesem Kriterium sind zurzeit immer noch 10 Menschen im Dorf sehr arm. Allein in Ostafrika leben 3 davon, nämlich die drei Kinder Pembe, Dese und Awassa, 3 weitere leben in Westafrika. Aber auch in Asien gibt es 4 sehr arme Menschen, die alle in der Siedlung Indien oder in ihrer Nachbarschaft leben. Nimmt man noch die Armen dazu, dann betrifft das Problem ein Viertel der Dorfbevölkerung und auch Tabora, die nie irgendeinen Unterricht erhalten hat, reiht sich mit einem 2-Oro-pro-Tag-Lebensstandard in ihre Reihen ein. Insgesamt schaffen es 9 Menschen in Afrika, 1 Mensch in Lateinamerika und 16 Menschen in Asien nicht, wenigstens die zweite Armutsschwelle zu überschreiten.

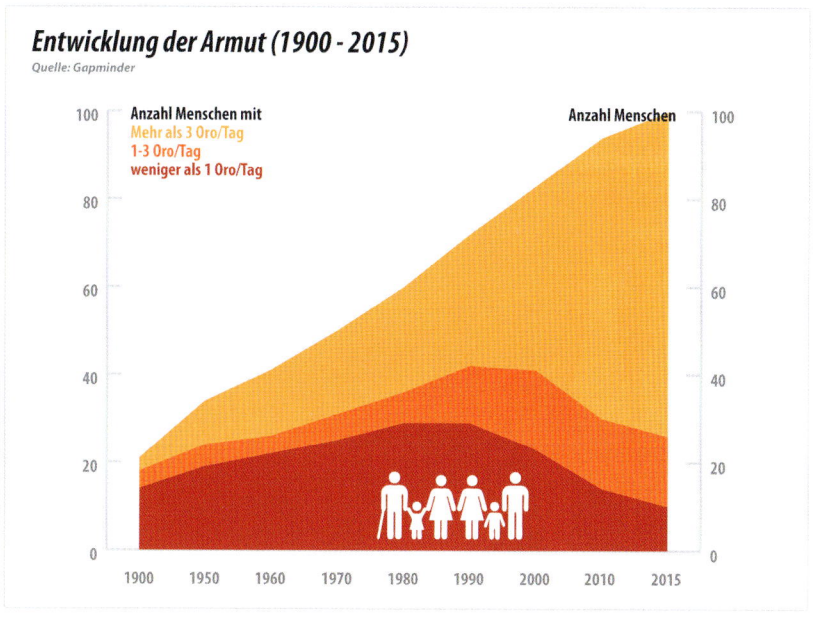

Entwicklung der Armut (1900 - 2015)
Quelle: Gapminder

Anzahl Menschen mit
Mehr als 3 Oro/Tag
1-3 Oro/Tag
weniger als 1 Oro/Tag

Anzahl Menschen

Also hat Armut, wie das gesamte Dorf, immer noch ein asiatisches Gesicht. Dabei ist gerade in diesem größten Weiler in Globo in den letzten Jahren sehr viel passiert. Im Jahr 1990 waren nämlich von den damals insgesamt 43 Menschen in Asien noch 18 sehr arm, also fast die Hälfte. Heute sind es nur noch

4 von 61, also weniger als ein Zehntel. Das ist für diese vier Menschen zwar immer noch sehr unangenehm, weil es natürlich umso schlimmer ist, allein arm zu sein als unter lauter gleich armen Menschen zu leben. Und es ist natürlich gefährlich, weil man sich ohne genug Geld kein ausreichendes Essen leisten kann und auch keine Medikamente, falls man krank wird. Aber trotzdem ist es in Globo wirklich bergauf gegangen: heute sind weniger als halb so viele Menschen sehr arm wie noch 1990, nämlich noch 10 (von heute 100) statt 23 (von damals 72). Am deutlichsten war diese Entwicklung in der Siedlung China. Dort lebten 1990 noch 15 Menschen, von denen 10 sehr arm waren. 2014 ist es aber sogar gelungen, den letzten sehr armen Menschen in China über die 1-Oro-Schwelle zu heben. Mittlerweile lebt auch die 65jährige Yuxi von immerhin 2 Oro pro Tag.

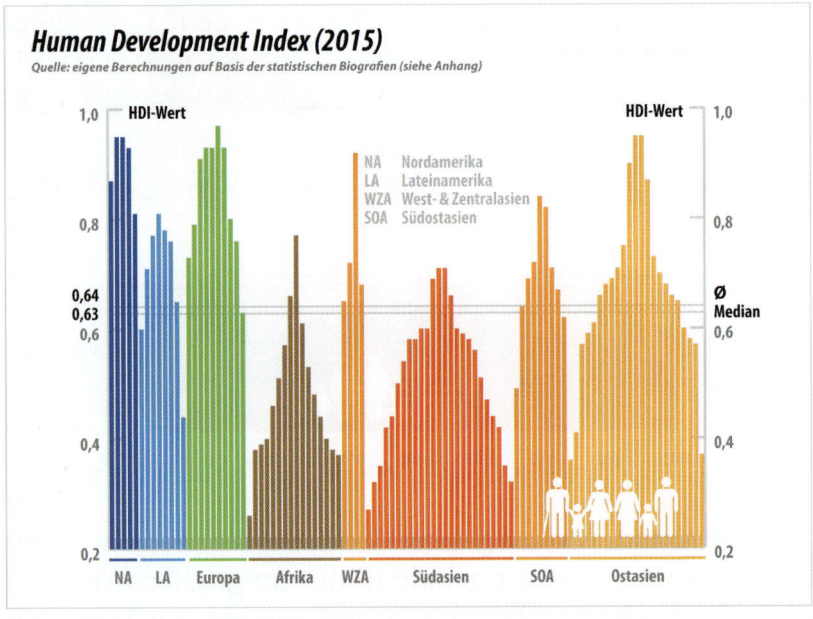

Verbesserungen sind also möglich, doch darauf können die Menschen in Afrika momentan nur hoffen. Und allzu viel

Hoffnung kann man ihnen nicht machen: Schätzungen gehen dahin, dass auch im Jahr 2030 noch immer 6 oder 7 Menschen in Globo sehr arm sein werden und diese Menschen werden vielleicht alle im Weiler Afrika leben. Schlechte Aussichten für Pembe, Dese und Awassa, aber auch für Kano, Goma und Mopti aus Westafrika. Es fehlt eben am Geld. Aber Armut ist natürlich viel mehr als nur zu wenig Einkommen. Es gibt sogar eine Maßzahl dafür: den Index der menschlichen Entwicklung (HDI bzw. *„human development index"*). Dabei wird nicht nur der materielle Lebensstandard berücksichtigt, sondern auch Lebensqualität und Lebenschancen (d.h. einerseits die Gesundheitssituation und andererseits Bildungsstand und Bildungsaussichten), alles jeweils gemessen in Relation zu den Werten aller anderen im Dorf. Zusammengerechnet ergibt sich daraus ein Indexwert zwischen 0 (sehr niedrige Entwicklung) und 1 (sehr hohe Entwicklung). In Globo haben alle Menschen ihren persönlichen HDI und da zeigt sich dann ein differenzierteres Bild der Armut. In Ostafrika liegen allerdings auch alle HDI-Werte im untersten Drittel des Dorfes, der von Tabora ist sogar der niedrigste überhaupt.

In Ostafrika sieht man daher noch gut, was Armut eigentlich heißt. Sie bedeutet Mangel in jeder Hinsicht. Sie bedeutet auch oft, gar kein Geld zu haben. Denn was da mit 1 Oro oder 3 Oro gemeint ist, das ist der Zugang zu Gütern, die ungefähr diesem Gegenwert entsprechen. Und das alles kaufkraftbereinigt: das heißt, in Ostafrika kostet alles genauso viel wie im Weiler Europa. Man muss überall ungefähr 1 Oro für einen Liter Benzin zahlen, wenn man denn das Geld hat. Man muss mindestens so viel für 1 Kilogramm Bananen oder Äpfel zahlen – oder auf das Geld verzichten, um die vielleicht im eigenen Garten wachsenden Früchte selbst zu essen. Also reicht es nicht für Treibstoff, und wenn man „Energie" braucht, dann muss man selbst anpacken. Wenn man kochen will, dann muss man Holz sammeln. Wenn man Wasser braucht, muss man es holen gehen.

Gegessen werden keine Bananen, sondern besser Cassava (das kennt man anderswo als Maniok), denn das ist billiger. Abends ist es dunkel, wirklich dunkel in den sehr dürftig ausgestatteten Räumen. In Indien käme noch sehr große Nähe dazu, gerade dort hört man ganz genau, was die Nachbarn – auch zwei oder drei Türen entfernt – reden oder machen. Tja, und wer kein Geld hat, der braucht natürlich auch kein Bankkonto. Niemand in Ostafrika hat eines oder wird je eines eröffnen.

Obwohl, das stimmt eigentlich nicht: denn es gibt da natürlich noch Nakuru, den 23jährigen Mann. Er ist nicht arm. Er hat Geld und er hat auch ein Geldguthaben, das er mit seinem Mobiltelefon verwaltet. Sein Lebensstandard entspricht fast dem Gegenwert von 20 Oro pro Tag. Er liegt damit sogar über dem Median in Globo und absolut gesehen gar nicht weit weg zumindest von den Ärmsten im Weiler Europa. Damit verfügt er über den Großteil des Wohlstands in Ostafrika. Mit diesem Lebensstandard kann der Mann sich einiges leisten. Aber auch Nakuru muss damit leben, dass es viele Dinge, die in Europa völlig selbstverständlich sind, für ihn einfach nicht gibt. Auch seine Lebenschancen sind begrenzt, wenn auch zu befürchten ist, dass es um die Chancen von Pembe, Dese, Awassa und Tabora noch schlechter steht. Denn Ernährung, Gesundheit, Bildung, Sicherheit, all das hat ziemlich direkt mit Armut zu tun. Ja, auch die Sicherheit: denn unsicher sind in Globo nicht die, die besonders reich sind, weil ihnen andere etwas wegnehmen wollen; nein, am unsichersten leben die Armen, weil es leichter ist, ihnen auch das Wenige noch wegzunehmen. Und wenn man das anspricht, dann kommt das Gespräch meist bald auf einen historischen Umstand, der in Afrika nur zu gut bekannt ist und dessen Folgen täglich erlebt werden. Vor allem Menschen aus dem Weiler Europa haben sich über viele Jahre der Arbeitskraft der Menschen aus Afrika und der Rohstoffe des Weilers bedient, um ihren Wohlstand aufzubauen. Auch eine Form von Diebstahl?

Ein Viertel der Menschen in Globo ist also absolut arm, die Mehrheit davon sind Kinder. Wird das Dorf es trotzdem schaffen, diese Armut in den wenigen Jahren bis 2030 „in jeder Form" und „überall" zu beenden, wie eigentlich vereinbart wurde? Das ist wohl eine echte Herausforderung.

DAS TÄGLICHE ÜBERLEBEN

Ein Bereich, in dem in Globo die Armut absolut zu spüren ist, und das oft im buchstäblichen Sinn, das ist die Versorgung mit Nahrung. Was die Menschen essen, ist sehr unterschiedlich. Das liegt nicht nur daran, dass sich Ernährungsgewohnheiten in den verschiedenen Weilern stark unterscheiden. Vielmehr essen manche viel mehr als andere, manche viel mehr Fleisch als andere, und wieder andere leben bewusst vegetarisch (in Globo gibt es letzteres aber nur in der Siedlung Indien). Viele können sich das aber auch gar nicht aussuchen, weil gegessen werden muss, was es gibt, ohne dass man davon satt würde.

Im Dorf leben daher auch 11 Menschen, die Hunger leiden. Das bedeutet nicht, dass sie manchmal zu wenig zu essen haben, denn das gilt für viel mehr Menschen. Es bedeutet, dass sie jeden Tag ihres Lebens oder zumindest über Jahre hinweg nicht genug Nahrung bekommen, um gesund und leistungs-fähig zu bleiben. Es bedeutet auch, seine hungrigen Kinder ohne Abendessen schlafen legen zu müssen, weil einfach nichts da ist. Dieser Mangel aber hat Auswirkungen auf das ganze Leben. Wenn es um Kinder geht, dann wachsen sie weniger und sind öfter krank als andere, die genug zu essen haben. Beim Lernen werden sie schneller müde und können sich schlechter konzentrieren, daher haben sie im späteren Leben geringere Chancen. Und so wird im Erwachsenenalter wieder zu wenig Geld verdient, um sich ausreichend Nahrung leisten zu können. Wenn eine Familie gegründet wird, geht der Teufelskreis von vorne los.

Auf den ersten Blick seltsam erscheint vielleicht der Umstand, dass die meisten dieser unterernährten Menschen auf dem Land und von der Landwirtschaft leben. Stimmt schon, am Land kann man notfalls selbst etwas anbauen, was in der Stadt meistens gar nicht oder nur sehr beschränkt geht. Aber auf dem Land gibt es insgesamt schlechtere Verdienstmöglichkeiten und daher können es sich die Menschen dort kaum leisten, gutes Land zu besitzen, Werkzeuge oder gar Maschinen zu kaufen oder Ersparnisse zu bilden. Gerade wenn die Ernte schlecht ausfällt, braucht man aber Geld, um trotzdem zu essen. Und gerade wenn die Ernte schlecht ausgefallen ist, hat man es nicht. Ein anderer Teufelskreis. Es geht daher beim Hunger um viel mehr als nur Nahrung: Kann man selbst Essen erzeugen? Wenn das nicht reicht, kann man sich dann das Essenkaufen leisten? Wenn ja, ist die Versorgung auch sicher oder gibt es manchmal schlicht nichts zu kaufen? Sind schließlich Wasser und Brennstoff verfügbar, um das Essen zuzubereiten? Und kann man sicher aufbewahren, was nicht verbraucht wurde, oder wird es verrotten?

Unterernährung ist daher ein Problem, das sehr eng mit Armut zusammenhängt, mit dem Zugang zu notwendigen Ressourcen. Nach dem vorigen Kapitel scheint es naheliegend, sich auch hier zuerst im Weiler Afrika umzuschauen. Aber das stimmt eigentlich nicht. Von den 11 unterernährten Menschen leben nämlich höchstens 5 in Afrika, aber mindestens 6 in Asien. Wir gehen daher in den Süden des Weilers Asien, denn tatsächlich sind allein dort mehr Menschen betroffen als in ganz Afrika.

Von den insgesamt 25 Menschen, die im südlichen Asien leben, kommen allein 18 aus der Siedlung Indien. Etwas östlich der Siedlung wohnen der 24jährige **Lalit** und der 13jährige **Bogra** mit dem neugeborenen Mädchen **Kulna**, alle drei in ziemlich bescheidenen Verhältnissen. Etwas westlich gibt es größere Unterschiede: während die 27jährige **Sibi** und die 13jährige **Daharki** zu den Ärmsten im Dorf gehören, zählen der 49-jährige **Arak** und der 29jährige **Multan** zur wohlhabenderen Hälfte der Globo-Bevölkerung. Das gilt auch für andere in der Siedlung, so für die Familie um den 43jährigen **Hisar** und die 39jährige **Patiala** mit ihren beiden Kindern, dem 8jährigen **Madurai** und dem 1jährigen **Amreli**, und für den 36jährigen **Akola**. Sie alle müssen sich um ihre Ernährung keine Gedanken machen. Die übrigen Menschen in der Siedlung Indien leben hingegen ziemlich eng in bescheidenen Verhältnissen und müssen sich alle mehr oder weniger Sorgen ums Essen machen. Mit dem 28jährigen **Orai** leben die 48jährige **Patna**, die 18jährige **Sita**, der 14jährige **Karag** und die 6jährige **Ballia**, für sie alle ist es immer knapp. Gleich nebenan lebt in sehr ähnlichen Verhältnissen ein älteres Pärchen, der 64jährige **Guna** und die 63jähige **Korba**. Etwas entfernt leben zwei Geschwister, die 22jährige **Pali** und der 19jährige **Nalbari**, sowie die 53jährige **Tirupati**, die für die 3jährige **Puri** sorgt. Die Liste ist lang und man sieht schon, dass es in Indien ziemlich eng ist. Dabei ist sie noch nicht komplett: nebenan leben auch noch der 32jährige **Udupi** und die 29jährige **Kannur**, beide immerhin in etwas besseren Verhältnissen. Vielleicht auch nur, weil sie noch keine Kinder haben.

Die Ernährungslage ist insgesamt ziemlich angespannt, auch wenn Hisar und Arak sogar mit Übergewicht kämpfen, wie inzwischen ein Viertel der Dorfbevölkerung. Sonst aber leiden 5 der Menschen im südlichen Asien sogar unter permanentem Hunger. Es sind dies Daharki, Sibi, Ballia, Patna und Kulna. Die Grenze ist zudem unscharf, denn auch Sita, Nalbari, Korba, Guna, Pali, Udupi, Tirupati oder Puri leiden oft Mangel. Und das ist in Globo ein allgemeiner Zustand: viel mehr als nur die 11 Hungernden haben nämlich das Problem, dass sie zwar genug Nahrungsenergie zur Verfügung haben, dass die Ernährung aber nicht ausgewogen genug ist – auch das trifft insgesamt ungefähr ein Viertel der Dorfbevölkerung. Vielen fehlen bestimmte Inhaltsstoffe der Nahrung, wie Vitamine oder andere Spurenelemente. Daher werden sie krank, teils sogar dauerhaft und schwer. Am schlimmsten ist das, wenn Kinder hungern, wie Puri oder Ballia. Denn sie werden daher immer zu klein für ihr Alter oder zu leicht für ihre Körpergröße bleiben, ein Mangel, der später nicht mehr auszugleichen ist. Im schlimmsten Fall wird sogar die Entwicklung von Organen beeinträchtigt, was eine Herzschwäche oder verminderte Gehirnleistung zur Folge haben kann. Keine guten Aussichten. Hunger ist eine lebenslange Bürde.

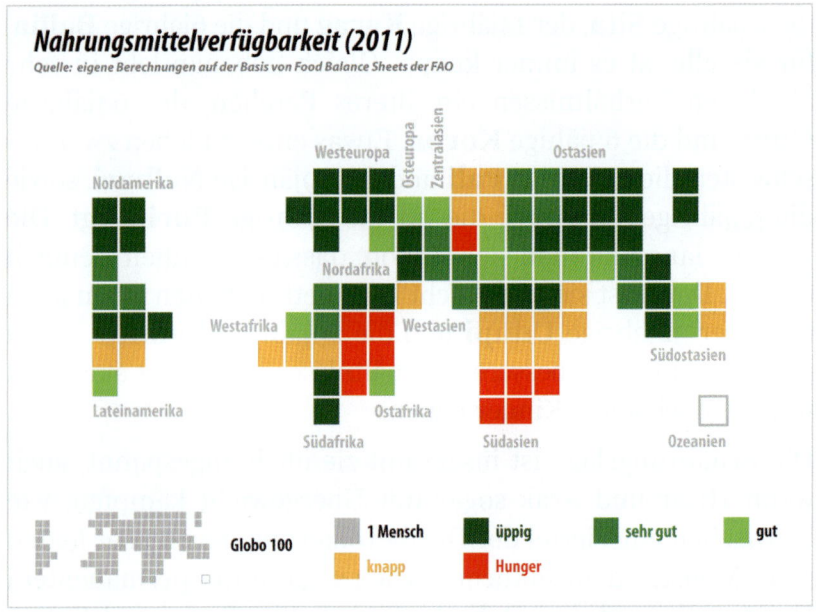

Das gilt auch für die Hungernden anderswo im Dorf. Und auch sie haben Namen: es sind Dese, Tabora und Pemba aus Ostafrika, die wir schon kennen, sowie Malanje und Goma aus Westafrika und Haikou aus Ostasien. Aber auch sie stehen nur als Hauptbetroffene für viele Menschen in Globo, die Mangel leiden. Auch unter diesen sind viele Kinder und manche, wie etwa Aruba aus Lateinamerika, haben eigentlich ein ganz gutes Einkommen, aber die Versorgung mit Nahrung ist trotzdem ein ständiges Problem. Bei der Verteilung von Nahrung in der Familie besteht übrigens fast überall in Globo die Gefahr, dass Frauen und Töchtern weniger bleibt, nicht nur in Südasien.

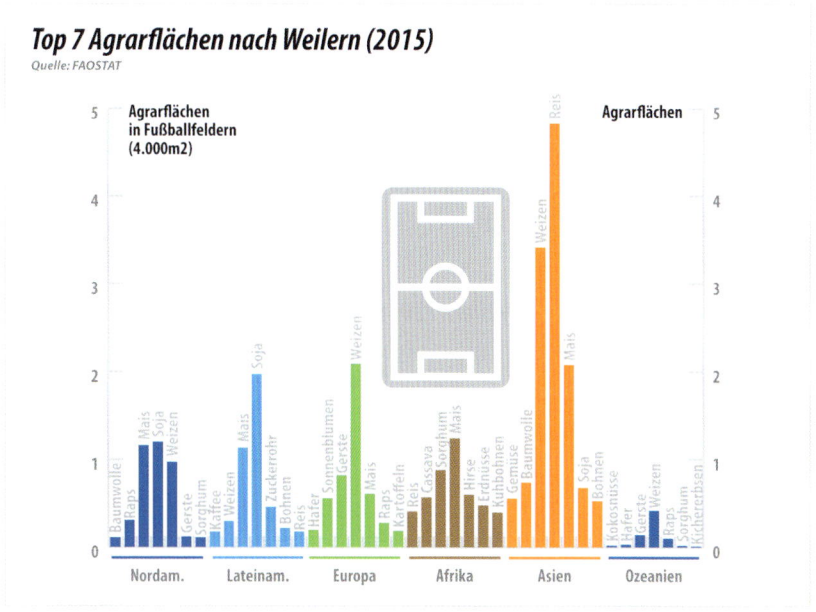

Dabei gäbe es in Globo mehr als genug zu essen. Auf insgesamt 18,7 Hektar Ackerland wird direkt (Feldfrüchte) oder indirekt (Tierfutter) der Großteil der Nahrung für das Dorf erzeugt. Fast die Hälfte dieser Flächen (8,4 Hektar) befindet sich in Asien. Ansonsten unterscheiden sich die Weiler aber, auch was das Hauptanbauprodukt betrifft: in Asien ist es der Reis, in Europa und Ozeanien der Weizen, in Lateinamerika und Nordamerika das Soja und in Afrika der Mais. Auf diese vier Pflanzen entfällt auch die Hälfte der Gesamtanbaufläche: auf 3 Hektar steht zur Erntezeit Weizen, auf 2,5 Mais, auf 2,2 Reis und auf 1,6 Soja. Die Ernte auf diesen Flächen ist reichlich. Sie wird in Globo für den Transport zu den Lagerflächen in 50-Kilogramm-Säcke verpackt. Wie viel landwirtschaftliche Güter werden dabei eigentlich produziert? Bei weitem am wichtigsten für die Nahrungsversorgung sind die schon erwähnten Getreidearten: rund zwei Drittel der Welternährung basiert direkt auf Mais, Reis und Weizen. So ergeben sich im Jahr 2015 für diese Güter 284 Säcke Mais, 203 Säcke Reis und 200 Säcke Weizen in Globo. Dazu kommen noch 105 Säcke Kartoffeln (plus 30 Säcke Süßkartoffeln), 84 Säcke Sojabohnen, 74 Säcke Cassava (und Maniok) und 40 Säcke Gerste. Aber das ist natürlich nur ein Teil der Ernte: insgesamt wurden in Globo im Jahr 2015 rund 121 Tonnen Feldfrüchte geerntet. Das ist mehr als eine Tonne pro Kopf und damit mehr als 3 Kilogramm pro Kopf und Tag.

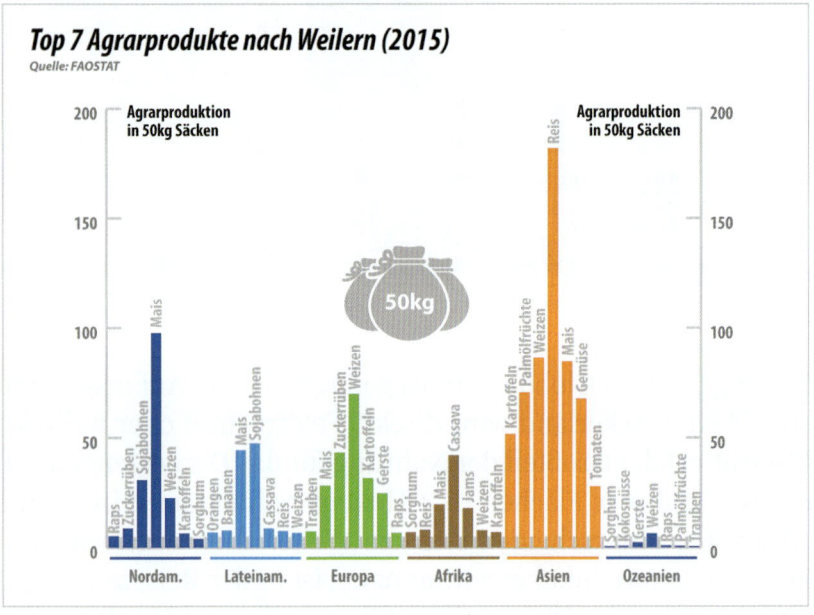

Rein von der Menge wäre das mehr als genug auch für deutlich mehr Menschen und ohne, dass man die Produktion irgendwie verbessern müsste. Wie kann es dann sein, dass immer noch Menschen Hunger leiden? Wer isst ihnen diese Feldfrüchte weg? Darauf gibt es viele Antworten. Eine ist das direkte Wegessen, aber das ist nur ein Nebenschauplatz. Zudem ist manches von diesen Ernten schlicht nicht essbar, jedenfalls nicht im Ganzen. Allein ein Fünftel der Gesamtmenge besteht etwa aus Zuckerrohr, das aber nur teilweise nutzbar ist und dessen Fasern gar nicht gegessen werden, und auch Bananen- und Orangenschalen werden üblicherweise mitgewogen. Aber auch das ist nur ein Randthema, die großen Gründe für Hunger sind andere.

Zuerst gibt es da die Futtermittel. Viel von diesen Ernten wird nämlich nicht direkt gegessen, sondern an Nutztiere verfüttert. Dabei geht sehr viel Nahrungsenergie verloren, nämlich je nach Tierart und Haltung zwischen 65 und 95 Prozent. Aber Fleisch lässt sich einfach gewinnbringender verkaufen als Soja oder Mais, die wichtigsten Futtermittel. Damit sind es nicht zuletzt Tiere, die den Hungernden indirekt ihre Nahrung wegessen – freilich meistens nur, um dann selbst gegessen zu werden. Nicht nur weil die meisten Menschen arm sind und sich daher Fleisch nicht leisten können, sondern auch aus traditionellen Gründen ist gerade in der Siedlung Indien der Anteil pflanzlicher Produkte an der Ernährung immerhin deutlich größer als anderswo. 90 Prozent der Nahrungsenergie nehmen die Menschen in Indien aus pflanzlichen Quellen zu sich und vom Rest nur 7 Prozent als Fleisch (also vor allem Milch und Eier). In Afrika werden sogar noch weniger tierische Produkte verzehrt, dort allerdings vor allem aufgrund von Armut. Gerade die Siedlung China veranschaulicht hingegen die Bedeutung steigender Einkommen: dort ist der Anteil tierischer Produkte auf nun 22 Prozent gestiegen, fast zwei Drittel davon werden als Fleisch konsumiert. Selbst in Europa und Nordamerika, wo mehr als ein Viertel der Ernährung aus tierischen Produkten stammt, ist der Fleischanteil geringer. Insgesamt besteht diese Produktion in Globo u.a. aus 18.000 Hühnereiern, fast 11.000 Litern Kuhmilch sowie rund 1.600 Kilogramm Schweinefleisch,

1.400 Kilogramm Hühnerfleisch und 900 Kilogramm Rindfleisch pro Jahr. Und irgendjemand im Dorf isst ein Viertelkilogramm Schnecken – wenn auch wohl nicht auf einmal. Um das zu ermöglichen, leben neben den 100 Menschen in Globo insgesamt 20 Rinder, 16 Schafe, 13 Schweine, 13 Ziegen, 4 Hasen, 3 Büffel, 1 Pferd, 1 Esel und 1 Kamel, außerdem 301 Hühner, 17 Enten, 6 Truthühner und 5 Gänse – und es gibt 1 Bienenstock. Der Bestand bei den meisten dieser Tiere hat dabei in den letzten Jahrzehnten massiv zugenommen. Vor einem Jahrhundert gab es z.B. erst 6 Rinder, nur 2 Schweine und auch kaum Hühner, hingegen bereits genauso 1 Pferd.

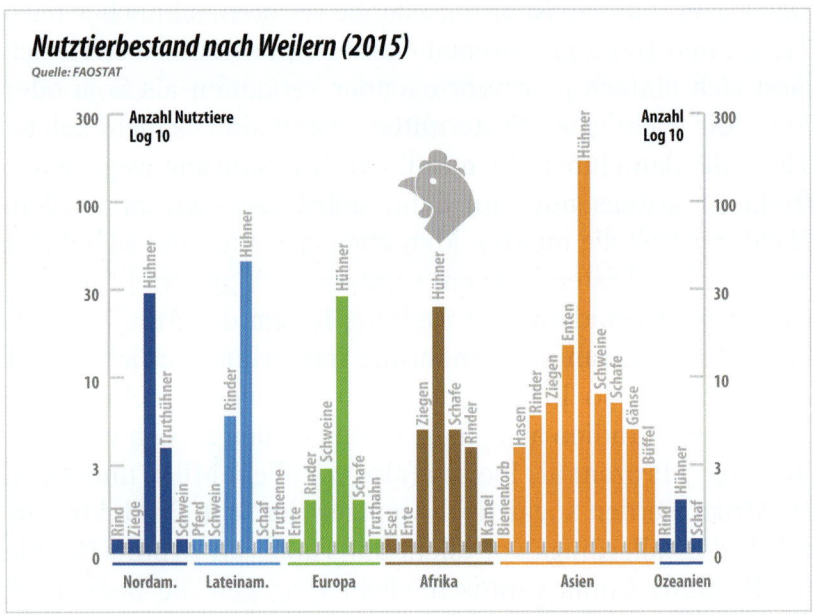

Diese Konkurrenz durch andere Verwendungen hat einige weitere Facetten. Ein großer Teil der Ernten geht nur indirekt in die Nahrungsproduktion, z.B. ist in vielen Fertigprodukten längst in irgendeiner Form Mais enthalten, u.a. als Süßungsmittel. Das findet sich dann im Kleingedruckten und wäre noch nicht das große Problem, aber Fertignahrung ist natürlich nur ein Angebot für Menschen mit Geld. Außerdem gibt es viele Verwendungen für Feldfrüchte, die gar nichts mit Essen zu tun haben. Zuckerrohr und Mais kann man etwa auch sehr gut verwenden, um damit Energie zu erzeugen. Mit 230 Kilogramm Mais (also dem Inhalt von knapp 5 Säcken oder 1,6 Prozent der Globo-Ernte) kann man z.b. entweder einer Familie ein Jahr lang die Nahrungsgrundlage liefern – oder 50 Liter Sprit erzeugen, um damit im Dorf herumzufahren. Gemacht wird auch in Globo das, was mehr Gewinn bringt.

Schließlich gibt es noch die Konkurrenz der Gleichgültigkeit. Von dem, was übrig bleibt, landet nämlich nur in etwa die Hälfte wirklich in den Mägen der Menschen. Der Rest geht verloren – entweder bald nach der Ernte, weil es infolge schlechter Lagerung oder fehlender Transportmöglichkeiten verdirbt oder später, weil die Augen beim Einkauf größer sind als der Magen oder die Haltbarkeit übersehen oder falsch eingeschätzt wird. 3 Tonnen essbare Lebensmittel werfen allein die 15 Menschen in den Weilern Nordamerika und Europa jedes Jahr weg. Es ist also sicher genug für alle da, es kommt aber auf die Verteilung der Lebensmittel an und darauf, Ernährungssicherheit vor allem für die ländliche Bevölkerung in den ärmeren Teilen von Globo zu schaffen.

Dafür braucht es angepasste Lösungen, die möglichst in Richtung echter Ernährungssouveränität gehen. Die Menschen müssen in die Lage versetzt werden, selbst zu bestimmen, wie ihre Ernährung organisiert sein soll. Für das Dorf und das Erreichen anderer Ziele wäre dabei wichtig, wenn biologischer Anbau klare Priorität erhielte. Denn dass Bio-Landwirtschaft immer weniger Ertragsnachteile gegenüber dem hat, was als „konventionelle" Landwirtschaft bezeichnet wird (die überdies eigentlich sehr industriell organisiert ist und daher alles andere als „normal"), ist längst offensichtlich. Oft reicht dafür schon ein veränderter Blickwinkel: werden alle Kosten eingerechnet (Düngemittel, Energie, Verschmutzung, Wasserverbrauch, Erosion, etc.), dann verschiebt sich die Ertragsrechnung deutlich, und wenn noch die positiven sozialen und ökologischen Folgen einer klein strukturierten biologischen Landwirtschaft einbezogen werden (z.b. als Maßnahme gegen Landflucht oder Ressourcenverbrauch), braucht es gar keine großen Effizienzsteigerungen, um die Gesamtbilanz ins Positive zu drehen. Da moderne Methoden diese Steigerungen aber trotzdem ermöglichen, wäre es für viele Landstriche in Globo insgesamt sicher die bessere Option, lieber heute als morgen auf biologischen Anbau umzustellen und damit oft zugleich Maßnahmen zu ergreifen, die Verluste bei Lagerung und Transport verringern oder möglichst ganz vermeiden.

Das mag ein guter Rat sein, der sich in Globo auch verbreiten, vielleicht sogar verordnen ließe. Doch Souveränität bedeutet letztlich, dass die betroffenen Menschen tatsächlich selbst entscheiden werden, was gut für sie ist. Industrielle Lösungen haben in dieser Hinsicht einen weiteren Nachteil. Sie bedeuten viel weniger Einsatz von Arbeitskraft und nehmen daher den Menschen vor Ort die Lebensgrundlage. Denn dort, wo sich die Frage wirklich stellt, ob landwirtschaftliche Produktion arbeitssparender oder nachhaltiger gestaltet werden soll, gibt es momentan schlicht keine anderen Jobs, aus denen die Menschen ein Einkommen erzielen könnten, um dann die Produkte der Agroindustrie zu kaufen. Letztlich braucht es daher Lösungen, die den Hungernden die Chance geben, sich mit ihren eigenen Mitteln aus der täglichen Misere zu befreien. Und das können nur Lösungen sein, die nahe an den Menschen selbst dran sind und die ihnen möglichst jeden Tag ein bisschen ihrer Last von den Schultern nehmen.

Industrielle Lösungen stellen daher nicht nur ein großes ökologisches Problem für das Dorf dar. Aber ist all das nicht ein Skandal? Und wird es dem Dorf angesichts solcher Zustände wirklich gelingen, bis zum Jahr 2030 den Hunger zu „beenden" und Ernährungssicherheit mit einer „nachhaltigen Landwirtschaft" zu „erreichen"? Daharki, Sibi, Ballia, Patna und Kulna wären sicher froh darüber, aber wohl nicht nur sie.

GESUNDES LEBEN FÜR ALLE

Ein anderer Bereich, in dem die Armut und die Ungleichheit in Globo ebenfalls letztlich über Leben und Tod entscheiden, ist das Gesundheitswesen. In manchen Teilen des Dorfes sterben Menschen an Ursachen, die in anderen Teilen nicht einmal ein Problem darstellen würden. Erfreulicherweise werden die Menschen trotzdem überall im Dorf immer älter und daher wuchs in den letzten Jahrzehnten die Bevölkerung stark an, wenn auch zuletzt immer langsamer.

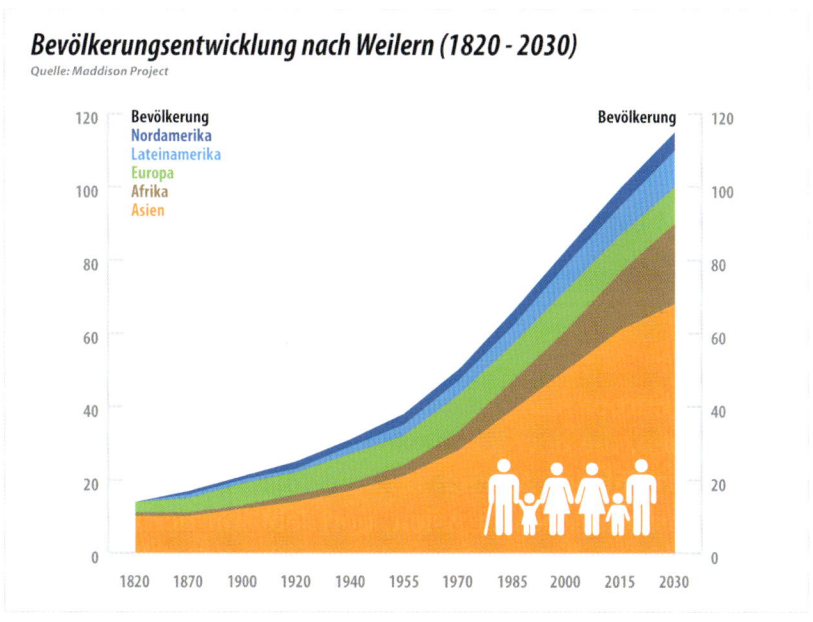

Bevölkerungsentwicklung nach Weilern (1820 - 2030)
Quelle: Maddison Project

Im Durchschnitt sind dabei die Frauen älter als die Männer, die in Globo im Schnitt um mehr als vier Jahre früher sterben. Es gibt trotzdem gleich viele Männer wie Frauen, weil schon aus ganz natürlich Gründen auch etwas mehr Buben als Mädchen geboren werden, in der Regel meist 2 Kinder pro Jahr. Das macht Globo zu einem „jungen" Ort, das Medianalter der Bevölkerung beträgt 29,5 Jahre. Das heißt, dass die Hälfte der Menschen 29 Jahre alt oder jünger ist und die andere Hälfte 30 Jahre oder älter. So leben in Globo zwar allein 26 Kinder (also Menschen zwischen 0 und 14 Jahren), jedoch nur 8 Erwachsene, die 65 Jahre oder älter sind.

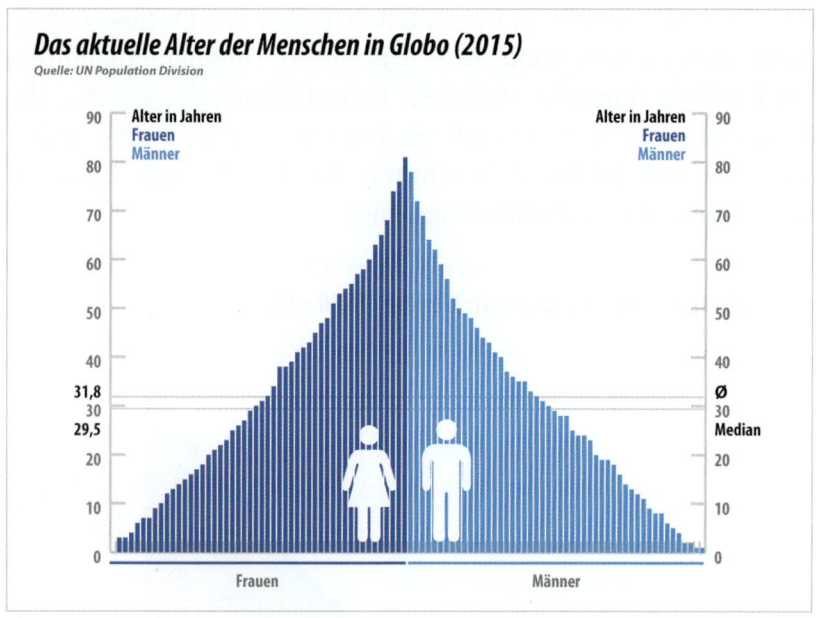

Das aktuelle Alter der Menschen in Globo (2015)
Quelle: UN Population Division

Im Weiler Europa sieht das einigermaßen anders aus. Von den 10 Menschen, die dort leben, sind bereits 2 sogar älter als 70 Jahre: der 72jährige **Aurich** und die 76jährige **Samara**. Das gibt es sonst nur noch in Asien, dort lebt mit der 81jährigen Nara der älteste aller 100 Menschen in Globo. Das hat viel damit zu tun, dass es im Weiler Europa – zusammen mit Nordamerika, aber auch Teilen von Asien – den besten Zugang zur Gesundheitsversorgung gibt und die Menschen daher sowohl gesünder leben, als auch älter werden. Doch das kostet. Insgesamt werden in Globo jedes Jahr 115.000 Oro für Gesundheit ausgegeben. Auf die 5 Menschen in Nordamerika entfällt dabei allein ein Drittel dieser Summe (40.000 Oro), auf die 10 in Europa ein weiteres Viertel (27.000 Oro).

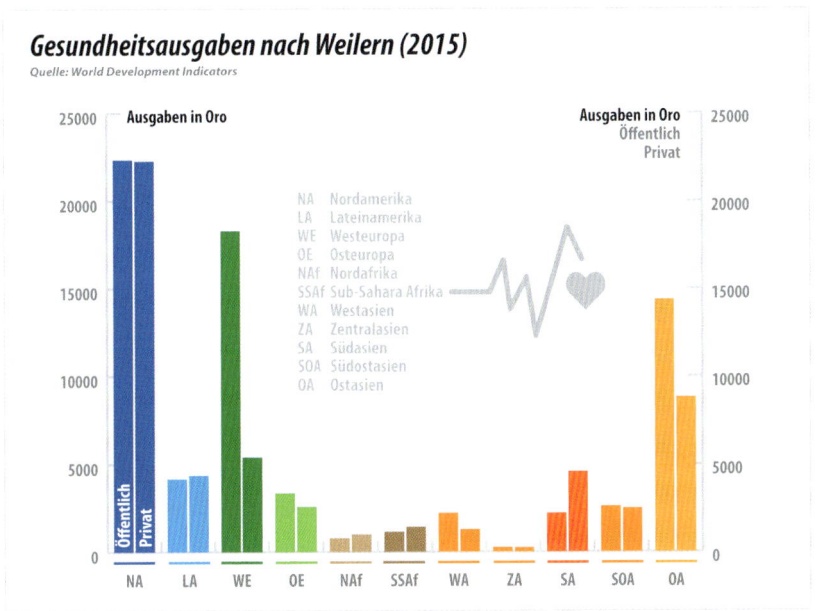

Gesundheitsausgaben nach Weilern (2015)
Quelle: World Development Indicators

Die Menschen in Europa haben zudem den Vorteil, dass drei Viertel dieser Ausgaben „öffentlich", also innerhalb des Weilers gemeinschaftlich finanziert sind, und Zugang zu medizinischer Versorgung daher einigermaßen unabhängig von den eigenen Möglichkeiten ist, während in Nordamerika die Hälfte „privat" getragen werden muss und die Qualität der Leistung daher stark von eigenen Finanzmitteln abhängt. Für die beiden weniger wohlhabenden Menschen in Nordamerika, Atlanta und Tampa, sind die Gesundheitsausgaben daher ein echter Kostenfaktor, der das Budget sprengen kann. Deutlich besser sieht das jedenfalls für die Menschen in Westeuropa aus: für Aurich und die 55jährige **Messina**, die 45jährige **Breda**, den 40jährigen **Konin**, den 31jährigen **Preston**, die 25jährige **Roanne** und den 20jährigen **Lugo**. Aber auch innerhalb Europas gibt es Defizite. In Westeuropa ist die Versorgung nicht für alle gleich, und deutlich schlechter ist sie im östlichen Teil des Weilers und daher für Samara, die mit ihrer 15jährigen Enkelin **Odessa** zusammenlebt, und den 35jährigen **Kaluga**. Überhaupt ist Gesundheit in Globo eine Geldfrage. Nicht nur sinken die Gesundheitsausgaben dramatisch mit abnehmendem Lebensstandard, auch der Anteil, der dabei privat bezahlt werden muss, ist im Dorf in der Regel umso höher (!), je geringer das Einkommen ist: die wohlhabendsten 20 Menschen in Globo bezahlen im Durchschnitt nur 40 Prozent privat, die 20 ärmsten hingegen fast 60 Prozent.

Im Weiler Europa sind die Menschen auch vergleichsweise alt und zwar im Durchschnitt 41,4 Jahre, deutlich älter als insgesamt in Globo. Das ist eine ganz andere Balance als in anderen Teilen des Dorfes (in Afrika etwa beträgt das Durchschnittsalter 22,8 Jahre) und die Altersverteilung in Europa gleicht längst vielmehr einer etwas bauchigen Säule als der anderswo noch üblichen Pyramide. Das Phänomen der Alterung der Bevölkerung ist aber nicht auf den Weiler Europa beschränkt, es existiert im ganzen Dorf. Und es ist ja auch nichts Schlechtes, wenn die Menschen älter werden. Während die Zahl der Geburten und damit der Kinder seit 1990 kaum mehr steigt, hat sich seit damals die Zahl der Menschen deutlich erhöht, die 60 Jahre oder älter sind, nämlich insgesamt von 6 auf 12. Und die Zahl der Menschen, die 75 Jahre oder älter sind, hat sich sogar verdreifacht – was allerdings nur heißt, dass es mittlerweile 3 sind (nämlich die schon erwähnten Nara und Samara sowie Linfen aus der Siedlung China). Beide Zuwachsraten liegen deutlich über dem Bevölkerungswachstum in Globo, denn die Gesamtzahl der Dorfbevölkerung hat in diesem Vierteljahrhundert ja nur um ein Drittel zugenommen. Eine andere erfreuliche Nachricht: in Globo gibt es daher auch schon 19 Menschen, die ihre statistische Lebenserwartung bei Geburt „überlebt" haben, teils deutlich. Mit Samara und Aurich leben zwei davon in Europa, den Dorfrekord hält aber Linfen aus China, der bereits um 46 Jahre (!) länger lebt. Das zeigt auch, wie alltäglich spürbar in manchen Regionen von Globo die Fortschritte der letzten Jahrzehnte waren und dass es dabei wirklich um echte „Gewinne" geht, teils in Form einer Verdoppelung der Lebensspanne – bei recht guter Gesundheit.

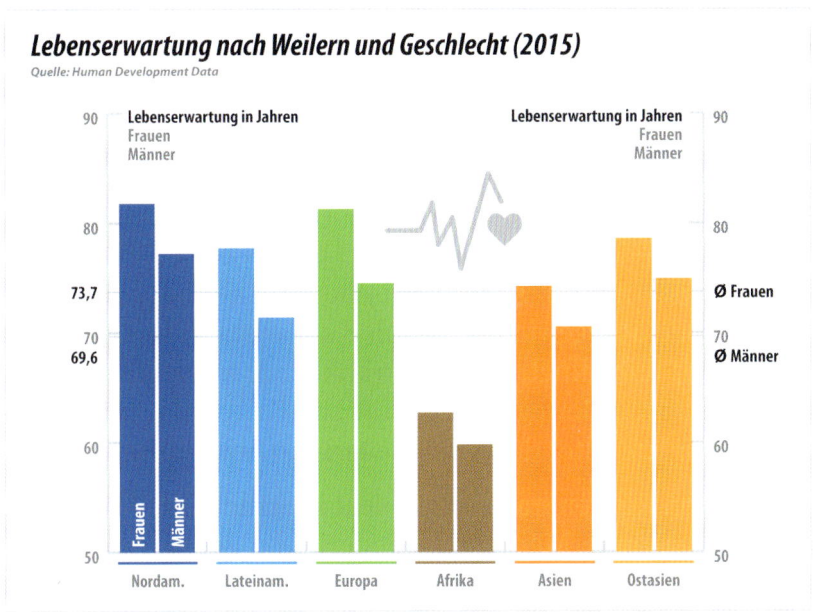

Lebenserwartung nach Weilern und Geschlecht (2015)
Quelle: Human Development Data

Die fortschreitende Alterung stellt die Menschen in Globo aber auch immer mehr vor Herausforderungen. Vor hundert Jahren war das größte Gesundheitsrisiko noch überall die Geburt selbst und auch danach waren die Aussichten der Neugeborenen in vielen Weilern mäßig, das Erwachsenenalter zu erreichen und die Chancen schlecht, wirklich alt zu werden. Das Altern selbst ist dabei natürlich kein Gesundheitsrisiko, sondern vielmehr unvermeidlich, mit dem Alter nehmen aber verschiedene Risiken zu. So steigt die Wahrscheinlichkeit, Krebs oder eine Herz-Kreislauf-Erkrankung auszubilden und auch sonst wird die Gefahr größer, gesundheitliche Komplikationen zu erleiden. Zudem steigt mit jedem Lebensjahr das Risiko einer Behinderung und insgesamt nimmt die Pflegebedürftigkeit zu. Im Weiler Europa oder in der Siedlung China wird eine Person im höheren Alter voraussichtlich dement werden, es könnte also Aurich oder Samara treffen. Viele dieser Probleme stellten sich früher kaum, weil nur wenige Menschen im Dorf alt genug wurden, um solche Alterserscheinungen überhaupt zu erleben. Sie sind also eigentlich eine gute Nachricht, vor allem auch, weil die Menschen in Globo heute die meiste Zeit ihres Lebens viel gesünder sind als früher.

Die Gesundheitsrisiken im eigentlichen Sinn sind andere. Ein recht junges ist sogar der steigende Lebensstandard, der verbreitet zur Gewichtszunahme führt: gemessen am BMI (dem „Body-Mass-Index") sind inzwischen in Globo bereits 26 Erwachsene übergewichtig, davon 8 sogar stark. Das bedeutet noch nicht unbedingt, dass sie krank sind, es hat aber Belastungen für den Bewegungsapparat zur Folge und erhöht mit zunehmendem Alter das Krankheitsrisiko noch weiter.

Die größten Risiken tragen aber nicht in erster Linie ältere oder gar wohlhabende Menschen, sondern vor allem ärmere, die sich keine oder eine nur unzureichende Gesundheitsversorgung leisten können. Manchmal scheitert es schon am Essen und allein 8 Menschen, vor allem Kinder, werden jedes Jahr nur deshalb krank, weil sie nicht genug oder zu schlechte Nahrung bekommen. Wir kennen die Namen derer schon, die davon ganz real bedroht sind. Noch größere Gesundheitsrisiken sind die Verschmutzung von Wasser und Luft. Daraus entstehen Magen-, Darm- und Atemwegserkrankungen. So sind 40 Menschen in Globo von Innenluftverschmutzung betroffen, und das vor allem, weil sie mit offenem Feuer kochen oder heizen müssen. Nicht zuletzt daraus resultieren u.a. 3 Asthmafälle und 1 Fall von COPD (chronisch-obstruktiver Lungenerkrankung). Aus verschmutztem Wasser entstehen 23 Durchfallerkrankungen jedes Jahr, unter denen vor allem Kinder leiden. 13 Menschen sind von Fadenwürmern bedroht (Filariose), 12 Kinder leiden unter Darmwurmbefall und 4 Menschen sind von Bilharziose betroffen. Manche sind auch mehrfach betroffen und mit ungesundem Wasser hängt eine allgemeine Bedrohung durch Infektionskrankheiten zusammen. Allein durch Malaria sind etwa 50 Menschen gefährdet, vor allem in den heißen Teilen des Dorfes, wobei es jährlich 3 Neuerkrankungen gibt, weil sich die Betroffenen keine Vorbeugung leisten können. Auch durch Tuberkulose sind 30 Menschen bedroht, die Krankheit bricht zum Glück nur selten aus (nur etwa alle fünf bis sieben Jahre gibt es einen Akutfall). Beim Dengue-Fieber sind es hingegen 5 Fälle pro Jahr und 2 Menschen leiden an Hepatitis C. Auch Lärmbelastung wird immer mehr zum Thema, ebenfalls vor allem in den ärmeren Regionen des Dorfes. All diese Risiken haben eines gemeinsam: Armut macht krank.

Dazu passt auch, dass 15 der 100 Menschen in Globo, und zwar ebenfalls verstärkt in den ärmeren Regionen des Dorfes, eine Form der Behinderung aufweisen, manche sogar mehrere: 4 Menschen haben eine ernste Sehschwäche (wobei 3 dieser Fälle vermeidbar oder heilbar gewesen wären), 5 eine Hörbehinderung, 6 leiden unter Diabetes und mindestens 4 unter Depressionen. Dabei gilt gerade bei psychischen Krankheiten, dass sie viel eher in den reicheren Teilen von Globo diagnostiziert werden, trotzdem aber gehäuft in den ärmeren auftreten. Die Zahlen kann man fortsetzen: 16 Erwachsene haben einen hohen Blutdruck, was zu Herz- und Kreislauferkrankungen beiträgt, außerdem trinken in Globo 28 Menschen Alkohol, 15 rauchen (übrigens insgesamt rund 70.000 Zigaretten pro Jahr) und wenigstens 3 konsumieren illegale Drogen. Interessant dabei ist vielleicht, dass in den ärmeren Regionen von Globo deutlich weniger geraucht wird, als in den reicheren, dass aber innerhalb der Weiler eher die Armen rauchen als die Reichen.

Speziell Krebserkrankungen werden in Globo immer häufiger. Hier überschneiden sich die schon erwähnten Risiken: je älter Menschen werden, desto eher bilden sie eine Krebserkrankung aus, je ärmer sie aber sind, desto eher bleibt diese unbehandelt. So werden fast alle Krebserkrankungen in den reicheren Regionen von Globo auch behandelt, während das nur für jede dritte in den ärmeren Regionen zutrifft. Das bedeutet ganz konkret gewonnene Lebensjahre hier und verlorene dort. Dazu trägt auch bei, dass von den mindestens 6 Operationen, die in Globo jedes Jahr nötig wären, höchstes 4 oder 5 auch wirklich stattfinden. Es fehlt oft an Blutspenden, nur 1 oder 2 werden pro Jahr in Globo gegeben, aber auch insgesamt haben nur ungefähr 30 Menschen wenigstens prinzipiell Zugang zu sicheren chirurgischen Eingriffen.

Solche Zahlen machen auch deutlich, dass wir hier an eine der Grenzen des Gedankenexperiments stoßen: schließlich gibt es in Globo weder einen Arzt noch eine Ärztin (und diese Person hätte bei nur fünf Operationen aller Art auch nur gefährlich wenig Training), sondern insgesamt 2 Personen, die teils neben ihrer Arbeit auch die medizinische Versorgung organisieren. Eine der beiden pendelt zwischen den Gesundheitszentren in Nordamerika und Westeuropa hin und her, die andere versorgt von Ostasien aus den Rest des Dorfes. Die Ausstattung der Gesundheitszentren in den Weilern ist dabei sehr unterschiedlich. In den drei genannten gibt es sogar sterile Operationsräume, in allen anderen oft nicht einmal Antibiotika und Schmerzmittel. Und die Öffnungszeiten sind bei den einen Zentren mehrere Stunden pro Tag, bei den anderen manchmal nicht einmal zwei pro Woche. Da kann es für manche schon zu spät sein. Daher haben auch nur rund 20 Menschen in Globo wirklich Zugang zu guter medizinischer Versorgung.

Eine andere Grenze sehen wir in akuten Epidemien aufgrund von neuen Krankheitserregern. In Globo gibt es nämlich kaum solche Krankheitswellen. Während daher z.b. Covid-19 zwar praktisch alle Menschen im Dorf betroffen, teils sogar massiv in ihrer Bewegungsfreiheit eingeschränkt und vor allem wirtschaftlich schwere Schäden angerichtet hat, ist bis Herbst 2020 niemand daran auch nur erkrankt, geschweige denn ernstlich. Globo ist eben manchmal ein geradezu absurder Ort.

Denn tatsächlich ist das Risiko, an Infektionskrankheiten zu sterben, in den letzten Jahrzehnten zurückgegangen, allein seit dem Jahr 2000 um fast die Hälfte (!). Impfungen haben dabei sehr geholfen. So sind 86 Menschen im Dorf gegen Diphtherie, Tetanus und Keuchhusten geimpft. Der Erfolg gibt den Menschen recht: viele Krankheiten sind dort, wo geimpft wird, kein Problem mehr, manche sogar regelrecht „ausgerottet", wie z.b. die Pocken, an denen in der Geschichte von Globo viele Menschen gestorben sind. Es wäre also wichtig, bestehende Defizite in der Versorgung zu beseitigen. Das beginnt schon bei der täglichen Hygiene: nur die Hälfte der Menschen in Globo hat z.b. eine Zahnbürste und nur wenig mehr haben zuhause eine Gelegenheit zum Händewaschen! Die in Europa gehören hingegen in nahezu jeder Hinsicht zu den Privilegierten. Trotzdem müssen auch dort Samara, Odessa und Kaluga oft lange Wartezeiten in Kauf nehmen und auch Messina, Lugo und Konin können sich teurere Behandlungen eigentlich nicht leisten, wenn sie die Versicherung nicht übernimmt. Und ob sie das tut, hängt auch von den Zahlungen der anderen Menschen in Europa ab.

Bei allen Defiziten lebt es sich im Dorf also immer gesünder. Daher sind zwischen 2000 und 2015 in Globo auch nur 11 Menschen gestorben: 4 an Herzerkrankungen, 3 an Infektionskrankheiten, 2 an Krebs, 1 an COPD und 1 Person durch einen Unfall. Einige dieser Todesfälle wären bei besserer Behandlung zwar sicher nicht für immer, aber doch zu diesem Zeitpunkt vermeidbar gewesen. Es fällt außerdem vielleicht auf, dass es Gewalttote in Globo eigentlich nicht gibt. Trotzdem ist Gewalt ein großes Thema. Ein Drittel aller Frauen könnte von Gewalterfahrungen berichten, in der Regel durch einen Familienangehörigen, zwei dieser Frauen leben wohl in Europa. 14 Menschen, die heute in Globo leben, sind als Kinder sexuell missbraucht worden (oder werden es noch): 10 Mädchen und 4 Buben. Auch hier leben ein oder zwei Betroffene in Europa.

Da relativiert sich dann, dass im Weiler Europa ja manche vom drohenden „Pflegenotstand" reden. Stimmt schon: immer mehr Pflegebedürftige stehen immer weniger Pflegenden gegenüber. Aber auch diese Entwicklung wird in nächster Zeit anderswo im Dorf noch viel stärker zu beobachten sein. Schon heute leben in der Siedlung China 3 Menschen, die über 65 Jahre alt sind, und der Geburtenrückgang war dort noch ausgeprägter als in Europa. Schließlich wurde das Bevölkerungswachstum in China durch starke Beschränkungen gebremst, die man ohne viele Rücksichten auch gegen den Willen der potentiellen Eltern durchgesetzt hat. Die Spätfolge dieser Maßnahme wird gerade erst zur wachsenden Last.

Insgesamt verursacht die allgemeine Alterung der Bevölkerung zweifellos Herausforderungen, sie ist aber die Kehrseite von zwei absolut positiven Entwicklungen. Einerseits ist sie nur aufgrund einer immer besseren Gesundheitsversorgung, auch in den ärmeren Regionen des Dorfes, überhaupt möglich. Überall in Globo werden die Menschen heute nicht nur älter als früher, sie sind vor allem auch länger gesund, zumindest im Durchschnitt und trotz aller bestehenden Defizite. Andererseits hat sich in den letzten Jahrzehnten das Bevölkerungswachstum in Globo deutlich verlangsamt, von 60 Prozent im Vierteljahrhundert zwischen 1965 und 1990 auf weniger als 40 Prozent im Vierteljahrhundert seither. Da die Demografie sich sehr träge entwickelt, wird sich dieser Trend fortsetzen und das Wachstum wird sich im nächsten Vierteljahrhundert auf rund 25 Prozent weiter verringern. Noch wächst die Bevölkerung, aber auch Globo befindet sich längst in der „demografischen Transition": nachdem die Sterbezahlen deutlich gesunken sind, sinken nun auch die Geburtenzahlen. Von der von manchen schon lange beschworenen „Bevölkerungsbombe" geht daher insgesamt vielleicht eine viel kleinere Gefahr aus als vielfach befürchtet.

Ganz real sind hingegen die täglichen Gefahren. Es ist etwa zu befürchten, dass bis 2030 ein unter-5jähriges Kind an einer vermeidbaren Ursache gestorben sein wird. Es könnte eines der 9 schon geborenen oder auch eines der mindestens 20 sein, die bis dahin geboren werden. So oder so hätte Versagen ein Gesicht. Es könnte das Gesicht von Awassa, Mopti, Goma, Amreli, Puri oder Kulna sein, von denen wir schon gehört haben, oder auch von Bekasi, Anshun oder Fu, von denen wir noch hören werden. Das zu verhindern, wäre doch schon einmal ein gutes Ziel für 2030. Denn es gilt, nicht nur den Alternden, sondern auch den Jungen – eben „allen" Menschen in unserem kleinen Dorf – „Wohlergehen" und ein „gesundes Leben" zu garantieren.

EIN SCHLÜSSEL ZUR ZUKUNFT

Ein weiterer zentraler Bereich, in dem die Unterschiede in Globo besonders deutlich werden, ist der Bildungssektor. Das gilt sogar in beide Richtungen. Schon bei der Geburt sind die Bildungschancen ungleich verteilt und das verstärkt andere Ungerechtigkeiten weiter. Andererseits ist Bildung zugleich ein Schlüssel (wenn auch keine Garantie), um diese Ungleichheiten in Zukunft abzubauen. Im Bildungsbereich wurde in den letzten Jahrzehnten daher sehr viel Positives in Gang gesetzt. Von den Erwachsenen gibt es zwar noch einige, die nie irgendeinen „Unterricht" hatten und die infolgedessen teils nicht lesen und schreiben und auch nicht rechnen können. Insgesamt sind das 8 erwachsene Menschen in Globo, sie haben aber bereits ein Durchschnittsalter von fast 50 Jahren. Dazu kommen 3 weitere, die es zwar gelernt haben, aber mittlerweile nicht mehr anwenden können. Hingegen gibt es heute kaum noch Kinder in Globo, die gar keinen Unterricht erhalten. Nur für eines der 9 Kleinkinder im Dorf besteht dieses Risiko, aber es sieht ganz gut aus, dass es nicht so weit kommt.

Mit Bildung eng verknüpft ist die Sprache als Vermittlungsmedium. Gerade bei diesem Thema sieht man deutlich, welch seltsamer Ort Globo eigentlich ist. Denn eine Sprache kann man ja eigentlich nur dann wirklich sinnvoll sprechen, wenn man auch von jemandem verstanden wird. Natürlich gibt es so etwas wie „tote" Sprachen, die niemand mehr wirklich im

Alltag spricht, und wenn so eine Sprache „ausstirbt", dann muss es ja jemanden gegeben haben, der oder die sie zuletzt gesprochen hat. In Globo wäre dieser Fall aber häufig. Es gibt viele Sprachen, die nur ein Mensch spricht – rein statistisch natürlich. Und die meisten sprechen eine „Muttersprache", die nicht von der Person gesprochen wird, die eigentlich die Mutter sein müsste. Ein ziemlich seltsames Dorf, aber hier stoßen wir eben wieder an eine der Grenzen des Gedankenexperiments.

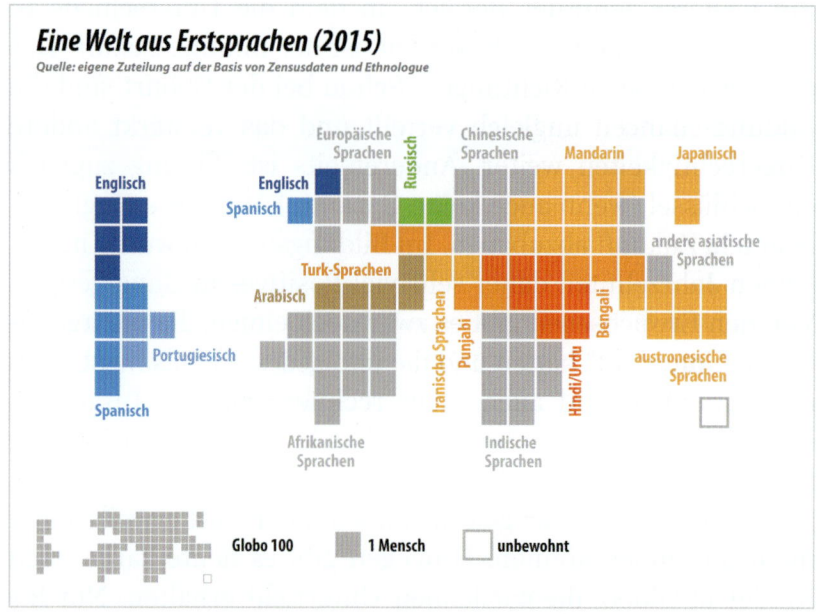

Wenn wir nun etwas Ordnung in dieses Sprachenwirrwarr bringen wollen, dann ist es am besten, sich an die einfache Regel zu halten, dass jeder und jede im Dorf zumindest von jemand anderem verstanden werden sollte. Dann schaut es bei den Erstsprachen (die kleinen Kinder werden hier zu der Sprache gezählt, die sie erlernen) folgendermaßen aus: 12 Menschen sprechen Mandarin, 8 Hindi bzw. Urdu und je 6 Englisch und Spanisch. Weitere 5 sprechen Arabisch und je 3 Portugiesisch und Bengali sowie je 2 Russisch, Japanisch und Punjabi. Zehn Sprachen, das war's. Da bleiben aber noch eine Menge Menschen übrig. Sie müssen wir zu Sprachfamilien zusammenfassen. Dann sprechen 6 eine andere „europäische" Sprache (z.b. Deutsch), 3 eine Turk-Sprache (z.b. Türkisch), 2 eine iranische Sprache (z.b. Farsi) und 7 eine austronesische Sprache (z.b. Malaiisch). Zudem sprechen 10 eine andere „indische" Sprache (z.b. Marathi, Tamil oder Telugu), 7 eine andere „chinesische" Sprache (z.b. Jinyu, Wu oder Yue) und 3 eine andere asiatische Sprache (z.b. Vietnamesisch). Schließlich sprechen 13 Menschen eine „afrikanische" Sprache (z.b. Hausa, Yoruba, Amharisch, Fulani oder Oromo). Das ist nicht sehr elegant, aber immerhin können wir damit so tun, als könnten sich alle Menschen im Dorf miteinander verständigen. Wir müssen freilich dafür beiseitelassen, dass sich in Wirklichkeit oft nicht einmal Menschen verstehen, die beide Arabisch oder beide Mandarin sprechen, gar nicht zu reden von teils völlig unterschiedlichen Sprachen wie Koreanisch und Thai, Yoruba und Amharisch oder auch nur Polnisch und Italienisch.[5]

Für die Verständigung gibt es zum Glück auch Zweitsprachen und tatsächlich beherrschen viele Menschen in Globo zwei und mehr Sprachen soweit, dass sie sich darin verständigen können.[6] Dieser Umstand trifft dabei allerdings weniger auf die reicheren Teile von Globo zu, als vielmehr auf jene Regionen, in denen Angehörige verschiedener Sprachgruppen leben. Da ist es dann oft sogar notwendig oder zumindest praktisch, mehr als eine Sprache zu sprechen. Ein anderer Grund, warum einige Sprachen weiter verbreitet sind, liegt freilich auch darin, dass die Menschen im Weiler Europa ihre Sprachen im ganzen

---

[5] Viele kennen vielleicht sogar den vielsagenden Satz: „Was Deutschland und Österreich am meisten trennt, ist die gemeinsame Sprache."

[6] Leider gibt es zum Thema Zweitsprache kaum zuverlässige statistische Informationen, weil viele Volkszählungen nicht einmal Fragen zur Erstsprache enthalten, geschweige denn weitere gesprochene Sprachen erheben.

Dorf verbreitet und andere manchmal sogar gezwungen haben, diese Sprachen zu sprechen. Englisch und in deutlich geringerem Ausmaß Französisch und Russisch haben sich nicht zuletzt so ausgebreitet. Aber auch sonst sprechen einige Menschen zusätzlich zu ihren Erstsprachen Mandarin, Hindi, Arabisch, Malaiisch oder Swahili, wobei die Verbreitung inzwischen vor allem freiwillig abläuft. Im Weiler Europa verständigen sich viele bereits auf Englisch, obwohl es dort nur eine Person als Erstsprache spricht, ebenso erfüllen Zweitsprachen in Afrika und Asien eine wichtige Kommunikationsfunktion.

Mit dieser bunten Vielfalt muss man leben, wenn man über Bildung im Dorf sprechen will, denn ohne Sprache wäre die Vermittlung von Wissen sehr schwer. Dieses Buch könnten z.b. in Globo höchstens zwei Menschen lesen, mehr würden wir nicht erreichen. Doch auch sonst beruht Bildung auf Erklären, Zuhören, Lesen und Schreiben, und so wichtig Vormachen und Abschauen für das Begreifen sind, ganz darauf angewiesen zu sein, ist eine eher mühsame Art des Lernens. Es ist daher sehr wichtig, in welcher Sprache Bildung stattfindet, und es ist sicher besser für das Verstehen, wenn es die eigene ist. Das war historisch nicht immer so: viel „Bildung" ist in Globo in einer fremden Sprache vermittelt worden, mit fremden Bildern und in fremden Denkwelten. Manchmal hat das zur Ausbreitung von Sprachen beigetragen, wie insbesondere beim Arabischen oder beim Englischen. In seltenen Fällen hat eine alte Sprache auf diesem Weg sogar lange überlebt, wie etwa das europäische Latein oder das indische Sanskrit.

Die Vermittlung in einer Fremdsprache ist eines der mit Bildung verbundenen Probleme, die in der Siedlung Indien, deren Bewohnerinnen und Bewohner wir ja bereits kennen, besonders deutlich werden. In der Vergangenheit gab es dort sehr große Defizite, vor allem beim Zugang von Mädchen zur Bildung. Heute sind formell alle Unterschiede eingeebnet, real gibt es sie allerdings noch. So hat in Indien die Hälfte der Erwachsenen praktisch gar keinen Unterricht erhalten und Patna, Korba, Guna und Tirupati können daher nicht lesen und schreiben. Dieses Defizit ist also sowohl ein soziales Problem wie auch eine Frage des Alters und des Geschlechts.

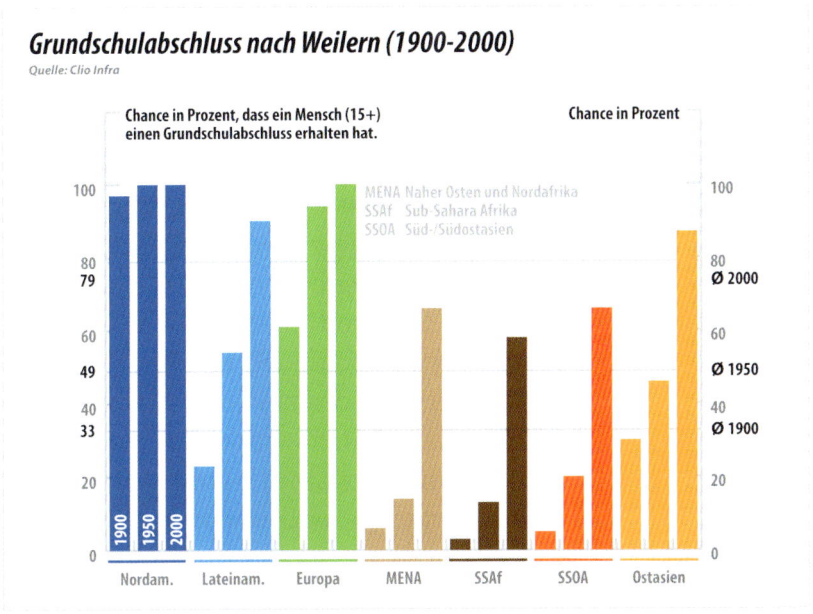

Grundschulabschluss nach Weilern (1900-2000)
Quelle: Clio Infra

Chance in Prozent, dass ein Mensch (15+) einen Grundschulabschluss erhalten hat.

MENA Naher Osten und Nordafrika
SSAf Sub-Sahara Afrika
SSOA Süd-/Südostasien

Historisch hat sich hier viel getan und inzwischen ist Bildung die Regel und ein Grundschulabschluss die Normalität, auch in den ärmsten Regionen von Globo. Doch bei den Kindern und jungen Erwachsenen sind die Chancen auch heute noch ungleich verteilt und es liegen die erwarteten Bildungsjahre der jungen Menschen in Indien zwischen 5 mit schwacher Qualität und 12 mit guter. Diese Unterschiede werden begünstigt durch die Sprachenvielfalt. Bei den Erstsprachen ist Hindi am weitesten verbreitet, es wird von Hisar, Sita, Ballia, Orai, Patna, Korba, Guna und Pali gesprochen. Die anderen Menschen sprechen aber andere: Patiala spricht Punjabi, Karag spricht Bengali, Akola spricht Marathi, Udupi spricht Kannada, Kannur spricht

Malayalam, Madurai spricht Tamil und Tirupati spricht Telugu. Haben Sie von einer dieser Sprachen schon einmal gehört? Außerdem spricht Nalbari eine der vielen anderen indischen Sprachen, Puri lernt gerade, Oriya zu sprechen, und Amreli wird bald in Gujarati brabbeln. Fast alle diese Sprachen spricht sonst niemand in Globo, nur in Bengali (mit Bogra und bald auch Kulna) und Punjabi (mit Multan) könnte man sich mit jemand anderem unterhalten.

Vielleicht glauben Sie jetzt, dass das ohnehin kein so großes Problem ist, weil ja alle Menschen in der Siedlung Indien auch Englisch sprechen. Aber das stimmt nicht, genauso wenig wie im Rest des Dorfes. Auch wenn viele etwas Englisch gelernt haben und daher wohl 4 Erwachsene in der Siedlung Indien immerhin einfache Texte in Englisch lesen können, sprechen es heute dort nur 2 so, dass sie sich auch in dieser Sprache wirklich verständigen können (und das sind die ohnehin wohlhabenden Hisar und Patiala). Dabei würde Sprache Türen öffnen: wer in Englisch telefonieren kann, kann für die Globo-Wirtschaft im Call Center arbeiten, und wer in Englisch verhandeln kann, hat gute Chancen auf ein besseres Einkommen. Das ist freilich nicht nur in Indien ein Problem: auch insgesamt verstehen nur ungefähr 30 Menschen in Globo zumindest etwas Englisch und das sind wieder vor allem die Wohlhabenderen.

Aber auch sonst in Globo trägt die Sprachenvielfalt dazu bei, den Bildungszugang für viele zu erschweren, weil in der Erstsprache oft nur ganz grundlegende Bildung verfügbar ist und für alles weitere zuerst eine Fremdsprache erlernt werden muss. Zudem ist auch Bildung eine Frage des Geldes und wenn der eigene Lebensunterhalt nicht sicher ist, dann stehen oft als erstes Ausgaben dafür auf dem Spiel. Das trägt stark dazu bei, dass die Menschen in Globo sehr unterschiedliche Chancen haben, ihr Leben zu gestalten. Heute gibt es einzelne Kinder im Dorf, die damit rechnen können, 20 Jahre (!) Bildung und

Ausbildung zu erhalten und daher am Ende einen Universitäts-
abschluss zu haben und nahezu die freie Wahl, was sie mit
ihrem Leben anfangen wollen. Eines dieser „Kinder" ist der
16jährige Akron aus Nordamerika, der gerade einmal seinen
halben Bildungsweg hinter sich hat, während er für andere in
seinem Alter bereits vorbei ist, teils seit Jahren. In Indien betrifft das Sita, Nalbari und Pali, heute alle um die 20 Jahre alt,
die alle drei schon vor ihrem 14. Geburtstag ihre Ausbildung
beenden mussten.

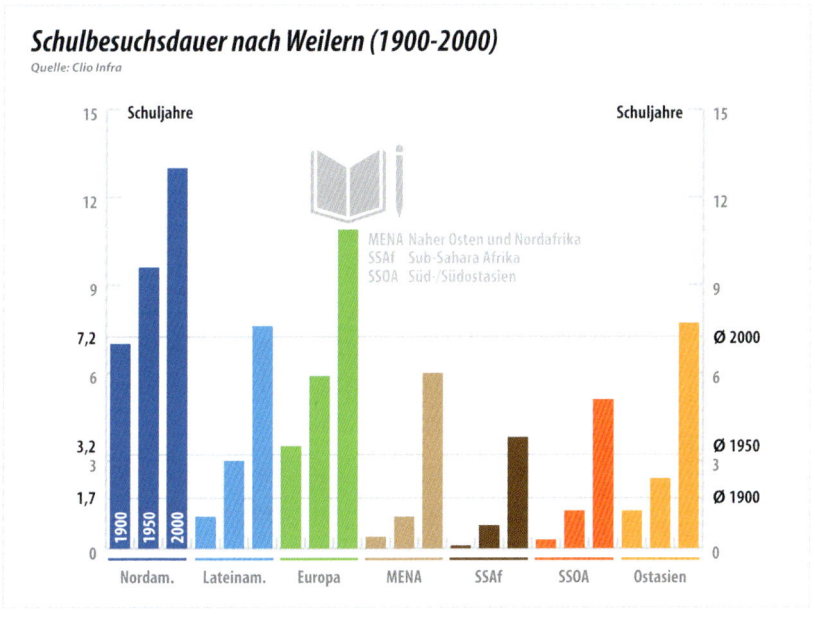

Diese Unterschiede waren allerdings früher noch viel größer,
vor allem weil es damals viel mehr Menschen gab, die praktisch
gar keine Bildung erhalten haben. Um 1900 war eine durchschnittliche „Bildungskarriere" in Globo gerade einmal 1,7
Jahre lang und auch um 1950 nur etwa 3,2 Jahre. Das heißt in
beiden Fällen nicht etwa, dass damals alle Kinder ein wenig
Bildung erhalten haben, sondern dass einige wenige (vor allem
jene in Nordamerika und Europa) einen längeren Bildungsweg

gehen konnten, während viele gar nie Unterricht erhalten haben. In Indien war der durchschnittliche Bildungsweg 1950 noch kaum 1 Jahr lang: auf jedes Kind mit Grundschulbildung kamen also drei ganz ohne.

Das spiegelt sich auch im Bildungsstand der Erwachsenen: im Jahr 1990 konnten nur 36 Erwachsene lesen und schreiben und 12 nicht, also ein Viertel der erwachsenen Bevölkerung. Im Jahr 2015 können immerhin 63 lesen und schreiben, 11 aber immer noch nicht oder kaum. Manche dieser 11, von denen 7 Frauen und 4 Männer sind, haben es nie lernen können. Die meisten aber haben Unterricht erhalten, nur seine Qualität und die Hilfsmittel waren zu schlecht, oder sie konnten kaum daran teilnehmen, weil sie arm waren, oder sie haben Lesen und Schreiben später wieder verlernt, weil sie es nie gebraucht haben. Das hat weitreichende Folgen: diese Menschen konnten nie Arbeiten übernehmen, für die man Lesen oder Schreiben können muss, und das sind viele, vor allem die besser bezahlten. Wie schon gesagt, Patna, Korba, Guna und Tirupati sind in Indien betroffen. Drei von ihnen sind Frauen und sie alle sind schon über 45 Jahre alt und haben in ihrem Leben höchstens ein bisschen Unterricht erhalten.

Aber auch heute nimmt in Globo immer noch eines der Kinder im Schulalter nicht am Unterricht teil, weil es arbeiten muss. Wir kennen sie schon, es ist die 13jährige Daharki, die ja in der Nähe von Indien wohnt. Außerdem gibt es 3 Kinder, die nicht lesen und schreiben können, obwohl sie unterrichtet wurden – oder sogar noch werden. In Indien ist der 19jährige Nalbari ein solcher Fall. Er hat sich sieben Jahre lang immer wieder bemüht, hat aber letztlich wenig mitbekommen und musste danach gleich mit Hilfsarbeiten anfangen, um seinen Lebensunterhalt zu verdienen. Kein Einzelfall: der 18jährige Kumbo aus Afrika kann eine sehr ähnliche Lebensgeschichte erzählen. Und genau so etwas soll es in Globo in Zukunft nicht mehr geben. Nicht nur die Länge der Bildungskarriere sollte sich nur noch nach Talenten und Bedürfnissen unterscheiden, sondern es müssen sich vor allem die Qualitätsunterschiede verringern oder gleich ganz verschwinden.

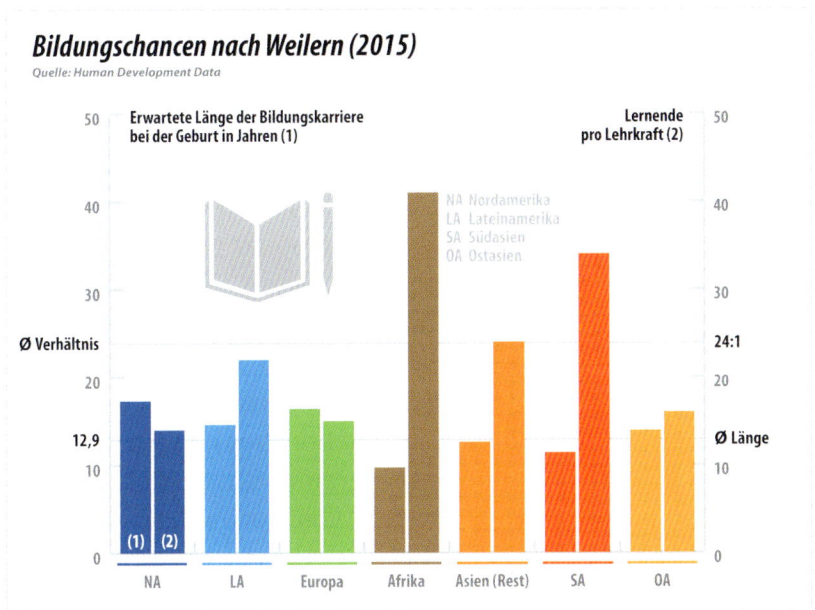

Bildungschancen nach Weilern (2015)
Quelle: Human Development Data

Dafür ist es zuerst nötig, dass in Zukunft alle Kinder Zugang zu einer Bildung haben, sodass sie auch etwas lernen. Und das muss gleichermaßen für Mädchen wie für Buben gelten, wobei man in Globo rein statistisch hier schon keinen Unterschied mehr sieht: im Durchschnitt werden die Kinder 11 Jahre Unterricht erhalten (gäbe es momentan auch Kinder in Europa oder Nordamerika, wären es sogar fast 13 Jahre) und zwar ohne Unterschied zwischen den Geschlechtern. Aber die Ergebnisse unterscheiden sich trotzdem noch immer und die Chancen der Frauen sind trotz Ausbildung schlechter als die der Männer – und das überall in Globo, was z.B. ihre Bezahlung angeht. Bei den Erwachsenen sieht man diese Schatten der Vergangenheit noch: Männer haben im Durchschnitt 9 Jahre Unterricht erhalten, Frauen nur 8 – und arme Frauen sogar nur 5.

Aber wie muss man sich Bildung in Globo eigentlich konkret vorstellen? Schließlich gibt es ja keine Schule und wenn es sie gäbe, wäre es ein seltsamer Ort: weniger als 20 Kinder in zehn Schulstufen, die fast alle verschiedene Sprachen sprechen. Praktisch findet Unterricht im Dorf daher zuhause statt und die Kinder müssen vor allem selber lernen, wenn auch mit Hilfe von einigen Erwachsenen.[7] Dabei haben 8 Kinder (darunter Karag und Ballia) nur Papier und einen Stift und müssen oft lange warten, bis einer der Erwachsenen kurz vorbeischaut, um Aufgaben zu kontrollieren und neue zu geben – manchmal kommt aber auch niemand. Weitere 6 Kinder (darunter Madurai) haben immerhin mehrere Hefte und Stifte, außerdem andere Hilfsmittel und sogar einige wenige eigene Bücher. Sie können sich auch darauf verlassen, dass jemand vorbeikommen wird. Die übrigen 4 Kinder (und Jugendlichen) haben sogar ihr eigenes, persönliches Bildungsprogramm und eine kleine Bibliothek zuhause, eine ausgebildete Lehrperson hält bei ihnen fixe Termine ein. Zwei, der 16jährige Akron aus Nordamerika und der 20jährigen Lugo aus Europa, haben sogar ihren eigenen Computer und können sich zusätzlich zwischen verschiedenen Online-Kursen entscheiden. Die beiden anderen, der 9jährige Sibu aus Asien und die 15jährige Odessa aus Europa können sich immerhin stundenweise einen Computer ausleihen. Und auch für den Nachwuchs wird bereits gesorgt: für den 5jährigen Fu aus China gibt es ein eigenes Vorschulprogramm.

Bildung erhalten heute in Globo also praktisch alle Kinder, wobei hier doch auffällt, wie eng der Bildungsbegriff im Dorf eigentlich gefasst ist. Denn Lernen findet ja auf ganz vielen verschiedenen Ebenen statt, die sich aber nicht unbedingt in statistische „Bildungsjahre" übersetzen. Es hat immer schon

---

[7] Diese Gestaltungsentscheidung wurde von uns übrigens getroffen, lange bevor im Frühjahr 2020 „Home-Schooling" zur vielfach geteilten Erfahrung wurde. Damit ist aber vielleicht die Bedeutung von Unterschieden bei Ausstattung und Unterstützung zuhause (und Defiziten dabei) auch nochmals klarer geworden.

traditionelle Wissensweitergabe gegeben und Menschen ohne formellen Bildungsabschluss sind natürlich alles andere als „ungebildet". Eine verstärkte Wertschätzung für diese Art von traditionellem Wissen wäre in Globo also wohl auch anzuraten, auch wenn die aktive Teilhabe an einer modernen Gesellschaft natürlich bestimmte Fähigkeiten erfordert, wie sie in formaler Bildung vermittelt werden. Wenn die Vermittlung aber von schlechter Qualität ist, nimmt der Unterricht möglicherweise sogar mehr Chancen als er gibt. Und dabei sind die Unterschiede immer noch sehr groß. Doch können wir es uns wirklich leisten, so viele Chancen durch Achtlosigkeit einfach liegen zu lassen? Denn wie anders wäre wohl das Dorf, wenn wirklich alle Kinder dieselbe „gleichberechtigte und hochwertige Bildung" erhalten würden und es „Möglichkeiten lebenslangen Lernens für alle" gäbe? Zugang zu Bildung ist eine Voraussetzung, aber erst mit guter Qualität können Talente wirklich weiterentwickelt werden und sich Fähigkeiten entfalten. Es wird diese Talente brauchen, um die Herausforderungen der Zukunft zu bewältigen, die der Kinder ebenso wie die der Erwachsenen.

GLEICHE CHANCEN FÜR ALLE?

In Globo leben entgegen anders lautenden Gerüchten nicht mehr Frauen als Männer, sondern genau je 50 (natürlich einschließlich der Kinder des jeweiligen Geschlechts).[8] Aber ansonsten ist wenig gleich zwischen Männern und Frauen, jedenfalls herrscht zu wenig Gerechtigkeit. Einer der wenigen Bereiche, in denen Frauen Vorteile aufweisen, ist dabei die Lebenserwartung, denn Frauen leben im Durchschnitt länger als Männer: in Globo ist es rechnerisch so, dass die Lebenserwartung der heute lebenden Menschen bei ihrer Geburt 59,4 Jahre bei den Männern und 61,8 Jahre bei den Frauen betragen hat. Zugleich werden die heute lebenden Männer in Globo im Schnitt ihren 73. Geburtstag erleben, die Frauen hingegen ihren 77., rechnerisch 4,4 Jahre mehr. Das ist aber nur ein Aspekt der Ungleichheit und während man oft darüber streiten kann, ob es sich bei einem Unterschied wirklich um einen Vorteil handelt, ist dies zudem einer der wenigen, wo das Plus eindeutig bei den Frauen liegt. Wobei man auch hier einschränken könnte, dass ein längeres Leben noch nicht zwingend auch ein längeres Leben in guter Gesundheit und damit tatsächlich mehr Lebensqualität heißen muss.

---

[8] In der realen Welt gibt es ca. 60 Millionen mehr Männer (!) als Frauen, was sich in Globo nicht für einen demografischen Unterschied ausgeht. Es mag dabei eine Unschärfe geben, weil die Geburt von Mädchen vermutlich unzuverlässiger aufgezeichnet wird als jene von Buben, aber sicher nicht im nötigen Ausmaß.

In den meisten anderen Bereichen fällt der Befund aber klar zu Ungunsten der Frauen aus. Bei den Bildungschancen im vorigen Kapitel haben wir das bereits gesehen, noch deutlicher wird es bei politischer Mitbestimmung oder beim Einkommen. Dabei kursieren auch einige Unrichtigkeiten, fast so als wäre die Realität nicht problematisch genug: so entspricht der durchschnittliche Lebensstandard von Frauen in Globo nämlich nur etwa 60 Prozent des männlichen Lebensstandards (das ist ein Verhältnis von 1 zu 1,7).

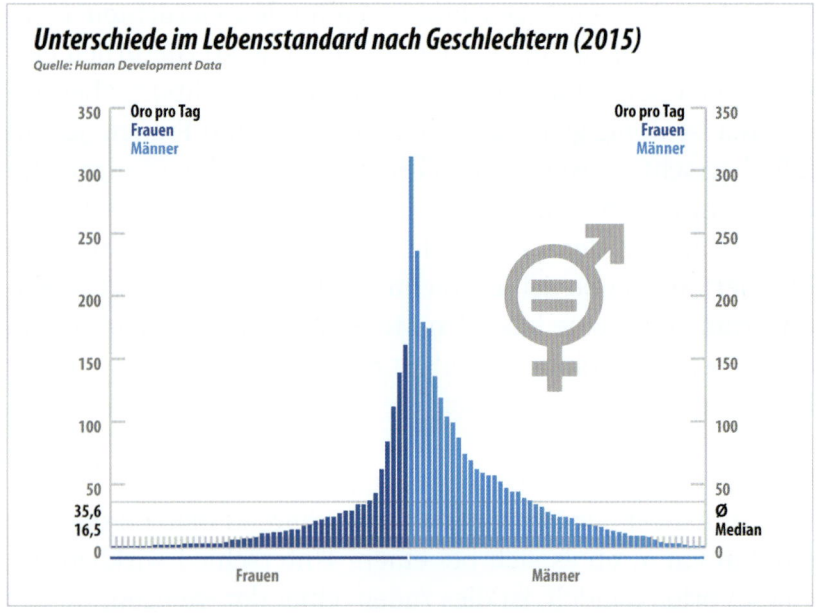

Unterschiede im Lebensstandard nach Geschlechtern (2015)
Quelle: Human Development Data

Dabei wirken öffentliche Dienstleistungen, die letztlich allen zur Verfügung stehen, bereits eher ausgleichend, denn die Erwerbseinkommen von Frauen entsprechen nur 40 Prozent der männlichen (das ist ein Verhältnis von 1 zu 2,5), weil Frauen systematisch weniger Stunden gegen Bezahlung arbeiten und das zudem für meist deutlich schlechtere Löhne. Bei der Kontrolle über Vermögen sprechen wir von noch geringeren Anteilen, wobei hier keine ausreichend guten Daten vorliegen, um eine klare Aussage treffen zu können.[9] Dazu kommt noch, dass überall in Globo sich Frauen die Arbeit, die sie unbezahlt verrichten, selten aussuchen können. Im Dorf gilt meist der Leitspruch: was übrigbleibt, ist Frauenarbeit, vor allem unbezahlte Haus- und Pflegearbeit. So ist die Sorge um Kinder und um kranke Angehörige überall im Dorf überwiegend die Aufgabe von Frauen. Neben dem Haushalt sind in vielen Regionen Frauen für die anstrengende Feldarbeit zuständig. Und Töchter haben oft weit mehr Aufgaben für die Familie zu erledigen als Söhne und sie werden viel eher jung verheiratet, insbesondere dort, wo der Lebensunterhalt knapp ist. Männer sind hingegen viel eher diejenigen, die für Arbeiten außer Haus gehen und damit Geld und Anerkennung verdienen. Wenn sie unbezahlt arbeiten, dann ebenfalls eher außer Haus in Vereinen oder in der Nachbarschaftshilfe. Sie sind oft die, die formell Besitz haben und manchmal sogar die, die allein erbberechtigt sind. Unter diesen Umständen kann sich an den materiellen Verhältnissen nur langsam und unter ständigen Kämpfen etwas ändern und es kann auch nie zu echter Gerechtigkeit kommen. Dazu bräuchte es zuerst einen Lastenausgleich, sodass es echte Wahlfreiheit für Frauen gibt, zumindest was die Verwendung ihrer eigene Zeit angeht.

Kaum in einer Region wird das deutlicher als im Westen des Weilers Asien. Dort leben drei Menschen: der 41jährige **Mersin**, der 38jährige **Taif** und die 7jährige **Erbil**. Doch während Taif zu den allerreichsten Menschen in Globo gehört und Mersin deutlich über dem Durchschnitt liegt, ist Erbil weit in der unteren Hälfte. Eine ähnliche Struktur ist im Norden des Weilers Afrika zu sehen, wenngleich abgeschwächt. Dort lebt

---

[9] So kommen zwar Studien über die Lage in Europa zum Ergebnis, dass dieser Anteil ebenfalls bei rund 40 Prozent liegen soll, allerdings nur unter der Annahme, dass die Kontrolle über das Vermögen bei Paaren gleich verteilt ist. Der tatsächliche Wert für die gesamte reale Welt dürfte daher deutlich niedriger liegen, wie auch Daten über Milliardenvermögen nahe legen.

mit dem 69jährigen **Sefrou** der reichste Mensch des Weilers, der immerhin knapp über dem Mittelwert in Globo liegt, während die 34jährige **Tanta**, aber auch der 12jährige **Sannar** auf einem ähnlichen, aber deutlich niedrigerem Niveau liegen. Es bietet sich an, bei diesem Thema auch die 57jährige **Nukus** dazu zu nehmen, die allein im Steppengebiet inmitten von Asien lebt, denn auch sie zählt in Globo nicht zu den materiell Begünstigten. Damit sind bei insgesamt drei Frauen in diesen Regionen drei Generationen vertreten, aber alle sind verglichen mit ihren männlichen Mitbewohnern in ähnlich schlechter Position. Hier (und in Südasien) ist das Verhältnis im Lebensstandard nämlich nicht 1 zu 1,7 wie im Dorfdurchschnitt, sondern vielmehr 1 zu 4 bis 5. Das heißt dann oft konkret, dass der Tag für Frauen 18 Stunden hat, die größtenteils mit Arbeit verbracht werden, während der Tag von Männern höchstens 16 Stunden hat, von denen aber nur ungefähr die Hälfte aus Arbeit bestehen (der Rest auf 24 wird jeweils verschlafen).

Man merkt diese Unterschiede jeden Tag im Großen, aber auch in vielen Kleinigkeiten: in dieser Region hat der reiche Taif das Sagen, die anderen hingegen keine echten Mitspracherechte, auch die Männer nicht. Aber auch die Bildungskarriere von Tanta war kürzer als sie es gewesen wäre, wenn sie ein Mann wäre, ebenso wie die Bildungschancen von Erbil geringer sind, wobei sie zudem in einer unsicheren Gegend lebt.

Es gibt aber auch eine ermutigende Erzählung zu diesem Thema. Denn in nahezu jeder Hinsicht hat sich die Lage von Frauen überall in Globo zwar oft langsam, aber doch nahezu durchgehend über die letzten Jahrzehnte verbessert: ihre Lebenserwartung steigt schneller als jene der Männer, die früher sehr ungleichen Bildungschancen haben sich angeglichen, selbst beim Einkommen holen Frauen auf und insgesamt steigt der Anteil der unbezahlten Arbeit, der auch von Männern erledigt wird, langsam an. Auch das absolute Heiratsalter der Frauen ist überall in Globo gestiegen und zugleich die Differenz zu dem der Männer gesunken, und das vor allem dort, wo es besonders ungleich war. Das ist schon allein deshalb gut, weil ein großer Altersunterschied immer auch ein großes Gefälle in der Mitsprache bedeutet, was Entscheidungen in den Partnerschaften und Familien betrifft.

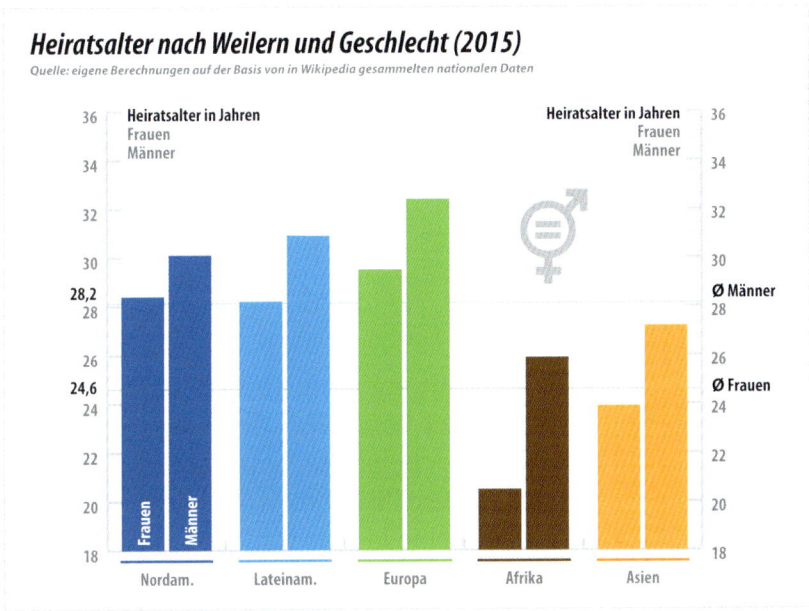

Und damit sind wir bei der Wurzel verschiedener Probleme in diesem Bereich angekommen: Mitbestimmung. Es geht zentral darum, speziell heute noch benachteiligte Frauen und Mädchen zu befähigen, ein möglichst selbstbestimmtes Leben zu führen. Das würde für sie in Zukunft bessere Bildung, bessere Gesundheit, weniger Kinder, bessere Einkommen und mehr Kontrolle über Ausgaben, sowie eine bessere Teilhabe in der Familie und in der Gemeinschaft und damit bessere Entscheidungen und bessere Lebensqualität bedeuten. Das alles sind sich selbst verstärkende Entwicklungen, die für alle Menschen positiv wirken, nicht nur für die Frauen.

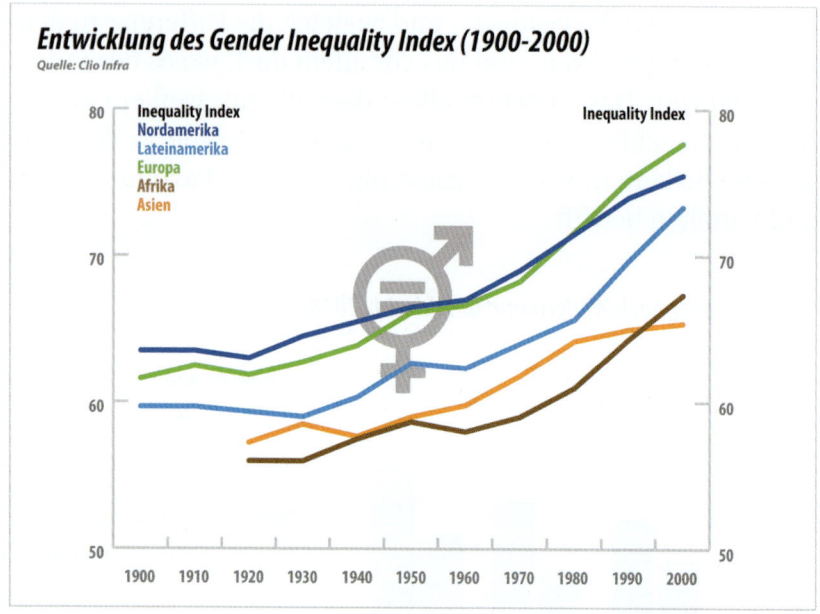

Entwicklung des Gender Inequality Index (1900-2000)
Quelle: Clio Infra

Inequality Index
Nordamerika
Lateinamerika
Europa
Afrika
Asien

Damit stecken wir freilich mitten in einem Phänomen, das als „Intersektionalität" bezeichnet wird, also der Verbindung verschiedener Dimensionen der Benachteiligung. Denn bei allen Differenzen zwischen den Geschlechtern sollte nicht vergessen werden, dass z.B. die Unterschiede zwischen den reicheren und den ärmeren Regionen in Globo noch größer sind. Es mag wie selbstverständlich wirken, aber das Verhältnis zwischen dem durchschnittlichen Lebensstandard der ärmeren und der reicheren Hälfte der Bevölkerung beträgt in Globo 1 zu 10 und ist daher deutlich größer als jenes zwischen den Geschlechtern. Es ist aber außerdem ein ganz besonderer Nachteil, eine arme Frau zu sein, rechnerisch sogar einer größerer, als der Nachteil eines armen Mannes. All das hat vielfältige Auswirkungen, z.B. wenn wir an das Thema Gewalt gegen Frauen denken.

Gewalt umfasst dabei nicht nur körperliche und seelische Misshandlungen und sexuellen Missbrauch, wobei das für 3 Frauen im Dorf sogar bis zur Genitalverstümmelung geht. Es ist vielmehr auch eine Form von Gewalt, wenn 3 Frauen in ärmeren

Regionen keine Familienplanung betreiben können, obwohl sie das gerne möchten, weil sie schlicht keinen Zugang zu Verhütungsmitteln haben. Jedes Jahr werden in Globo in der Regel 2 Menschen geboren und nicht alle sind gleichermaßen willkommen. Jede vierte dieser Geburten findet dabei ohne Unterstützung durch medizinisches Fachpersonal statt, nicht weil das so gewünscht wird, sondern weil keines zur Verfügung steht. Ein großes Risiko für die Kinder, aber auch für die Mütter. Noch schlimmer ist das bei Abtreibungen. Vermutlich alle eineinhalb Jahre findet im Dorf eine statt, aber nur jede zweite wenigstens unter sicheren Bedingungen. Doch auch bei der anderen Hälfte besteht eine spezifische Gefahr: wenn das Geschlecht des Kindes festgestellt werden kann, ist die Wahrscheinlichkeit einer Abtreibung für Mädchen in manchen Regionen des Dorfes viel höher, weil dort aus verschiedenen Gründen männlicher Nachwuchs bevorzugt wird.

All das ist auch eine Frage der Armut, aber nicht nur. Gerade Verhütung ist z.b. nicht primär eine Kostenfrage. Es wäre in Globo billig, allen Frauen Zugang zu ermöglichen, die ihn auch möchten. Vielmehr ist es eine Frage der „Ehre" oder richtiger: von Macht. Solange die Männer, wie das in vielen Teilen von Globo immer noch der Fall ist, die Kinderzahl in der Familie bestimmen, sind es in der Regel mehr, als sich das die Frauen wünschen. Und die Männer üben dabei durchaus Macht aus, denn es sind oft dieselben, die die ganze Last der Kinderversorgung ganz selbstverständlich den Frauen aufbürden. Das ändert sich nur, wenn sich die Bildung (von Frauen wie Männern) verbessert und wenn sich die ökonomischen Verhältnisse zugunsten von Frauen verschieben.

Wenn es hingegen so weitergeht, werden bald ein oder zwei Frauen in Globo wirklich „fehlen": es müsste sie eigentlich geben, aber sie sind nicht da – weil sie nie geboren wurden, weil sie als Kinder oder Alte vernachlässigt wurden oder weil sie eine Versorgungskrise nicht überlebt haben. Betrachtet man das Thema Gewalt also genauer, dann stimmt es eigentlich nicht, dass es in Globo keine Gewalttoten gibt, wie beim Gesundheitsthema erwähnt. Es mag in der gesamten Geschichte des Dorfes zwar nur sehr wenige Morde gegeben haben, aber auch „fehlende Frauen" sind letztlich nicht am Leben.

Bei allen Fortschritten ist also noch genug zu tun. Angesichts der anstehenden Herausforderungen für Globo wird aber auch immer mehr klar, dass es einen großen Nachteil darstellt, dass die halbe Bevölkerung im Dorf nicht in vollem Umfang an den Entscheidungen teilhat. Man erinnere sich nur an das Podium von der Dorfversammlung. Aber auch sonst können viele nicht mitbestimmen: gäbe es einen Dorfrat, es säßen wohl zwei Frauen und acht Männer drin. Tanta wäre nicht vertreten, Taif hingegen sicher.

Die Frauen lassen sich das übrigens schon lange nicht mehr einfach so gefallen. Schon 1975 wurden erstmals alle Frauen in Globo zusammengerufen, um über ihre Zukunft zu sprechen, viele sind dem Ruf gefolgt. Sie haben sich seither immer wieder getroffen, um die Welt gerechter zu machen, und sie wurde dabei immer mehr auch von Männern unterstützt. Trotzdem ist es noch ein weiter Weg, um Geschlechtergleichstellung zu „erreichen" und dafür ist es sicher notwendig, „alle Frauen und Mädchen" überall in Globo zur „Selbstbestimmung" zu „befähigen". Der Erfolg wird auch davon abhängen, dass die Männer Kontrolle und damit letztlich Macht und Privilegien abgeben.

OHNE WASSER IST ALLES NICHTS

Eine der geschlechtsspezifischen Belastungen, die für Frauen in vielen Regionen von Globo zum Alltag gehört, ist die Beschaffung von Wasser. Dass es kein sauberes Wasser gibt, gar nicht zu reden von fließendem im Haus, vielleicht sogar warm, das ist die Realität, mit der viele leben müssen. Sie verbringen daher teils mehrere Stunden pro Tag mit einer Tätigkeit, die Menschen in den reicheren Teilen des Dorfes nur eine Handbewegung kostet. Das Thema ist aber nicht nur mit dem Geschlechterthema verbunden, sondern offensichtlich auch mit Gesundheit und Ernährung. Denn ohne Wasser ist letztlich alles nichts und nur Luft ist für den Menschen noch wichtiger. Man überlebt nicht lange, ohne zu trinken, man wird krank, wenn man schlechtes Wasser verwenden muss, und man kann nichts ernten, wenn man es nicht gießen kann. Dabei liegt natürlich ein sehr grundlegender Unterschied in Globo schon in der Tatsache, dass der Regen sehr ungleich verteilt fällt. Obwohl es im Dorf nur wenige Anstrengungen bräuchte, um das auszugleichen, gibt es kaum einen Austausch von Wasser zwischen den Weilern. So haben die einen nur Wasser aus Brunnen, weil es das ganze Jahr praktisch gar nicht regnet, während man sich anderswo darüber keine Gedanken machen muss, weil es zuverlässig immer wieder ausreichend Niederschlag gibt, und es auch Plätze gibt, wo Starkregen sogar zum Problem wird, weil er den Boden fortspült und Überschwemmungen verursacht.

Wasser ist daher vor allem in den Regionen von Globo ein Problem, wo es heiß ist und ohnehin wenig regnet. Und das sind vor allem der Weiler Afrika und die Siedlung Indien. Dabei ist sowohl die Trinkwasser- wie auch die Sanitärversorgung wichtig und es gibt für beides drei Versorgungsstufen: die erste bedeutet, dass man jederzeit Trinkwasser oder eine Toilette für sich selbst zur Verfügung hat, die frei von Verunreinigungen ist; die zweite bedeutet, dass Verfügbarkeit und Hygiene nicht sicher gewährleistet ist, die Vorrichtung an sich aber immerhin sicher sein sollte; die dritte bedeutet eine noch schlechtere Qualität, also z.b. Trinkwasser direkt aus einem Fluss oder eine Toilette unter freiem Himmel. Und ja, letzteres gibt es wirklich in Globo: die freie Natur als einzig mögliche Toilette ist immer noch alltägliche Realität für 12 Menschen im Dorf. Und noch immer 2 Menschen beziehen all ihr Wasser notgedrungen aus unsicheren Oberflächengewässern. Für Frauen ist übrigens auch der Zugang zu Sanitäreinrichtungen generell prekär: sie würden zwar eher gebraucht, stehen aber speziell im öffentlichen Raum trotzdem weniger zur Verfügung als für Männer.

Der Versorgungsausgleich funktioniert auch innerhalb der Weiler leider nicht. Obwohl es z.B. in Teilen von Afrika sehr viel regnet, ist dieser Weiler bei Wasser- und Sanitärversorgung immer noch das größte Problemgebiet. Dort haben 7 Menschen nicht einmal Zugang zu sauberem Trinkwasser, während es im ganzen Rest des Dorfes insgesamt 5 sind. Dabei ist in Afrika der westliche Teil stärker betroffen als der östliche. Besonders problematisch ist das, weil es oft Kinder betrifft, die anfälliger für Krankheiten sind. So haben die 9jährige **Malanje**, der 8jährige **Kano**, die 3jährige **Goma** und der 2jährige **Mopti** aus dem westlichen Afrika weder sicheres Trinkwasser noch irgendeine Sanitärversorgung, genauso wenig wie Sannar, Dese und Pemba aus anderen Teilen des Weilers. Auf sauberes Trinkwasser verlassen können sich immerhin Awassa und Tabora aus dem Osten und der 18jährige **Kumbo** aus dem Westen.

Gar keine Defizite haben Tanta und Sefrou aus dem Norden und Nakuru aus dem Osten sowie der 48jährige **Ukene** und die 17jährige **Aba** aus dem Westen und die 42jährige **Kadoma** aus dem Süden.

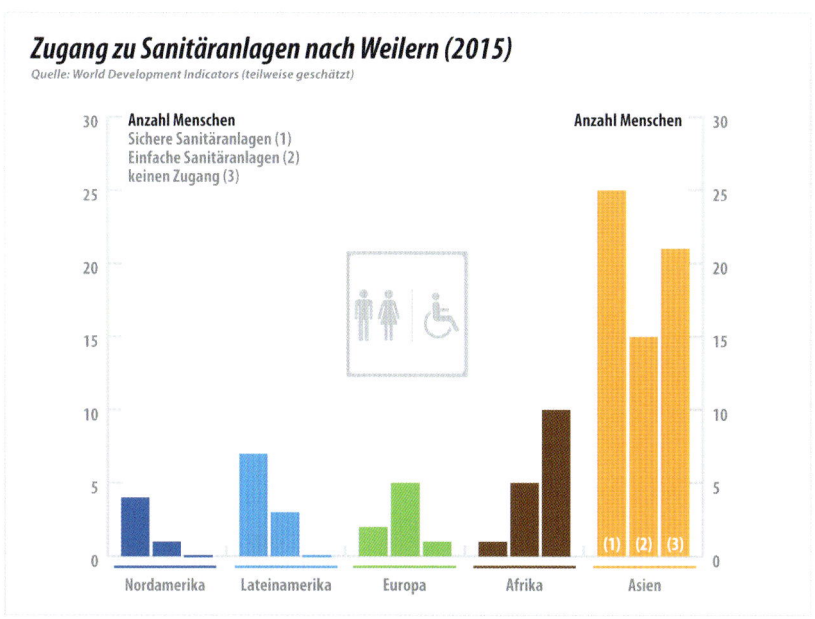

Wo das aber nicht der Fall ist, bedeutet es vor allem Gefahren für die Gesundheit: schmutziges Wasser birgt Krankheiten und Wassermangel wirkt sich einerseits direkt und nachteilig auf die Hygiene aus und führt andererseits zu Ernteausfällen, was eine Gefahr für die Ernährungssicherheit darstellt. Viele der ärmsten Menschen in Globo haben ja nicht einmal eine sichere Möglichkeit, sich die Hände zu waschen. Und zumindest einen Monat pro Jahr unter Wassermangel leiden insgesamt bereits 54 Menschen in Globo, die Hälfte dieser Menschen lebt in den Siedlungen China und Indien. Dieses Problem wird in Zukunft mit Sicherheit drängender werden. Schon heute ist die Lage in Nordafrika und Westasien besonders kritisch, wo vier Fünftel des insgesamt verfügbaren Süßwassers unmittelbar genutzt werden, sowie in Zentral- und Südasien, wo es bereits zwei Drittel sind. Das geht bereits hart an die Grenze des überhaupt Möglichen, die in ganz Globo aber noch lange nicht erreicht wäre: alles in allem werden nur 13 Prozent des verfügbaren Süßwassers genutzt. Mit mehr Ausgleich wäre also noch einiges möglich.

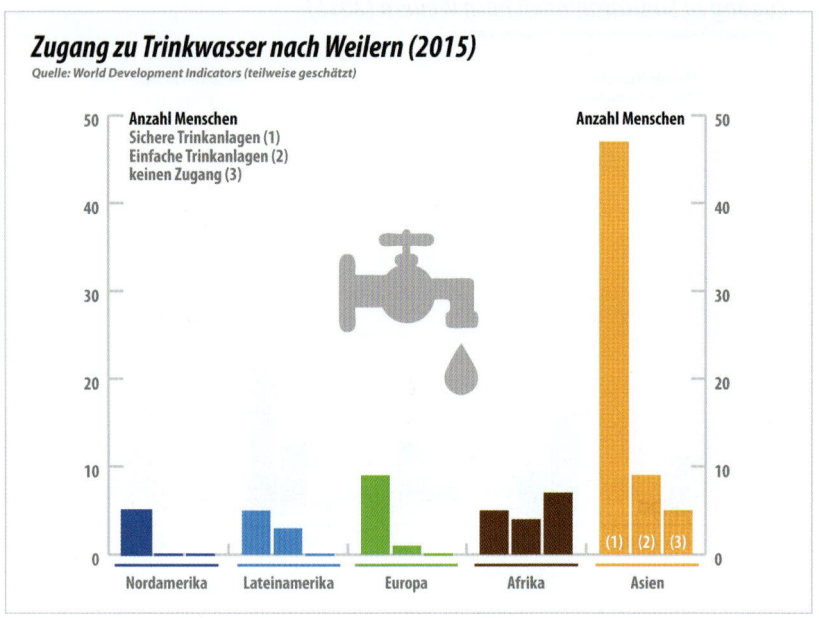

Das Thema Wasser ist aber auch eine gute Gelegenheit, um auf einen Umstand hinzuweisen, der oft vergessen wird. Denn der Großteil des Wasserverbrauchs fließt ja nicht in den persönlichen Gebrauch. Vielmehr entfallen nur ungefähr 12 Prozent auf diesen Bereich, vor allem für Hygiene und nur zu einem winzigen Bruchteil als Wasser, das getrunken oder für die Zubereitung von Nahrungs- und Genussmitteln verbraucht wird. Demgegenüber werden 19 Prozent industriell genutzt und 69 Prozent in der Landwirtschaft – womit nicht Regen gemeint ist, sondern Wasser für Bewässerungen. Allein die Regenmenge, die ohne weiteres Zutun in die Landwirtschaft fließt, ist ungefähr so groß, wie der Gesamtwasserverbrauch für alle Sektoren in

Globo. Wofür in den einzelnen Weilern das Wasser verwendet wird, ist dabei durchaus unterschiedlich: ist es in Europa und Nordamerika vor allem die Warenproduktion, ist es in den anderen Weilern die Landwirtschaft.

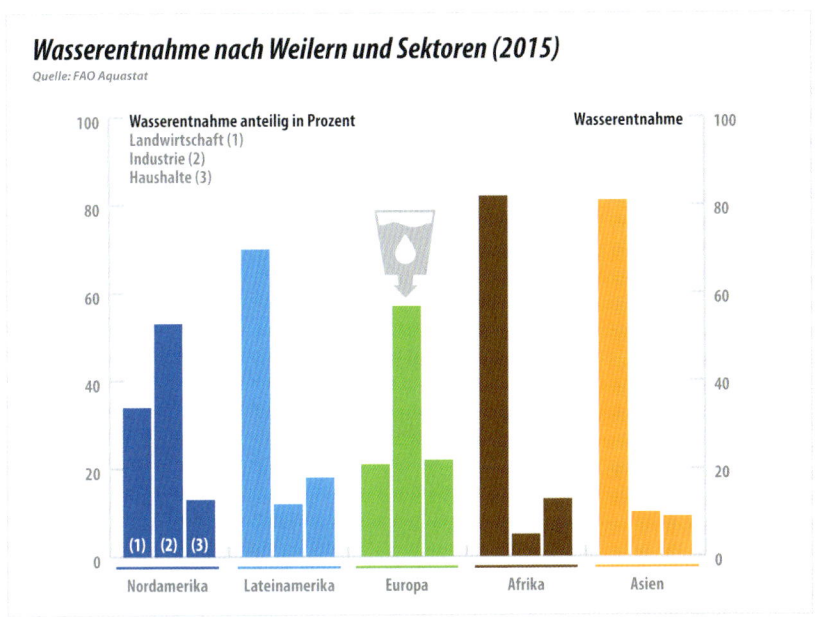

Wasserentnahme nach Weilern und Sektoren (2015)
Quelle: FAO Aquastat

So kommen aber auch die großen Mengen an sogenanntem „virtuellen Wasser" zustande, das in vielen Produkten steckt. Dabei unterscheidet man „grünes", „blaues" und „graues" Wasser: grünes Wasser meint die direkte Nutzung von Niederschlag und Verdunstung, blaues Wasser meint solches aus natürlichen Quellen oder Reservoirs und graues Wasser meint solches, das für die Reinigung von Brauchwasser nötig wäre. Auch wenn es bei allen drei Typen Nutzungskonflikte gibt, weil Wasser in diesem Sinn natürlich nur einmal genutzt werden kann, sind daher doch blaues und graues Wasser zweifellos problematischer als grünes. Diese Unterscheidung hat Auswirkungen. Sie kennen vielleicht die Angabe von 15.000 Litern (virtuelles) Wasser für die Produktion vom einem Kilogramm

Rindfleisch. Das ist vor allem grünes Wasser, doch es beinhaltet auch mehr als 1.000 Liter blaues und graues Wasser, was Rindfleisch in dieser Hinsicht knapp vor Schweinefleisch zum Spitzenreiter unter den Massennahrungsmitteln beim Wasserverbrauch macht (Datteln verbrauchen noch mehr, sind aber in Globo doch eher ein Nischenprodukt mit einer Gesamternte von nur 110 Kilogramm). Zwar kein Nahrungsmittel, aber ein anderes Massenprodukt ist Baumwolle, wobei die Produktion sogar rund 4.500 Liter graues und blaues Wasser pro Kilogramm erfordert. Am anderen Ende der Skala stehen hingegen z.B. Kartoffeln mit einem Verbrauch von weniger als 100 Litern pro Kilogramm.

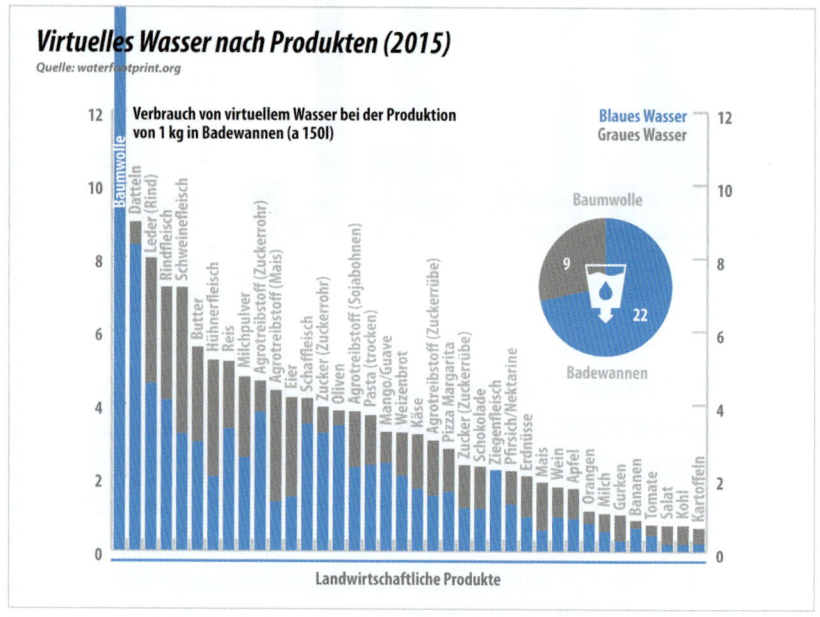

Gerade in der Bewässerungslandwirtschaft, in Globo auch historisch der größte Verbraucher von Wasser, gäbe es also viel Sparpotential: während manche auf genetisch veränderte Pflanzen setzen, die besser gegen Trockenheit geschützt sind und die weniger Wasser brauchen, setzen andere ihre Hoffnung eher in eine sparsamere Wasserverwendung, z.B. durch Tropfenbewässerung statt herkömmlicher Techniken, bei denen viel Wasser am eigentlichen Ziel vorbeifließt. Aber auch in der Industrie und bei der Versorgung der Haushalte gibt es deutliche Effizienzgewinne, ebenso bei der Entsorgung von Abwässern. Die Effekte sieht man in den Statistiken: seit 1980 verlangsamt sich das rasante Wachstum im Wasserverbrauch. Dieser hat sich zwar seit 1950 fast vervierfacht und ist damit schneller gewachsen als die Bevölkerung, aber allein bis 1970 war es bereits zur ersten Verdopplung gekommen, seither nur mehr zu einer zweiten.

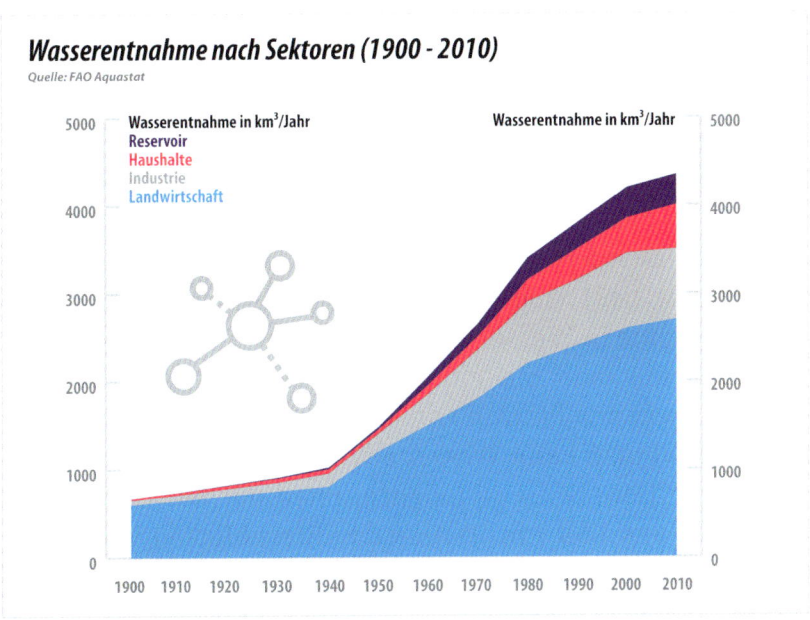

Wasserentnahme nach Sektoren (1900 - 2010)
Quelle: FAO Aquastat

Es wird also auch beim Thema Wasser besser. Die Zahl der Menschen ohne Zugang zu sauberem Trinkwasser ist z.B. trotz Bevölkerungswachstum durchgehend gesunken: von 18 Menschen (von insgesamt 72) im Jahr 1990 über 17 (von 83) im Jahr 2000 auf nur noch 12 (von 100) heute. Und die Zahl der Menschen mit Zugang zu verbesserten Sanitäreinrichtung hat von 38 im Jahr 1990 auf 48 im Jahr 2000 und 68 heute zugenommen. Das heißt allerdings auch, dass die Zahl der Menschen ohne einen solchen Zugang konstant bei rund 30 geblieben ist. Und im Weiler Afrika ist die Entwicklung nur zum Teil angekommen: dort hat sich zwar die Versorgung insgesamt verbessert, die Zahl der Menschen ohne Zugang ist aber sogar gestiegen.

Es gibt auch Fortschritte bei der Wasserentsorgung und bei der Wasserverwaltung. Zumindest in den wohlhabenderen Teilen von Globo wird heute die Mehrheit der Abwässer aus allen Sektoren sicher behandelt, was die Verschmutzung erheblich reduziert. Und insbesondere in den ärmeren Teilen von Globo erhalten Frauen immer mehr Mitsprache bei der Frage, wofür Wasser verwendet werden soll, was erwiesenermaßen zu Entscheidungen führt, die besser für die Gemeinschaft sind.

Gerade angepasste Lösungen, die durch solche Mitsprache eher möglich werden, wären dringend nötig. Dabei braucht es oft gar keine besondere Technologie. Mit einer Plastikflasche und Sonnenlicht lässt sich bereits in nur wenigen Stunden die Keimbelastung in Wasser deutlich verringern. Mit etwas mehr Technik kann man mit einem besonderen Strohhalm sogar Wasser direkt aus Pfützen trinken. Der Halm erledigt die Filterung. Und man kann Wasser aus der Luft schöpfen: mittels sehr feiner Gewebe ist es möglich, nicht nur aus Nebel, sondern auch aus Luft mit mittlerer Luftfeuchtigkeit Wasser zu gewinnen. Dazu bedarf es keiner teuren und aufwändigen Entsalzung von Meerwasser, wie sie in manchen Gegenden in Globo ebenfalls vorkommt, oder einer chemischen Reinigung von verschmutztem Wasser.

Die Hälfte des Weges zu sicherem Wasser in Globo scheint also gegangen. Es gelingt den Menschen bereits seit einiger Zeit, die „Verfügbarkeit und nachhaltige Bewirtschaftung" zu verbessern. Woran es noch fehlt: sie auch „für alle" zu gewährleisten. Etwas so Grundlegendes, wie es für alle Menschen das Wassertrinken ist, darf nicht länger für manche lebensgefährlich sein. Malanje, Kano, Goma und Mopti sehen das sicher genauso.

ENERGIE FÜR ALLE

Für manche Menschen in Globo ist die Verfügbarkeit von Energie so selbstverständlich, dass sie völlig vergessen haben, was das eigentlich bedeutet. Ihnen steht sie scheinbar unbegrenzt zur Verfügung und das überdies zu sehr erschwinglichen Preisen. Lange vergangen sind die Zeiten, in denen die Hauptenergiequelle die eigene Muskelkraft war (glücklich war, wer auch die von Tieren nutzen konnte) und man zum Kochen und Heizen Holz verbrannte. Nur ausnahmsweise nutzte man außerdem den Wind oder das Wasser für Transporte oder das Mahlen von Getreide. Was hat sich seit damals nicht alles verändert! Die Erschließung fossiler Energiequellen – das sind solche, die über lange Zeit entstanden und daher nicht in relevanter Zeit erneuerbar sind – hat sogar eine völlig neue Welt eröffnet. Zumindest manche Menschen in Globo können nun Maschinen betreiben, die ihnen viel harte Arbeit abnehmen. Sie können Transportmittel nutzen, die sie viel schneller voranbringen, ja sogar in die Luft. Sie drücken auf einen Schalter und es wird mitten in der Nacht taghell. Fast alles hat direkt oder indirekt mit der Verfügbarkeit von Energie zu tun – überdies einer Energie, die heute viel „sauberer" in Erscheinung tritt, als sie das früher getan hat.

Andererseits leben manche Menschen in Globo noch mitten in einer prä-fossilen Welt, in der es all das nicht gibt, oder richtiger: in der sie nicht darüber verfügen können. Energie in einem modernen Sinn und die damit verbundenen Annehmlichkeiten gibt es nur für die anderen. Aber selbst wenn manche die Vorteile nicht nutzen können, erspart ihnen das nicht unbedingt die Nachteile, wenn sie z.B. das Pech haben, auf Land zu leben, das sich über einer Ölblase oder einem Kohleflöz befindet. Oder auch nur, wenn sie Luft atmen müssen, die von der Verbrennung fossiler Rohstoffe in ihrer Nachbarschaft voll Ruß ist.

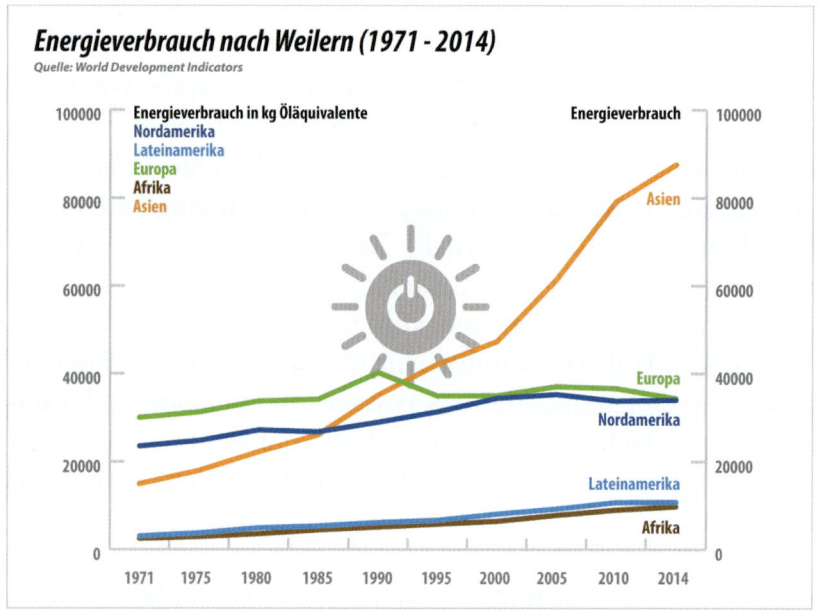

Es gibt aber noch eine weitere Gruppe: jene, die den Wandel ganz unmittelbar miterlebt haben, teils erst in den letzten Jahren, und die sich daher noch gut an die Zeit erinnern, als das Leben sehr viel mühsamer war. In der Siedlung China z.B. wurde in letzter Zeit sehr viel gebaut. In viele neue Wohnungen kamen dabei zum ersten Mal überhaupt Zentralheizungen, Wasser- und Stromanschlüsse und manche können sich sogar Klimaanlagen leisten. Strom haben inzwischen alle in der Siedlung China, wobei sich der Energieverbrauch trotzdem sehr unterscheidet: auf der einen Seite steht die relativ wohlhabende

Familie, bestehend aus dem 50jährigen **Tian**, der 47jährigen **Linyi** und ihren beiden kleinen Kindern, dem 5jährigen **Fu** und dem 2jährigen **Su**. Sie haben ebenso wie der 28jährige **Hui** einen Energieverbrauch, der in etwa dem europäischen Durchschnitt entspricht – ja der von Tian liegt sogar nahe an den höchsten europäischen Werten. Auf der anderen Seite stehen die 65jährige **Yuxi** und die 74jährige **Hefei**, Großmutter der 4jährigen **Anshun**, sowie der 11jährigen **Aksu**, deren Energiekonsum jeweils weit unter sogar dem asiatischen Durchschnitt liegt. Es ist dabei kein Zufall, dass die einen alle in städtischen Behausungen eher zentral leben, die anderen hingegen alle in ländlichen eher am Rande der Siedlung.

Daneben leben in China noch weitere Menschen, deren Energieverbrauch irgendwo dazwischen liegt. Zuerst eine Familie mit dem 44jährigen **Jilin** und der 41jährigen **Suihua**, die mit ihrem Vater, dem 78jährigen **Linfen**, und ihren Kindern, der 23jährigen **Cheng** und der 10jährigen **Bao** an der Küste im Süden der Siedlung leben. Das Pärchen durfte ein zweites Kind bekommen, weil das erste ein Mädchen war. Allein leben der 24jährige **Wu** und der 30jährige **Haikou** im Norden der Siedlung. Ebenso allein leben im Süden der Siedlung die verwitwete 51jährige **Loudi** und der 46jährige **Jinhua**, zusammen hingegen der 33jährige **Jian** und die 32jährige **Shang**, die sich aber noch kein Kind leisten können. Gemeinsam haben sie alle, die Reichen, die Armen und die in der Mitte, ihre Energiequellen: Kohle und Öl. Denn China ist noch „fossiler" als das Dorf insgesamt. Und das will einiges heißen, denn auch in Globo kommen vier Fünftel des Energiebedarfs aus nicht erneuerbaren Quellen, und das schon seit geraumer Zeit.

Die Siedlung China verbraucht nach gewaltigen Steigerungen in den letzten Jahrzehnten inzwischen mehr als ein Fünftel der gesamten Energie im Dorf. Damit liegt der Pro-Kopf-Verbrauch bereits über dem Globo-Durchschnitt. Das hat auch damit zu tun, dass China Waren für das gesamte Dorf erzeugt. Davon profitiert nicht zuletzt Tian, der eine kleine Fabrik betreibt. Das hat zu einigen Problemen und auch Streitigkeiten geführt. Die spürbaren Verbesserungen haben nämlich unübersehbare Schattenseiten: Rauchschwaden ziehen um die Häuser, das Wasser aus Flüssen und Seen kann man nicht einmal nach einer Reinigung für das Kochen oder auch nur Waschen verwenden und an einigen Tagen ist die Sonne nur eine rote Scheibe hinter einem dichten Dunstschleier. Darüber haben sich immer mehr Leute beschwert und daher wird jetzt immer mehr Geld auch in „saubere" Energieerzeugung gesteckt. Auch Tian und Linyi denken an ihre Kinder.

Anders wird es auch nicht gehen, weder in der Siedlung China, noch in allen anderen Weilern. Schließlich verbrauchen die Wohlhabenden in Globo immer noch mehr als das Doppelte pro Kopf verglichen auch mit China, und das trotz seiner Rolle als „Werkbank" des Dorfes. Denn Energie ist in einer modernen Gesellschaft das Maß aller Dinge. Damit ist nicht einmal zuerst gemeint, dass moderne Unterhaltungselektronik und auch die alltägliche Mobilkommunikation ohne Energie – eigentlich ohne sicheren Zugang zu elektrischem Strom – gar nicht denkbar sind. Das ist in der Siedlung China nicht anders als im Weiler Europa. Da wie dort transportieren nämlich auch Lastkraftwagen Lebensmittel durch die Kühlketten, allerlei Pakete flitzen über die Lagerflächen, selbst das Wasser aus der Leitung kommt kaum je ins Haus, ohne dass nicht irgendwo Energie aufgewendet würde. Und auch ohne „smarte" Geräte sind selbst Beleuchtung und Heizung höchstens noch dann etwas entkoppelt vom Verbrauch von fossilem Brennstoff und elektrischem Strom, wenn Wachskerzen entzündet werden oder der Holzofen angeheizt wird. Da sind wir dann ausnahmsweise noch einmal nah dran an dem, was Energieverbrauch in Globo über Jahrtausende bedeutet hat.

Man vergisst oft, was das für Auswirkungen hat. Denn in Globo leben alle in derselben Welt, in der dieser „Normalzustand" für die Wohlhabenden bestimmend auch für alle andern ist, und festlegt, was es braucht, um Chancen überhaupt nutzen zu können. Viele Menschen sind davon schlicht ausgeschlossen. Sie könnten gar keine fossilen Brennstoffe kaufen, weil es keine gibt oder sie zu teuer sind. Sie haben keinen Zugang zu elektrischem Strom und können die entsprechenden Geräte nicht betreiben: keine Computer, keine Handys, ja eigentlich nicht einmal elektrisches Licht oder einen strombetriebenen Herd.

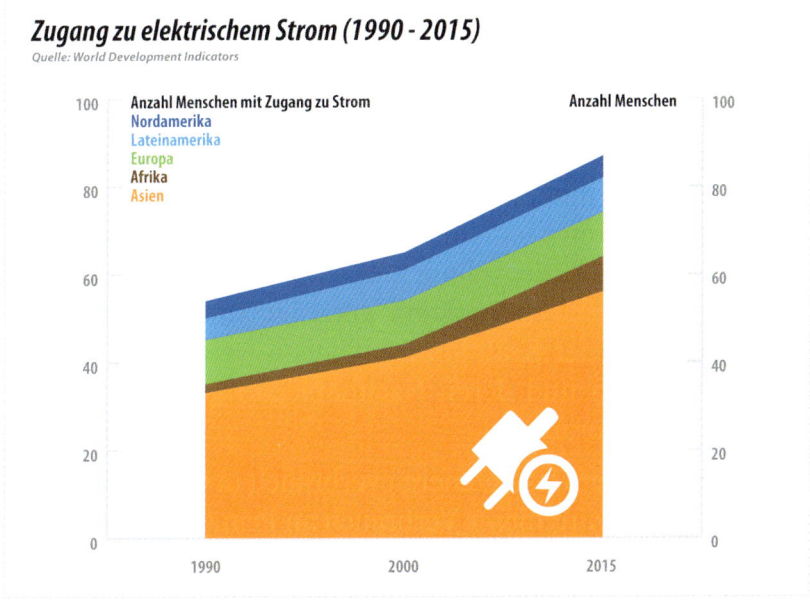

Das mit dem Licht ist z.B. eine der großen Erfolgsgeschichten in Globo: vor zweihundert Jahren mussten die Menschen noch eine ganze Woche (!) arbeiten, um den Gegenwert von 100 Kilowattstunden Energie bezahlen zu können; vor hundert Jahren war es immer noch mehr als eine Stunde; heute muss man dafür im Weiler Europa gerade noch 1 Sekunde (!) arbeiten. Insbesondere Licht kostet dort eigentlich nichts mehr.

Und wo immer im Dorf nun die Stromleitungen hinkommen, können sie einen entscheidenden Unterschied ausmachen, z.B. den zwischen dem Lernen bei schwachem flackerndem Kerzenschein oder bei hellem elektrischem Licht.

Damit eine echte Verbesserung möglich ist, braucht es vor allem niederschwellige, praktikable Lösungen, die auf die jeweiligen örtlichen Gegebenheiten eingehen. Die Energieversorgungsnetze, die man für eine funktionierende moderne Gesellschaft brauchen würde, sie werden in Globo nicht einfach vom Himmel fallen oder aus dem Boden schießen. Es geht daher vielmehr darum, mit den vor Ort verfügbaren Mitteln schnelle Lösungen für drängende Probleme zu schaffen. Auf dieser Basis kann dann ein Potential wachsen, um auch moderne Netze selbst hervorbringen zu können. Ein Schlüssel dafür wäre natürlich die einfache Nutzung der Sonne: sie scheint überall in Globo und es gibt längst Lösungen, die mit einfacher Technik auskommen, oder sogar fast ohne. Man denke nur an Solaröfen, die mit der Bündelung von Sonnenlicht kochen. Mit dem richtigen Ansatz kann auch im Slum die Elektrifizierung aus eigener Kraft vorangetrieben werden und gerade in Indien, China und deren Nachbarschaft geht hier derzeit besonders viel voran.

Aber wie sieht der Gesamtenergieverbrauch in Globo eigentlich aus? Gemessen wird dieser Verbrauch an Primärenergie (damit nur einmal gezählt wird) in so genannten „Öläquivalenten". Das ist jene Menge an Energie, die bei der Verbrennung von einer entsprechenden Menge Erdöl freigesetzt wird. In Globo betrug der Verbrauch im Jahr 2015 insgesamt 185,5 Tonnen solcher Öläquivalente, wobei davon 127,5 in den Endverbrauch gingen und der Rest in die Erzeugung anderer Energieformen (z.B. Strom). Das Erdöl selbst macht davon aber nur einen Teil aus, nämlich 59 Tonnen. Daneben dominieren andere fossile Energieträger: 52 Tonnen in Form von Kohle und 40 Tonnen in Form von Erdgas. Das Dorf ist also, wie schon gesagt, durch und durch fossil. Der recht bescheidene Rest des Energieverbrauchs entfällt auf Atomenergie (9 Tonnen Öläquivalente) und verschiedene erneuerbare Energieformen (25 Tonnen Öläquivalente). Kohle wird übrigens vor allem bei der Warenproduktion verbraucht, Erdöl vor allem beim Transport von Menschen und Gütern.

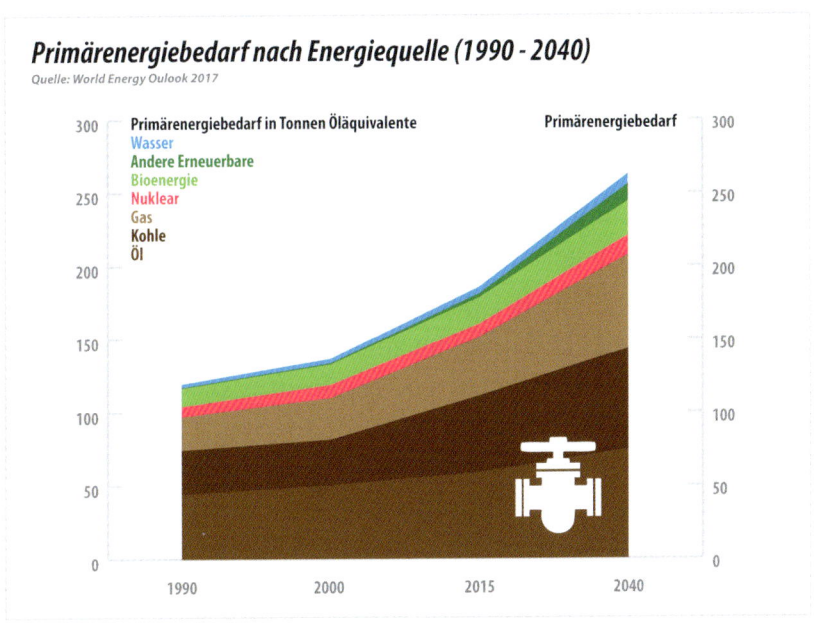

Primärenergiebedarf nach Energiequelle (1990 - 2040)
Quelle: World Energy Oulook 2017

Die Energieerzeugung in Globo deckt diesen ständig wachsenden Bedarf derzeit noch: 2015 wurden insgesamt 468 Barrel Erdöl (das sind 750 Liter pro Kopf), rund 48.200 Kubikmeter Erdgas und 74,5 Tonnen Kohle gefördert. Aus diesem Erdöl erzeugt die kleine Raffinerie des Dorfes unter anderem 12,8 Tonnen Benzin, 6,4 Tonnen Heizöl und 3,7 Tonnen Kerosin. Und die gesamte Elektrizitätserzeugung in Globo beträgt 337 Megawattstunden. Dabei speisen die Primärenergieträger auch diese Energieform. Strom wird vor allem aus der Verbrennung von Kohle und Erdgas gewonnen, aber auch aus Wasserkraft und Atomenergie, zwei Energiequellen, die beide praktisch ausschließlich zur Stromerzeugung verwendet werden.

In der Siedlung China sehen die Versorgung und vor allem ihre Entwicklung doch anders aus. Kohle ist viel wichtiger und das Wachstum in den letzten Jahrzehnten war enorm. Erneut ausgedrückt in Öläquivalenten beträgt der Gesamtverbrauch in China mittlerweile bereits 41,8 Tonnen, wobei Kohle für 27,6 Tonnen verantwortlich ist und Erdöl für 6,9. Vor vierzig Jahren, 1973, betrug der gesamte Energieverbrauch in China erst 5,8 Tonnen Öläquivalente und selbst 1990 waren es erst 12,0. Diese zuletzt immense Steigerung soll sich immerhin abflachen: im nächsten Vierteljahrhundert sollen nur noch weitere 11 Tonnen dazukommen, während es in der Siedlung Indien 14 und im gesamten Dorf 47 Tonnen sind.

Ein großes Problem bei der Energieversorgung ist natürlich ihre Verlässlichkeit. Sie leidet auch darunter, dass in Globo heute die Plätze, an denen Öl, Kohle und Gas vorkommen, längst nicht mehr mit denen zusammenfallen, wo man sie verbraucht. Daher intensivierte sich der Handel. Dort landen etwa 40 Prozent der Ölproduktion, 23 Prozent der Gasproduktion und 15 Prozent der Kohleproduktion. Und der größte Kohleproduzent in Globo ist bereits die Siedlung China, während das Erdöl vor allem aus Westasien kommt und das Erdgas vor allem aus Nordamerika und Europa. Wenn hier Sand ins gut geölte Getriebe des Austausches kommt, kommt auch der Wirtschaftsmotor in Globo ins Stottern.

Energieerzeugung vor Ort aus möglichst erneuerbaren Quellen wäre auch daher wichtig. Und sie passiert: im Jahrzehnt vor 2015 hat sich in Globo z.B. die installierte Windenergie-Leistung verneunfacht und die Photovoltaik-Leistung sogar versechzigfacht (!). Auch die Siedlung China hat dazu viel beigetragen. So bezieht China aus Windkraft bereits eine Leistung von mehr als 1.500 Watt, Tendenz weiter stark steigend. Aufgrund der

Globo-Relation wirkt das vielleicht sehr wenig, aber es ist z.B. mehr, als die gesamte Kapazität des Weilers Nordamerika bei Atomkraft. Auch andere alternative Energieformen haben Konjunktur. In China und anderswo werden z.b. Mini-Biogasanlagen eingesetzt, die Abgase aus der Fleischproduktion nutzen. Dadurch werden Energie und Dünger erzeugt, die Luftqualität verbessert und Ressourcen gespart. Diese Technik allen in Globo zur Verfügung zu stellen, die sie nutzen können, wäre vergleichsweise billig. Eine Anlage kostet ca. 150 Oro und man kann sie auch in Kombination mit menschlichen Toiletten betreiben. In spezielle Rucksäcke verpackt kann man die Energie dann sogar einfach wegtragen.

Eine Energiewende ist im Gange, sie ist aber auch nötig. In den reicheren Teilen von Globo können die Menschen darüber nachdenken, ob sie ihre Behausung als Passivhaus oder sogar Plusenergiehaus anlegen wollen, sodass gar keine Heizenergie mehr verbraucht oder sogar welche erzeugt wird. Inzwischen zeigt sich auch, nicht zuletzt in der Siedlung China, dass so etwas wie Wirtschaftswachstum nicht darunter leiden muss, wenn die Energieversorgung auf erneuerbare oder zumindest weniger schädliche Quellen umgestellt wird. Im Gegenteil, es erweist sich immer öfter sogar als Geschäft und die Kosten für Wind- und Sonnenergie sind allein in den letzten zehn Jahren auf die Hälfte und weniger gefallen. Strategien für die Wende gibt es auch: der Energieverbrauch muss bis 2040 nicht um 40 Prozent zunehmen und weiterhin fast völlig auf fossilen Quellen basieren, wie das der Fall wäre, wenn weitergemacht würde wie bisher, sondern er könnte auch um nur 3 Prozent steigen und dabei bereits zu einem knappen Drittel aus erneuerbaren Energiequellen schöpfen, wenn einfach die bereits verfügbaren Alternativen konsequent und wirtschaftlich effizient genutzt würden.

Das ist wohl auch eine große Chance gerade für jene Regionen im Dorf, denen es am Zugang zu erschwinglicher Energie mangelt und wo die Menschen daher ein viel mühevolleres Leben führen, als diejenigen, die das maschinenunterstützt tun können. Denn die ganz große Erfolgsgeschichte der jüngeren Vergangenheit, die Elektrifizierung, wäre mit nachhaltiger Energiegewinnung gut in Einklang zu bringen. In Globo kann man hier die Erfolgsgeschichte oder das Problem schildern. Es ist nämlich so, dass die Zahl der Menschen ohne Zugang zu Strom seit geraumer Zeit kaum sinkt, sodass immer noch 13 betroffen sind. Es ist aber daher natürlich zugleich so, dass die Zahl der Menschen mit Zugang zu Strom allein seit 1990 von 54 auf 87 Menschen zugenommen hat, sodass es heute nur noch 2 Menschen in Globo gibt, die in einer städtischen Behausung ohne Stromanschluss leben. In China lebt niemand mehr ohne Zugang zu Strom, wenn er auch noch selten wirklich „sauber" ist.

Die Aufgabe für die Zukunft liegt daher vor allem darin, dass insgesamt 8 der 13 „stromlosen" Menschen im Weiler Afrika leben. Auch deren Leben muss sich bis 2030 so verbessern, wie sich das Leben von Linyi, Jilin, Suihua oder auch Linfen in den letzten Jahrzehnten verbessert hat. Alle im Dorf müssen einen sicheren Zugang zu „bezahlbarer, verlässlicher, nachhaltiger und moderner Energie" haben. Wie gesagt, die Strategien dafür gibt es schon und ein guter Weg dorthin führt über die kreative Nutzung lokaler erneuerbarer Energiequellen. Worauf also noch warten?

WIDERSPRÜCHE

Es wird Zeit, auch dem Weiler Nordamerika einmal einen Besuch abzustatten. Die Situation dort passt gut zu den Widersprüchen, die in der Balance zwischen Wirtschaftswachstum und menschenwürdigen Arbeitsbedingungen teils offen zutage treten. Denn die 5 Menschen in Nordamerika spiegeln in der sprichwörtlichen Nussschale die globalen Ungleichgewichte. Es gibt die auch im globalen Kontext „reiche" Familie, bestehend aus dem 59jährigen **Austin**, der 54jährigen **Trenton** und dem 16jährigen **Akron**. Sie haben einen hohen Lebensstandard, gemeinsam so viel, wie in Summe 63 (!) andere Menschen in Globo, und sie leben von einer wachsenden Wirtschaft, u.a. indem sie ihr Geld „arbeiten" lassen. Man muss sich Austin als jenen Mann vorstellen, der zusammen mit seiner Frau Trenton jenes Unternehmen kontrolliert, mit dem ein Großteil der Finanzierung der Globo-Wirtschaft organisiert wird, und Akron als ihren Sohn, der nach seinem erfolgreichen Studienabschluss in einigen Jahren die Nachfolge antreten wird. Seine Eltern können dann Golf spielen gehen. Eine 9-Loch-Anlage könnte man im Weiler Nordamerika unterbringen, schließlich gibt es dort nur wenige Menschen auf viel Fläche.

Die 38jährige **Atlanta** und die 26jährige **Tampa**, die beide etwas abseits leben, sind hingegen viel eher darauf angewiesen, dass es „produktive Vollbeschäftigung" gibt und dass auf die Einhaltung von Arbeits- und Sozialstandards geachtet wird. Sie leben von mehreren schlecht bezahlten Jobs in der Dienstleistungsbranche, eine von ihnen erledigt daher wohl den Haushalt der „Austins" (sofern das nicht an Aruba aus Lateinamerika ausgelagert ist), während die andere vermutlich u.a. Fast Food verkauft. Sehr wahrscheinlich sind beide aber so oder so stark abhängig davon, dass das Unternehmen von Austin und Trenton gut läuft und sehr wahrscheinlich haben beide „prekäre" Jobs, also solche ohne echte Absicherung. Gemessen am materiellen Lebensstandard liegen beide übrigens trotzdem im obersten Drittel in Globo und gemessen am persönlichen HDI-Wert (den haben wir im Armuts-Kapitel erklärt) sogar im obersten Fünftel. Es wird oft vergessen: in relativer Armut in einem reichen Weiler in Globo zu leben bedeutet immer und überall zugleich in relativem Wohlstand zu leben, gemessen an den anderen Menschen im Dorf. Man hat auch etwas zu verlieren.

Trotzdem bedeutet ein prekärer Job Unsicherheit. Menschen, deren Lebensgrundlage nicht gesichert ist, egal auf welchem Niveau, brauchen daher Wirtschaftswachstum. Gelingt es ihnen nicht, mehr Ressourcen zu erschließen, dann bleibt ihr ganzes Leben prekär – Nahrung, Kleidung, Wohnung, Gesundheit, Bildung, irgendwo muss gespart werden und insgesamt bleibt vielleicht sogar zu wenig für ein menschenwürdiges Dasein. Leider wird Wachstum aber höchstens so argumentiert, nicht aber auch so gestaltet, dass es jedenfalls bei den Bedürftigsten ankommt. Das sind zweifellos die, bei denen echte, gefährliche Defizite in der Versorgung bestehen, oder auch die, die so weit zurückliegen, dass an ein Aufholen aus eigener Kraft nicht zu denken ist. Was es in Globo an Wachstum gibt, dient hingegen oft dem Weiterwachsen von Prozessen, die meist schon eher groß sind oder deren Ergebnisse nicht unbedingt wünschenswert. Daher sollte man vielleicht manchmal statt vom Wachsen besser vom Wuchern sprechen. Denn „Wachsen" kann in der konventionellen Logik alles Mögliche, auch die Kriminalität oder die Umweltzerstörung. Und während das Überleben der Armen in Globo nur mit ihrer eigenen Hände harter Arbeit möglich ist, ist die Logik des Wachstums auch ohne Arbeit möglich, zumindest ohne die Arbeit derer, die davon profitieren. Die Verhältnisse in Nordamerika sind dafür absolut typisch und auch die meisten Menschen in Europa profitieren stark von diesen Zusammenhängen.

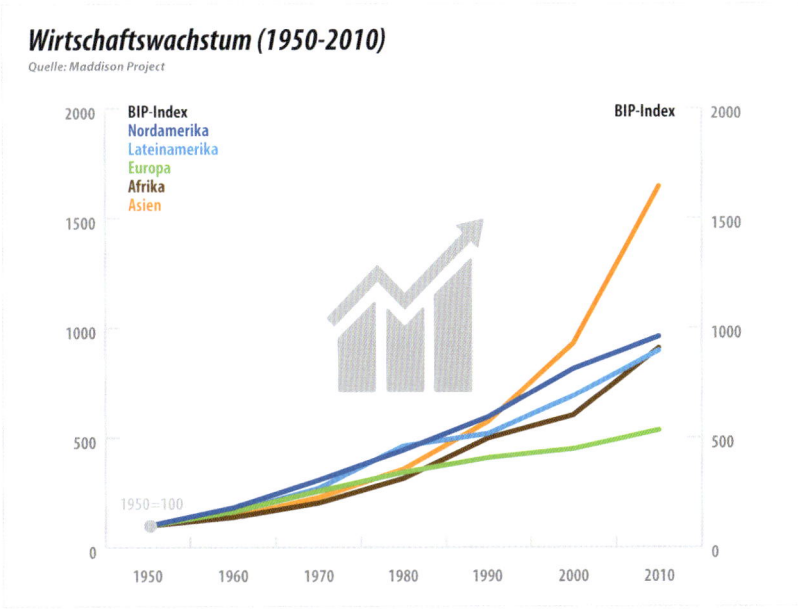

Denn Wirtschaftswachstum war in den letzten Jahrzehnten ein ständiger Begleiter in Globo. Auf der Pro-Kopf-Ebene und im langjährigen Durchschnitt betrachtet lagen die Wachstumsraten seit mehr als einem Jahrhundert über 1 Prozent und erreichten teils 3 Prozent. Das klingt vielleicht gar nicht so bemerkenswert, aber es bedeutet doch eine ganze Menge: so hat sich die Gesamtproduktion zwischen 1820 und 1950 verachtfacht (!) und seither nochmals mehr als verzehnfacht (!) und auch der durchschnittliche Lebensstandard liegt heute beim vierfachen Wert von 1950. Es war ein Wachstum im Sinne der Reichen und es hat ökologische Kosten verursacht, es hat aber trotzdem auch viele Menschen aus der Armut befreit. Denn schaut man nur auf die letzten Jahrzehnte, dann war das Wachstum im Weiler Asien am größten und in Europa am niedrigsten. Aber im Weiler Europa war das kein großes Problem, zählte doch schon 1950 niemand mehr zu den Sehr-Armen. In Asien hingegen war zu dieser Zeit noch der Groß-teil der Bevölkerung existenzbedrohlich arm. Und für sie war Wachstum daher zuerst eine Lösung, nicht ein Problem. So wie für die Armen in Europa im 19. Jahrhundert.

Was aber wäre da erst möglich, wenn die Priorität verschoben würde? Ein anderes Wachstum – ein solches, das auch gezielt bei den Armen ankommt – gibt es jedenfalls nicht ohne einen besseren Zugang zu bezahlter Arbeit. Denn Arbeit ist in Globo in vielerlei Hinsicht ungleich „verteilt". Bei weitem nicht alle Menschen nehmen z.b. am „Arbeitsmarkt" des Dorfes teil und die meisten auch dort nur an seinem „informellen" Sektor, also voll auf eigenes Risiko, oft ohne sichere Bezahlung oder soziale Absicherung. Nur 46 Menschen zwischen 15 und 65 Jahren leisten dort die quasi „offizielle" ökonomische Wertschöpfung im Dorf. Davon sind 27 Männer und 19 Frauen, also drei Viertel der Männer und die Hälfte der Frauen im arbeitsfähigen Alter. Von den anderen sind 30 Kinder oder noch in Ausbildung, 8 sind im Pensionsalter und 16 leisten ausschließlich unbezahlte Arbeit oder sind nicht arbeitsfähig.

Die verschiedenen Leistungen bedingen sich dabei aber natür-lich gegenseitig und nur gemeinsam schaffen all diese Menschen die Basis für ein gedeihliches Zusammenleben. Das verschränkt sich schon bei den offiziell arbeitenden Menschen, denn Män-ner wie Frauen sind dabei im Durchschnitt rund 50 Stunden pro Woche beschäftigt. Bei Männern werden aber ungefähr vier von fünf geleisteten Stunden bezahlt, bei Frauen hingegen nur zwei – und dabei meint „unbezahlt" nicht nur Haus- und Sorgearbeit, sondern durchaus auch Lohnarbeit außer Haus, bei der die Bezahlung verweigert wird, und „bezahlt" meint natürlich noch lange nicht gut bezahlt. Denn ganz allgemein sind die Arbeitsbedingungen oft schwierig. Von den offiziell arbeitenden Menschen in Globo arbeiten 28, speziell in der Landwirtschaft, im informellen Sektor und daher prekär, und insgesamt vermutlich 2 oder 3 (so genau weiß man das nicht) sind arbeitslos (einer davon ist jünger als 25 Jahre), was übrigens nicht heißt, dass damit irgendwelche Sozialleistungen verbunden wären. Aba aus dem Weiler Afrika war z.b. eine Zeit lang arbeitslos und hat nichts bekommen. Solche „Transfers" sind in Globo aber auch sonst eher ein Fremdwort. Höchstens einer der Arbeitslosen kann mit einer Zuwendung rechnen. Altersrenten sind immerhin bekannt und mittlerweile erhalten 5 der 8 Menschen im Pensionsalter auch tatsächlich eine Altersversorgung, wenn auch in sehr unterschiedlicher Höhe. Während z.b. Aurich aus Europa eine sehr gute Pension erhält, sind die Zahlungen an Yuxi oder Guna aus Asien eher symbolischer Natur. Daher arbeiten vor allem in den ärmeren Regionen von Globo die Menschen im Alter oft weiter, sofern sie es noch können. Und in Nordamerika ist die Altersvorsorge für Austin und Trenton zwar durchaus ein Thema, aber es besteht im Gegensatz zu Atlanta und Tampa keine Gefahr, dass sie für ein gutes Leben nicht reichen könnte.

Von einer echten Wahl, ob und in welcher Weise gearbeitet wird, kann daher insgesamt in Globo keine Rede sein. Ein besonderes Problem ist dabei die Kinderarbeit, 2 Kinder sind betroffen. Das eine Kind ist die 13jährige Daharki aus Asien, die jetzt voll in der Produktion und im Straßenverkauf arbeitet und zwar unter gefährlichen Bedingungen. Das bedeutet zu lange Arbeitszeiten, zu enge Räume, Hantieren mit giftigen Stoffen und gefährlichen Maschinen oder auch das Risiko, auf der Straße überfallen oder belästigt zu werden. Das andere arbeitende Kind ist der 8jährige Kano aus Westafrika, der in der Landwirtschaft arbeitet und daher oft keine Zeit für den Unterricht hat. Beide Kinder müssen arbeiten, weil sie sonst zu wenig zum Leben hätten. Dazu kommt noch die 16jährige Jambi aus dem Weiler Asien, die nach dem Unterricht sogar offiziell in der Dienstleistungsbranche arbeitet, um ihn sich überhaupt noch leisten zu können, und die außerdem in der Landwirtschaft hilft. Immerhin ist die Tendenz bei der Kinderarbeit rückläufig und seit 2000 ist es gelungen, ein Kind aus dieser Falle zu befreien, was umso wichtiger ist, weil es sich dabei um eine gefährliche Tätigkeit gehandelt hat. Und es ist immer eine Falle: die entgangene Bildung und die gesundheitlichen Folgen sind nicht wieder gut zu machen. Schließlich reden wir nicht von fallweisen Gelegenheitsjobs, die einige weitere Kinder ausüben, teils auch ganz freiwillig und für mehr Taschengeld, sondern von einer meist alles andere als altersgerechten Hauptbeschäftigung aus einer Notlage heraus.

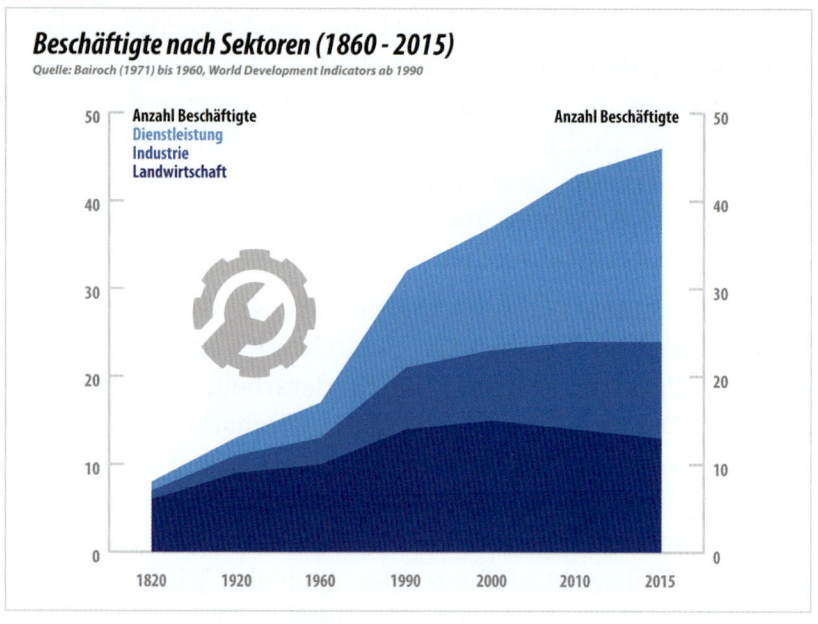

Bei der Beschäftigung ist Globo immer noch ein relativ „agrarisch" geprägtes Dorf, ganz anders als der Weiler Nordamerika (oder auch Europa), wo die landwirtschaftliche Produktion vollautomatisch läuft. Von den 46 arbeitenden Menschen sind noch 13 in der Landwirtschaft beschäftigt (und das meist mit geringer Unterstützung durch Maschinen), 11 in der Gütererzeugung und 22 in der vielfältigen Dienstleistungsbranche. Das Dorf war aber früher noch viel stärker agrarisch geprägt, historisch sowieso. Noch vor einem halben Jahrhundert arbeitete mehr als die Hälfte der Arbeitskräfte in der Landwirtschaft, 1960 etwa 10 von 17 Menschen, und bis 2000 nahmen die absoluten Zahlen sogar noch zu. Das gilt allerdings für die beiden anderen Sektoren in noch deutlicherem Ausmaß. Die Industriebeschäftigung ist in Globo seit 1990 um die Hälfte gestiegen, die Beschäftigung im Dienstleistungssektor hat sich sogar verdoppelt.

Wir haben ja schon bisher einiges an Ungleichheit in Globo gesehen und das spiegelt sich natürlich auch bei der Arbeit wider, vor allem in den Löhnen und den Arbeitsbedingungen. So sind die Einkommen der zehn Bestverdienenden in Globo normalerweise im vierstelligen Oro-Bereich pro Monat oder zumindest im hohen dreistelligen Bereich. Austin kann als reichster Mann im Dorf sogar mit mehr als 5.000 Oro im Monat rechnen. Hätten Sie mehr erwartet? Na immerhin ist das als Nettobetrag zu verstehen. Die zehn mit den geringsten Einkommen liegen hingegen alle unter 100 Oro im Monat – speziell bei Frauenlöhnen in der Textilindustrie oder allgemein in der Landwirtschaft oft sogar deutlich darunter. Davon kann man keine Familie ernähren, nirgends im Dorf, sondern wir sprechen mit Sicherheit von *working poor*, arm trotz Arbeit.

Man sollte sich aber auch nicht täuschen: Tampa gehört nicht zur ersten Gruppe, obwohl sie in Nordamerika lebt, Rosario aus Lateinamerika und Tian aus der Siedlung China hingegen sehr wohl. Sie arbeiten dafür allerdings über das Jahr gerechnet fast um die Hälfte länger als die Wohlhabenden aus Nordamerika und Europa, sowohl aufgrund von längeren täglichen Arbeitszeiten als auch von mehr Arbeitstagen. Doch immerhin lohnt es sich und auch ihre Arbeitszeiten werden kürzer. Denn insgesamt hat sich bereits seit langem die durchschnittliche Arbeitszeit in Globo ständig reduziert. In den reicheren Teilen des Dorfes können es sich die Menschen heute leisten, nur noch halb so lang (!) gegen Bezahlung zu arbeiten, wie noch vor 150 Jahren, nämlich inzwischen im Schnitt rund 1.600 Stunden pro Person und Jahr. Dabei wird heute nicht etwa weniger, sondern deutlich mehr erzeugt als damals, sowohl an Waren wie auch insbesondere an Dienstleistungen, und es werden unvergleichlich höhere Löhne bezahlt, großen Steigerungen der Produktivität sei Dank. In den ärmeren Teilen wird vergleichsweise deutlich länger gearbeitet, insbesondere in den schlecht bezahlten Branchen, aber letztlich in vielen Bereichen auch dort weniger als früher.

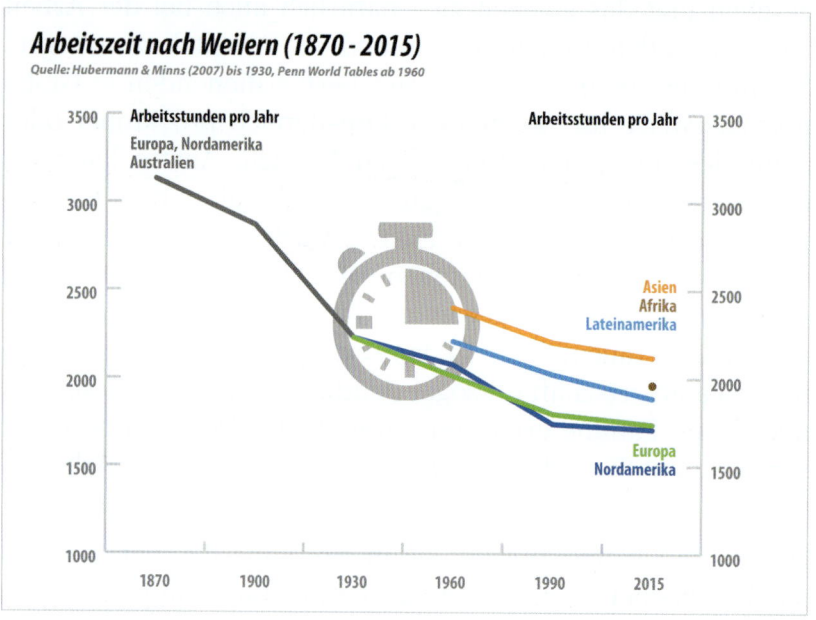

Arbeitszeit nach Weilern (1870 - 2015)
Quelle: Hubermann & Minns (2007) bis 1930, Penn World Tables ab 1960

Das Ziel lautet in Globo jedenfalls weiterhin Wachstum. Welche Art von Wachstum wird aber immer heftiger diskutiert. Und das muss es auch, denn die bisherige Wachstumslogik hatte weder die Nachhaltigkeit im Blick, noch die Menschenwürde. Beides war bestenfalls Kollateralnutzen oder „*windfall profit*". Die meisten haben heute Strom und viele fließendes Wasser im Haus. Einige haben sogar Kühlschränke und Waschmaschinen, insgesamt aber nur etwa 30 Menschen in Globo. Es müssen daher mehr Menschen werden, die etwas vom Wachstum haben und das Wachstum muss besser werden, nicht mehr. Sonst steigt einfach in gleichem Umfang der Energieverbrauch und der Bedarf an Ressourcen und das verkraftet das Dorf nicht. Manchmal wird die Lösung sogar im Weniger liegen, weniger Verschwendung nämlich, oder weniger Ausschluss.

Es geht also um wirklich neue Lösungen für eine Balance zwischen verschiedenen Notwendigkeiten: dass noch immer manche Menschen unbedingt mehr brauchen, weil sie zu wenig haben, dass dafür aber nicht jeder Preis rechtfertigbar ist, schon gar nicht in Form schlechter Arbeitsbedingungen; und dass nicht unbegrenzt gewachsen werden kann, weder auf Kosten der Natur, noch auf Kosten der arbeitenden Menschen. Es geht daher darum, Möglichkeiten zu schaffen, Rechte zu sichern und Schutz zu garantieren. Ein „dauerhaftes, breitenwirksames und nachhaltiges Wirtschaftswachstum" wird anders nicht möglich sein und es ist nur sinnvoll, wenn es kein naives mengenmäßiges Wachstum ist und auch „menschenwürdige Arbeit für alle" bedeutet, die sie brauchen. Das betrifft viele, Atlanta und Tampa in Nordamerika ebenso wie Lugo und Konin in Europa, vor allem aber *working poor* wie Udupi und Sita in Indien oder gar die Kinderarbeiterin Daharki. Aber wer weiß: vielleicht werden die Menschen in Globo in Zukunft sogar erkennen, dass das Wachstumsziel ruhig in den Hintergrund treten kann, sobald alle von ihrer Arbeit auch leben können.

FORTSCHRITT FÜR WEN?

Ein grundlegendes Problem in Globo besteht darin, dass es dort zu wenig Industrie gibt. Ja, wirklich. Die Gütererzeugung gibt derzeit nur 11 Menschen Arbeit und sichert damit den Lebensunterhalt von ungefähr 20, ist aber die Grundlage des materiellen Wohlstands von allen, denn historisch war Industrialisierung das Mittel, mit dem sich Gesellschaften im großen Stil aus der Massenarmut befreit haben. Erst im 19. Jahrhundert gab es zum ersten Mal in der Geschichte von Globo einen Industriearbeiter und selbst 1960 waren es nur insgesamt 3 Menschen, darunter auch eine Frau (sie arbeitete in der Textilindustrie). Erst seit zwei Jahrhunderten und verstärkt in den letzten 50 Jahren haben Maschinen, Technik und Technologie dafür gesorgt, dass sehr viel mehr Güter und das zu deutlich geringeren Preisen erzeugt und dafür auch insgesamt recht gute Löhne gezahlt werden konnten. Das war die Leistung der Industrie und das ist sie immer noch.

Diese zentrale Rolle für den Alltag und die Lebensqualität von Menschen in Globo wird heute oft unterschätzt. In der Vergangenheit hat es nur in Nischen oder in direkter Abhängigkeit von Industrie an anderen Orten Chancen gegeben, ohne eine eigene Industrialisierung einigermaßen wohlhabend zu werden (z.B. mit der Bereitstellung von Rohstoffen oder von Finanzdienstleistungen), und das war nicht immer eine wünschenswerte Entwicklung.

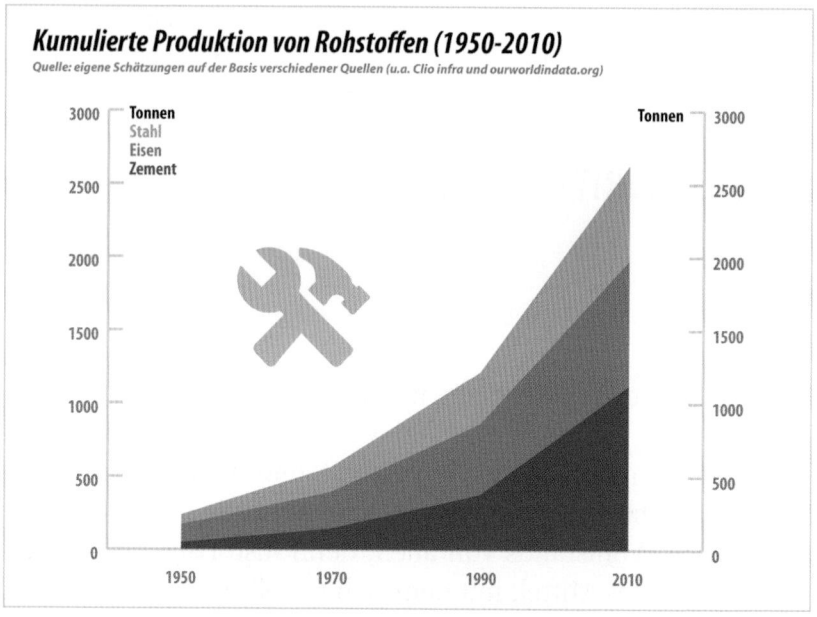

Kumulierte Produktion von Rohstoffen (1950-2010)
Quelle: eigene Schätzungen auf der Basis verschiedener Quellen (u.a. Clio infra und ourworldindata.org)

Man muss allerdings auch gleich einschränken, dass es nicht nur zu wenig Industrie gibt, sondern auch sehr genau darauf geachtet werden muss, welche Industrie es gibt. Gerade wenn es ein Ziel ist, menschenwürdige Arbeit für alle bereitzustellen, dann ist die Art der Industrialisierung sehr wichtig. Sie war nämlich auch alles andere als kostenlos. Unmittelbar waren Umweltzerstörung und mittelfristig der Klimawandel ihre Folgen und auch die involvierten Menschen litten unter oft katastrophalen Arbeitsbedingungen und bezahlten den Fortschritt teils mit ihrer Gesundheit. Rechnet man etwa alles zusammen, was bisher in der Geschichte von Globo produziert worden ist, dann kommt man auf ungefähr 850 Tonnen Eisen, aus denen unter anderem 650 Tonnen Stahl erzeugt wurden, sowie auf 1.120 Tonnen Zement, die zu Gebäuden und Infrastruktur verbaut worden sind. Dazu kommen noch 12 Tonnen Aluminium und nicht ganz 2 Kilogramm (!) Gold. All das ist vor allem seit 1950 passiert: nur ein Drittel des Goldes, ein Siebtel des Eisens, ein Zehntel des Stahls und gar nur ein Fünfundzwanzigstel des

Zements (nämlich knapp 50 Tonnen) sowie ein Fünfzigstel des Aluminiums (nämlich knapp 250 Kilogramm) waren damals bereits erzeugt gewesen.

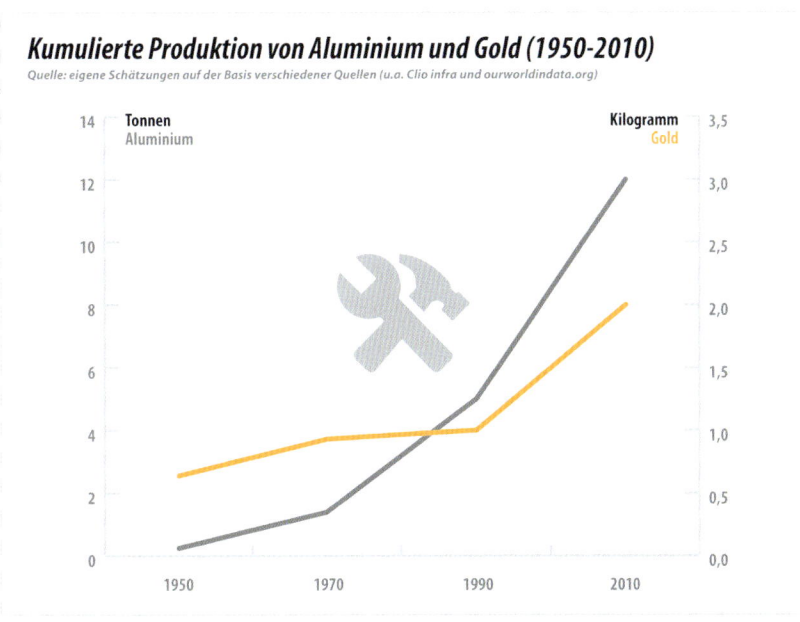

Kumulierte Produktion von Aluminium und Gold (1950-2010)
Quelle: eigene Schätzungen auf der Basis verschiedener Quellen (u.a. Clio infra und ourworldindata.org)

Kaum irgendwo wird dies deutlicher als in der Siedlung China. Industrialisierung ist dort eine Erfolgsgeschichte, aber eine, die mit großer Brutalität durchgesetzt wurde, ebenso wie der Bauboom der letzten Jahrzehnte. Der 78jährige Linfen könnte Geschichten darüber erzählen, unter welchen Bedingungen er während seines Lebens produzieren musste. Heute ist er im Ruhestand, in China arbeiten aber weiterhin ein Mann und eine Frau in der Warenerzeugung, nämlich der 28jährige Hui und die 47jährige Linyi, die alle möglichen Produkte erzeugen, von Textilien über Stahl bis zu Elektronik. In der Vergangenheit war diese Produktion sowohl gefährlich als auch schmutzig. Verglichen mit manchen Regionen im Dorf ist sie das auch heute noch, aber weit weniger als früher. Auch die produktive Wertschöpfung liegt in China erst bei weniger als der Hälfte der reichen Regionen von Globo, aber sie hat sich allein im letzten Jahrzehnt verdoppelt. Nicht zuletzt deshalb sind auch die Löhne gestiegen und es haben sich die Arbeitsbedingungen verbessert. Linyi und Hui gehören daher heute zu den Menschen mit gutem Lebensstandard in China und damit zu dem, was man in Globo eine „Mittelklasse" nennen könnte. Es ist daher insbesondere die Arbeit in China, die für die jüngste gewaltige Ausweitung der Globo-Produktion z.B. von Kühlschränken, Waschmaschinen und Fernsehgeräten, zunehmend auch von Computern, Mobiltelefonen und Autos verantwortlich ist. All das sind Konsumgüter, die das tägliche Leben oft enorm erleichtern. Und sie sind jung: den ersten Kühlschrank gab es rechnerisch betrachtet in Globo im Jahr 1945, die erste Waschmaschine 1955 und den ersten Computer erst 1990.

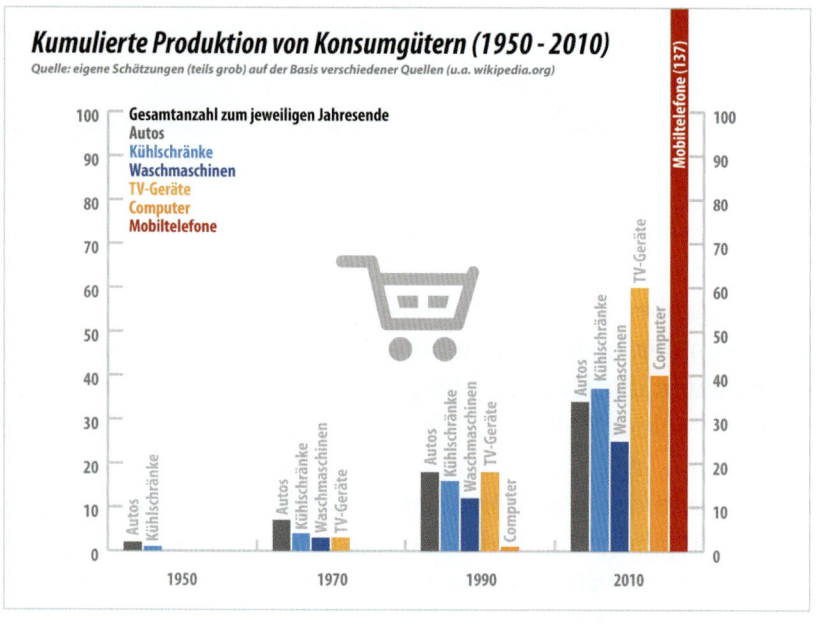

Kumulierte Produktion von Konsumgütern (1950 - 2010)
Quelle: eigene Schätzungen (teils grob) auf der Basis verschiedener Quellen (u.a. wikipedia.org)

Solche Verbesserungen zeigen, dass es vor allem darum geht, aus dem vorhandenen Potential zu schöpfen und dabei auf die Belastbarkeit von Mensch und Umwelt zu achten. Innovation sollte zudem im Dienste der Schwächsten stehen, und nicht der Zahlungskräftigsten, vor allem wenn es um Erleichterungen für das tägliche Leben geht. Man muss das so betonen, denn der Markt würde das anders regeln. Das merkt man z.b. bei der Mobilität. In Globo bräuchte man viele Fortbewegungsmittel zwar eigentlich gar nicht wirklich, weil die Entfernungen so gering sind, dass man die meisten Wege leicht zu Fuß gehen könnte. Aber es gibt sie und sie werden auch benutzt, nicht zuletzt wegen der Bequemlichkeit. Man kann sogar fliegen, auch wenn das praktisch eher einem Hüpfen gleicht und eigentlich keine Zeit spart. Man kann Auto fahren, obwohl es nur ein paar hundert Meter asphaltierte Straßen gibt und das fast nur in Nordamerika, Europa und an den Rändern Asiens (macht aber nichts, weil die meisten Autos ohnehin den Großteil des Tages nur herumstehen). Es gibt auch einige Motor- und Fahrräder und es gibt Boote als unerlässliches Fortbewegungsmittel zwischen den Inseln des Dorfes.

Rein rechnerisch fliegen in Globo z.b. 48 „Passagiere" und 690 Kilogramm (!) Fracht wird durch die Luft transportiert. Das heißt natürlich nicht, dass 48 Menschen in Globo jedes Jahr ein Flugzeug benutzen. Vielmehr sind bisher vielleicht insgesamt 20 Menschen tatsächlich geflogen und z.b. die 10 Menschen aus Europa und die 5 Menschen aus Nordamerika sind für je 12 „Passagiere" verantwortlich. Das geht natürlich nur, wenn manche in Globo eben mehrfach fliegen. Fliegen ist im Dorf aber ohnehin eine totale Absurdität: rechnerisch gibt es eigentlich gar keinen „Abflug",[10] obwohl 90.000 Passagier-Kilometer verflogen werden. Tatsächlich steigt daher „Globo-Air" mit 12 Menschen an Bord viermal im Jahr auf, um anschließend 20 Runden um das Dorf zu fliegen und wieder zu landen. Bei der Gelegenheit wird auch die Fracht spazieren geflogen. Und für

---

[10] Insgesamt gab es in der realen Welt, natürlich vor Covid-19, ca. 35 Millionen „Abflüge" pro Jahr, also eigentlich deutlich zu wenig für ein Globo-Ereignis, und selbstverständlich gibt es auch in Afrika Flugpassagiere, aber ebenso zu wenige.

größere Flugzeuge wäre sowieso kein Platz, weil man nirgends in Globo die nötige Landebahn anlegen könnte. An ähnliche Grenzen stößt man bei den Verkehrswegen: in Globo gibt es rechnerisch ungefähr 870 Meter Straße (weniger als 300 Meter davon asphaltiert) und eine Eisenbahnstrecke von 15 Metern (!) Länge. Mit der Eisenbahn wird daher in Globo sicher nichts transportiert, die beiden kleinen Lastwagen (es sind eher „Pick-ups") und Boote übernehmen die ganze Last.

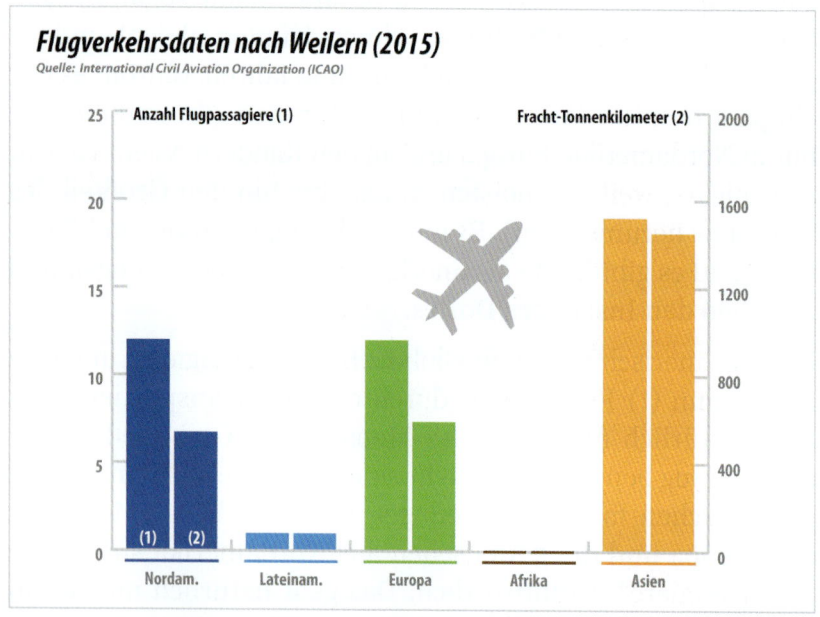

Flugverkehrsdaten nach Weilern (2015)
Quelle: International Civil Aviation Organization (ICAO)

Weniger absurd steht es um die Motorisierung im Dorf, obwohl Autofahren noch nicht lange überhaupt möglich ist. Das erste Auto gab es im Dorf im Jahr 1935 im Weiler Nordamerika und insgesamt wurden bislang 42 gebaut. Heute sind 17 in Betrieb, von denen 4 als Taxis oder Lastwagen kommerziell genutzt werden. Es wird dabei wohl kaum überraschen, dass diese Fahrzeuge ungleich verteilt sind: 6 fahren in Asien, 5 in Europa, 4 in Nordamerika und 2 in Lateinamerika. Ja, in Afrika gibt es kein einziges. In Globo funktioniert das so, dass die Menschen dort sich hin und wieder ein Fahrzeug in Asien ausleihen, denn Auto gefahren wird in Afrika natürlich schon.[11] All diese Autos fahren übrigens mit unterschiedlichen fossilen Treibstoffen. Wenn die Vorhersagen stimmen, wird es aber spätestens im Jahr 2030 auch 1 Elektroauto in Globo geben. Bis 2040 sollen es dann bereits 4 sein. Die Gesamtzahl der Autos wird allerdings ebenfalls weiter wachsen und ob es sich dabei um eine gute oder eine schlechte Nachricht handelt, da auch die Erzeugung von E-Autos Ressourcen verbraucht und viel Strom letztlich aus fossilen Quellen stammt, sei dahingestellt.

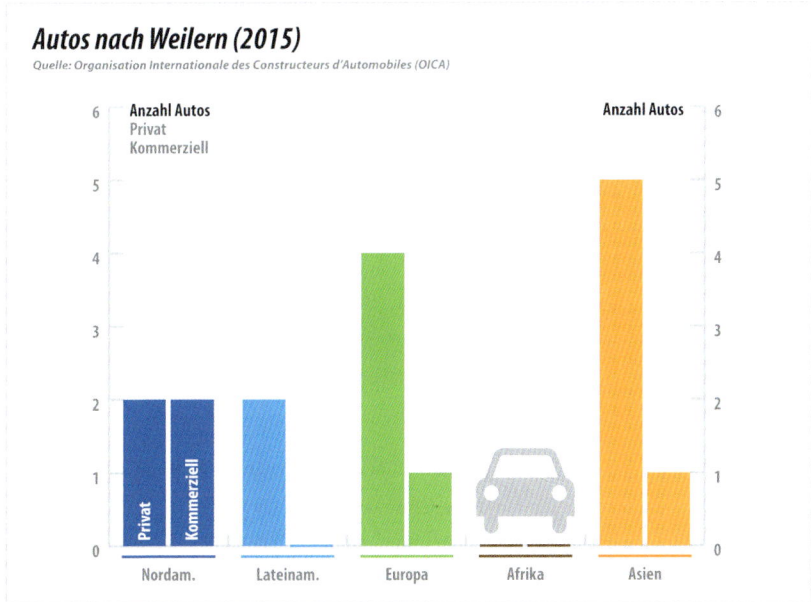

Autos nach Weilern (2015)
Quelle: Organisation Internationale des Constructeurs d'Automobiles (OICA)

Mobilität und Infrastruktur, um die es beim Ziel 9 auch geht, hängen eng miteinander zusammen, ebenso wie mit Kommunikation. Auch hier ist die Siedlung China mittlerweile exemplarisch für Globo. Die Hälfte der Menschen hat dort technisch

---

[11] Tatsächlich gab es in Afrika in der realen Welt 2015 insgesamt rund 45 Millionen Autos, viele davon neuwertig, aber das sind eben nur weniger als 5 Prozent aller Autos weltweit.

Zugang zum Internet, vor allem die jüngeren, die städtisch leben. Tian, Cheng, Hui, Wu, Jinhua und Linyi könnten sich E-Mails schreiben, wahrscheinlich auch der 10jährigen Bao und theoretisch sogar die kleinen Fu und Su, auch wenn sie damit wohl noch wenig anfangen könnten. Aber ein Katzenvideo würde sie sicher auch freuen. Im ganzen Dorf sind bereits 43 Menschen „ans Netz" angeschlossen, Tendenz weiter steigend. Beim Zugang zu Mobilfunksignalen sieht es sogar noch wesentlich besser aus. 95 Menschen haben technischen Zugang zumindest zu einem 2G-Netz, 84 zu einem 3G-Netz und etwa 50 zu einem LTE-Netz. Und es gibt in Globo 2015 fast so viele Mobilfunkverträge wie Menschen und ziemlich genau 100 aktive Mobiltelefone, davon bereits ca. 35 Smartphones. Auch hier ist die Tendenz in allen Fällen weiter steigend. Das bedeutet freilich nicht, dass alle Menschen in Globo Handys besitzen, sondern vielmehr wieder, dass einige mehrere Verträge und mehrere Geräte haben. Das gilt auch für die Siedlung China: dort haben praktisch alle Menschen technischen Zugang zu einem Mobilfunksignal, es gibt genauso viele Mobilfunkverträge und Mobiltelefone wie Menschen und es sind derzeit allein dort 10 Smartphones in Betrieb – Aksu, Linfen oder Haikou haben aber sicher keines.

All das sind letztlich sehr junge Entwicklungen: der erste Mobilfunkvertrag wurde in Globo erst 1995 abgeschlossen und der erste Internetnutzer trat 1996 auf den Plan. Das alles sind Ergebnisse von Innovationen, für die es Geld in Forschung und Entwicklung braucht. Ob das derzeit genug ist? Eher nicht. Die Ausgaben steigen zwar rasant an, aber letztlich kaum schneller als der Wert der Gesamtproduktion. Nur rund 22.000 Oro werden derzeit in Globo pro Jahr dafür ausgegeben, die Hälfte davon in Europa und Nordamerika, immer mehr aber auch in China. Man kann davon ausgehen, dass die Ergebnisse dieser Forschung eher den Menschen in diesen Teilen von Globo nützen werden. Ob das reicht, um Innovationen wirklich zu

„unterstützen" und im ganzen Dorf eine „widerstandsfähige Infrastruktur" aufzubauen und eine „breitenwirksame und nachhaltige Industrialisierung" zu fördern? Einige im Dorf werden das bejahen, aber sicher nicht alle.

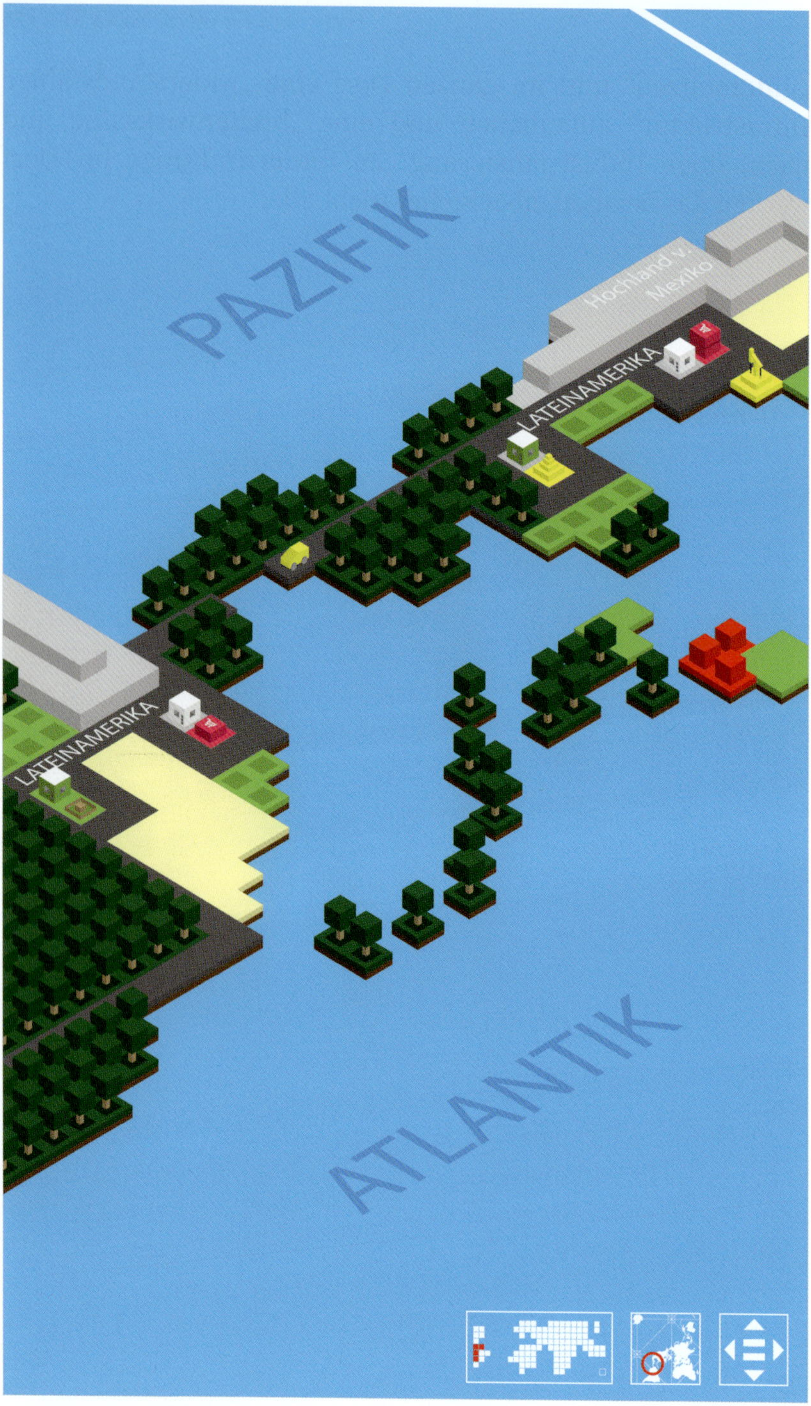

PAZIFIK

Hochland v. Mexiko

LATEINAMERIKA

LATEINAMERIKA

ATLANTIK

FOLGENSCHWERE UNGLEICHHEIT

Rosario, der reichste Mann in Lateinamerika, hat zu einem Treffen geladen. Der Kreis der Geladenen ist elitär, man muss zu den wohlhabendsten Menschen in Globo gehören, also einen Lebensstandard haben, der mindestens einem Gegenwert von 100 Oro pro Tag (!) entspricht. Rosario lädt zum Abendessen auf eine kleine, dem Weiler vorgelagerte Ferieninsel ein, und sein Problem scheint einfach: er möchte sich bei den anderen erkundigen, wie man eigentlich eine so ungleiche Gesellschaft wie Globo aufrechterhält, denn die Verteilungsverhältnisse in seinem Weiler sind ungefähr so ungleich wie die im gesamten Dorf und er möchte verhindern, dass sich dagegen zu großer Widerstand formiert.

Rosario ist ein 52jähriger Mann, der im Weiler Lateinamerika den Verkauf der Rohstoffe und die Verwaltung organisiert, und sein Lebensstandard entspricht einem Gegenwert von etwa 120 Oro pro Tag. Das macht ihn materiell zur Nummer 8 in Globo und er würde auch in Nordamerika oder Europa zur wohlhabenderen Hälfte gehören. Das unterscheidet ihn von den anderen in Lateinamerika, er lebt daher auch allein in einem schönen Haus im Süden des Weilers. Rein materiell hat er ungefähr das Doppelte im Vergleich mit dem 35jährigen **Durango** und etwa das Dreifache im Vergleich mit der 21jährigen **Aruba**, die beide im Norden des Weilers leben. In der Mitte leben der 25jährige **Sorocaba**, die 30jährige **Maringa** und der 6jährige

Cali, deren Lebensstandard sich gerade um den Median in Globo bewegt. Und dann sind da noch die 68jährige **Puebla**, für die es nur für das unterste Drittel reicht, und die 12jährige **Macapa**, die mit 2 Oro pro Tag auskommen muss und die daher zu den Ärmsten in Globo gehört. Sie hat im Jahr weniger als Rosario pro Woche und auch insgesamt summiert sich der Lebensstandard der anderen 7 Menschen in Lateinamerika auf weniger als 160 Oro.

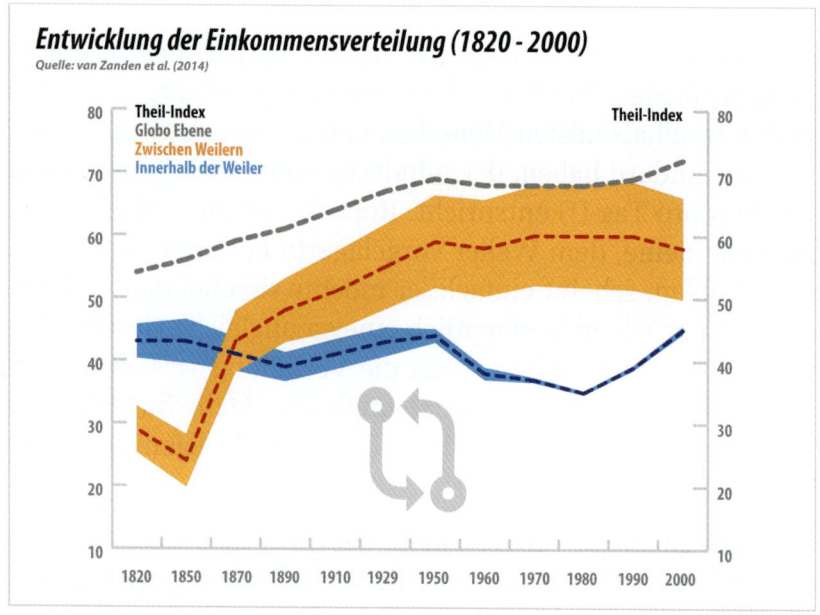

Entwicklung der Einkommensverteilung (1820 - 2000)
Quelle: van Zanden et al. (2014)

Der Weiler Lateinamerika spiegelt also die Gesamtverhältnisse in Globo. Rosario hat das Gefühl, dass das nicht auf Dauer gut gehen kann. Dem pflichten seine Gäste bei – und essen weiter: Austin und Trenton, das Pärchen aus Nordamerika; Aurich, Breda und Preston, die kleine Gruppe aus Europa; Taif aus Westasien und Tian, Sendai und Pusan aus Ostasien. Drei von ihnen, Trenton, Breda und Pusan, sind Frauen, Aurich ist mit 72 Jahren der Älteste in der Runde, Pusan und Preston mit 31 Jahren sind die Jüngsten. Ein buntes Bild und doch wieder nicht. Denn kaum je wird man in Globo eine so homogene Gruppe finden, was ihren Lebensstil und ihre Vorstellungen vom Lauf der Welt angeht, nicht einmal unter den Ärmsten. Nur Taif und Austin stechen etwas heraus, wobei Austin allein Zugriff auf mehr Ressourcen hat, als die gesamte ärmere Hälfte der Bevölkerung in Globo. Und die ganze Gruppe zusammen verfügt über fast genau denselben Lebensstandard, wie die übrigen 90 Menschen im Dorf zusammen.

Historisch ist die Ungleichheit in Globo übrigens seit langer Zeit tendenziell angestiegen, vor allem in allerletzter Zeit und in den Jahrzehnten vor 1950. Dabei hat sich aber auch etwas sehr Grundlegendes verändert: früher dominierte vor allem die Ungleichheit innerhalb der Weiler, inzwischen ist es vor allem die Ungleichheit zwischen den Weilern. Es kommt also heute viel mehr als früher darauf an, in welchem Weiler in Globo man geboren ist, als in welche soziale Schicht, selbst wenn gerade zuletzt die Ungleichheit auch innerhalb der Weiler wieder zunimmt und nach einer Entspannungsphase wieder das Niveau von 1950 erreicht hat. In Nordamerika und Europa sind ja auch alle ziemlich wohlhabend, zumindest wenn man diese Weiler aus der Sicht der meisten Menschen in Lateinamerika betrachtet. In Lateinamerika, Afrika und Asien sind die meisten hingegen eher arm, wenn auch nicht alle, und die Ungleichheit innerhalb der Weiler ist dort sogar größer. Denn einige wenige erreichen auch in armen Regionen den Lebensstandard der Menschen in Europa – oder sogar mehr. Ungleichheit in den Weilern hat daher verschiedene Quellen: in Afrika liegt sie in erster Linie daran, dass es viele Arme gibt; in Asien hingegen gibt es vor allem wenige sehr Reiche; und in Lateinamerika ist beides der Fall. In Nordamerika und speziell in Europa ist die Ungleichheit etwas geringer, nicht zuletzt weil es, verglichen mit den Verhältnissen anderswo im Dorf, keine sehr armen Menschen gibt: alle dort liegen in der oberen Hälfte, die meisten sogar im obersten Viertel des Lebensstandards in Globo.

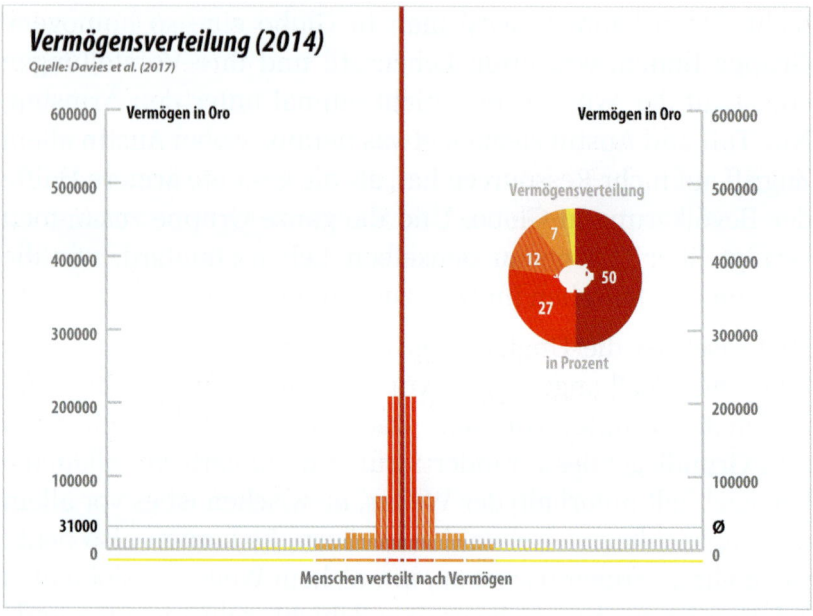

Aber Globo ist ja eigentlich ein Ort, wo niemand allzu weit vom anderen entfernt wohnt. Keiner der Anwesenden hat länger als eine halbe Stunde zu dem Treffen gebraucht. Und doch leben die Reichen und die Armen nicht Tür an Tür. Wenn sie nicht überhaupt räumlich entfernt sind, dann trennt sie doch mindestens eine Mauer: die Reichen bleiben gerne unter sich, ihre Behausungen sind ebenso abgegrenzt, wie ihre Weiler. Das hat auch mit den Vermögensverhältnissen zu tun. Alle wissen zwar, dass Austin der reichste im Dorf ist (und Austin legt Wert darauf, dass das alle wissen), aber nur er weiß wirklich, wie viel er eigentlich besitzt (und legt Wert darauf, dass die anderen das nicht so genau wissen, nicht einmal seine Frau Trenton). Es sei aber hier verraten: 1,5 Millionen Oro und damit die Hälfte des Gesamtvermögens im Dorf, beides konservativ geschätzt. Austin ist also zwar kein Einkommens- aber doch ein Vermögensmillionär, allerdings der einzige in Globo und sein Geld liegt auch nicht nur in Nordamerika (dort liegen insgesamt nur 1,1 Millionen an Vermögen), sondern auch in anderen Regionen von Globo. Die nächsten vier, Taif, Sendai, Aurich und Trenton, kommen – alle zusammen (!) – nur auf ungefähr 800.000 Oro Vermögen und die restlichen fünf in der Runde auf insgesamt weniger als 400.000. Rosarios Vermögen beträgt z.B. nicht einmal 100.000 Oro. Das ist zwar mehr als alle (!) Menschen in Afrika und Südasien sowie die restlichen Menschen in Lateinamerika zusammen (!) an Vermögen haben (insgesamt 48 Menschen, wobei stets deren gesamter Hausrat als persönliches Vermögen mitgezählt ist), es ist ihm nach diesem Abend aber kein Trost und er bleibt ohne Antwort zurück. Denn seine Gäste wissen offenbar sehr genau, wie man auch untereinander auf die Aufrechterhaltung des feinen Unterschieds achtet. Globo, das sind manchmal viele Welten.

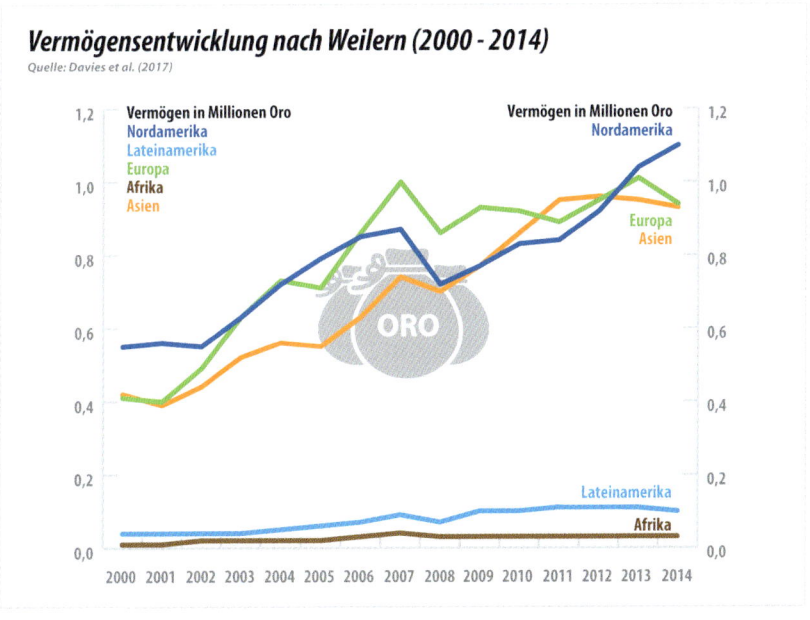

Vermögensentwicklung nach Weilern (2000 - 2014)
Quelle: Davies et al. (2017)

Den anderen 90 Menschen im Dorf bleibt hingegen ein Trost: immerhin ist der Lebensstandard für alle seit 1950 um mehr als 2 Prozent pro Jahr gestiegen. Das klingt nach wenig, aber es bedeutet doch eine Vervierfachung (!) der materiellen Möglichkeiten und das auf allen Einkommensniveaus. Zwar war auch hier die Verteilung nicht gleichmäßig, sondern speziell die ohnehin bereits Reichsten haben besonders profitiert. Die zahlreichen Menschen in der Mitte der Verteilung haben aber gerade in letzter Zeit merklich gewonnen und insgesamt ist das Wachstum für die ärmere Hälfte der Bevölkerung sogar etwas größer als für die reichere – wenn auch nicht für alle Betroffenen. Freilich darf man sich bei solchen Betrachtungen nicht täuschen lassen, denn dieselbe relative Wachstumsrate heißt ja je nach Niveau sehr verschiedene Dinge: 2 Prozent mehr wären für Rosario ein Zuwachs von rund 870 Oro pro Jahr, für Sorocaba hingegen von nur 175 Oro pro Jahr und für Macapa von gerade einmal 15 Oro pro Jahr.

Solche Unterschiede werden auch Transfers nicht so schnell ausgleichen können. Immerhin sind aber Kapitaltransfers zwischen den Weilern in letzter Zeit stark angestiegen. Groß sind die Summen trotzdem noch nicht. Rund 1.600 Oro fließen insgesamt in die so genannte „Entwicklungszusammenarbeit", sind also echte Hilfsgelder. Das ist relativ gesehen viel mehr als in der Vergangenheit, absolut betrachtet aber natürlich weniger als auch nur ein Monatseinkommen von Rosario. Es ist außerdem viel weniger als die mittlerweile 5.300 Oro, die Menschen in Globo durch eine Beschäftigung in einem wohlhabenden Teil des Dorfes in ihre ärmeren Heimatweiler zurückbringen. Und es sind deutlich weniger als die 8.200 Oro, die inzwischen jedes Jahr investiert werden, um mit Gewinninteresse Waren in einer anderen Region von Globo zu erzeugen. Noch vor 25 Jahren waren all diese Größenordnungen fast genau umgekehrt, obwohl auch die Hilfsgelder damals deutlich geringer waren und nur rund 40 Prozent des heutigen Wertes betrugen. Die Welt hat sich seither offenbar weiter zugunsten derer verändert, die direkten Zugang zu Kapital haben, um es gewinnbringend anzulegen, oder zumindest zu einer besser bezahlten Beschäftigung in einem anderen Weiler. Aber Vorsicht: all das ist nur ein Nischenprogramm, denn die Gesamtsumme dieser Beträge erreicht kaum mehr als 1 Prozent des Werts der gesamten Globo-Produktion.

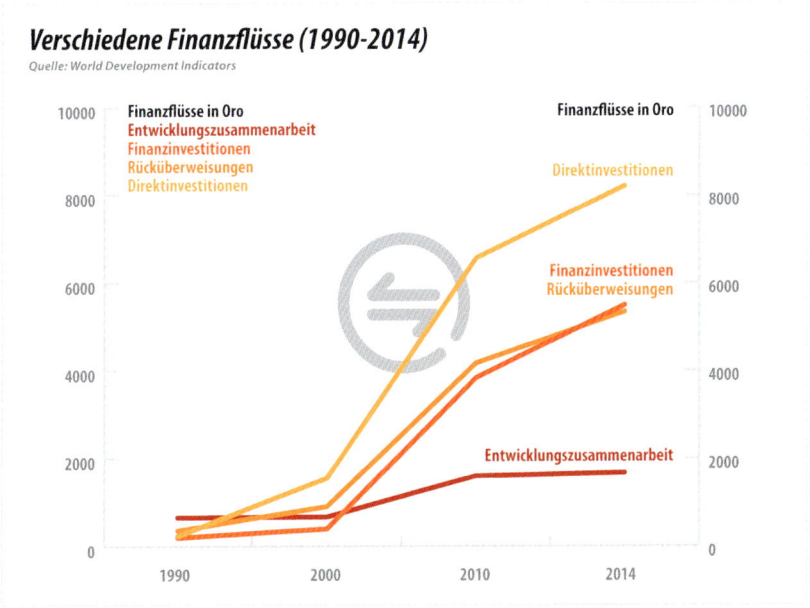

Verschiedene Finanzflüsse (1990-2014)
Quelle: World Development Indicators

Beim Abbau der Ungleichheiten geht es auch um einiges, was seltsam erscheinen mag. So kostet der Transfer von Geld zwischen Weilern in Globo z.B. umso mehr, je ärmer man ist und um je weniger Geld es geht. Auch Kreditzinsen sind umso höher, je weniger Geld gebraucht wird und je dringender es ist. Dazu kommt, dass die Allerärmsten meist weder ein Bankkonto haben noch jemanden, der ihnen zu irgendwelchen Bedingungen Geld leiht. Schulden muss man sich erst leisten können. All das mag ökonomisch sehr wohl erklärbar sein, zur Verringerung der Ungleichheit im Dorf trägt es aber keinesfalls bei. Dafür wäre es hingegen wichtig, nicht nur diese Kosten zu senken und den Zugang zu Kapital zu verbessern, sondern auch, die Gebühren für den Handel zwischen den Weilern weiter zu senken. Hier gab es zwar in der Vergangenheit große Fortschritte, es gibt aber immer noch viele Bereiche, in denen gerade die Produkte der Ärmsten, sobald sie wirklich für Wertschöpfung vor Ort sorgen würden, nicht begünstigt, sondern vielmehr behindert werden. Ausreden dafür gibt es viele, aber letztlich bleiben auch in dieser Hinsicht die Wohlhabenderen offenbar lieber unter sich und verweisen auf Chancen, die z.b. das Zuliefern von Rohstoffen bringt oder die Produktion im Auftrag der Reichen. Ein Teil des Erfolgs in der Siedlung China ist dem Umstand zu verdanken, dass dort konsequent auf eigene Rechnung gearbeitet wurde. Und dieser Erfolg ist sichtbar: auch Tian ist mittlerweile an Rosarios Tisch eingeladen.

Was genau eine „faire" Verteilung letztlich bedeuten soll, ist sicherlich eine offene Frage. Dabei sollte man nicht zu gering schätzen, dass sich die größten relativen Wachstumsraten des Einkommens zumindest in den letzten Jahrzehnten gerade bei den Menschen in der Mitte der Verteilung finden. Sie finden sich also vor allem bei Menschen in Asien, die sich dadurch von der Schwelle der Armut in einen materiell einigermaßen sicheren Bereich bewegt haben. Warum sollte das nicht für andere in Globo auch möglich sein? Denn eine zu ungleiche Gesellschaft kann auf Dauer nicht funktionieren. Die Möglichkeiten der Menschen wären einfach zu unterschiedlich. Im Dorf hat diese Ungleichheit längst ein Ausmaß erreicht, das Chancen vernichtet und die Motivation zerstört, weil allen unmittelbar deutlich ist, wie weit die Verhältnisse auseinander klaffen und wie unrealistisch es daher längst ist, diese Kluft mit eigenen Anstrengungen überwinden zu wollen. Es muss also in Globo die Ungleichheit „verringert" werden, und das sowohl zwischen den Weilern wie auch innerhalb der Weiler. Die Menschen an Rosarios Tisch könnten sehr viel dazu beitragen.

SICHERHEIT BEGINNT ZUHAUSE

Von der Ungleichheit (und dabei speziell von der Armut) ist es ein kurzer Weg zum Thema Sicherheit. Ein gewisses finanzielles Polster „versichert" nämlich im wahrsten Sinn des Wortes und Menschen in Armut haben keine Chance, sich ein solches Polster zuzulegen. Dabei kann es oft ganz buchstäblich das bedeuten: etwas, um das müde Haupt zu betten. Und damit sind wir schon beim Problem der Wohnverhältnisse. Die Reichen wohnen ja nicht nur räumlich separiert, sie wohnen auch deutlich besser als die Armen. In Globo hat zwar jeder Mensch ein eigenes Haus, aber viele der Armen wohnen in einem feuchten Raum ohne Ausstattung auf Lehmboden und nachts ist es dunkel und laut. Die Reichen wohnen anders: hell, trocken, ruhig und mit allerlei Annehmlichkeiten.

Die zehn Reichen vom Treffen im vorigen Kapitel, sie wohnen fast alle auf eine Weise, die man in Globo „städtisch" nennt (nur Taif lebt „ländlich", vielleicht um seine Vorfahren zu ehren, aber auch er verzichtet dabei auf nichts). Das ist deshalb etwas verwirrend, weil das praktisch bedeutet, dass sie sich ein freistehendes, gut ausgestattetes Haus mit Grundstück leisten könnten, was es so im Dorf nicht gibt, und was man zudem wohl eher mit einem Leben auf dem Lande verbinden würde. Doch in Globo heißt „ländlich" zu leben meistens vor allem, dass die Versorgung nicht sicher ist und dass es z.B. keinen Strom- oder Wasseranschluss gibt. In Globo will man daher

„städtisch" leben, was auch erklärt, warum es immer mehr Menschen tun. Denn nicht nur 9 der wohlhabendsten, sondern insgesamt 54 Menschen in Globo, also mehr als die Hälfte, lebt inzwischen städtisch. Allerdings bedeutet auch das durchaus Verschiedenes. Es kann z.B. heißen, auf engem Raum und ohne viele Extras zusammenzuleben, in seiner extremsten Form in „slumartigen" Wohnverhältnissen. Und solche sind in Globo durchaus verbreitet, 12 der städtisch lebenden Menschen sind betroffen. Wie bei vielen anderen Entwicklungen sind diese 12 Menschen in Slums übrigens zugleich eine gute und eine schlechte Nachricht: die Zahl ist seit dem Jahr 2000 zwar um eine Person gestiegen, relativ betrachtet aber gesunken.

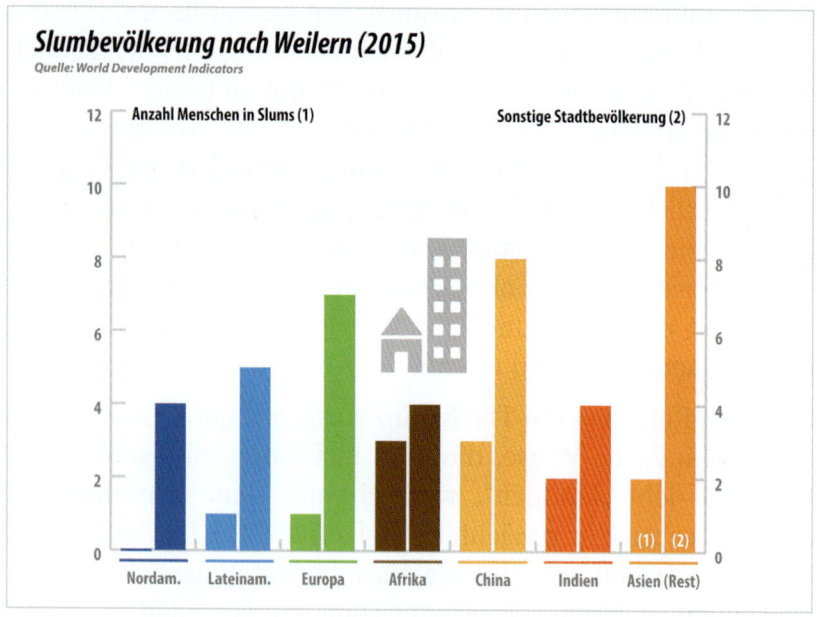

Eine Region, die wir bisher nicht besucht haben, ist der Südosten des Weilers Asien. Dort leben 9 Menschen, deren oft prekäre Wohnverhältnisse, die städtischen wie die ländlichen, recht typisch für Globo sind, ohne dass es dort irgendwelche Extreme gäbe. 4 dieser Menschen leben städtisch und 5 ländlich, wobei der Lebensstandard der ersteren deutlich besser ist, als jener letzterer. Einige leben auf vorgelagerten Inseln: städtisch und ganz gut wohnt die 43jährige **Suva** neben der 20jährigen **Davao**, die ländlich lebt; ebenfalls städtisch, aber in schlechteren Verhältnissen wohnen der 62jährige **Kediri** mit seinem Enkelkind, dem 4jährigen **Bekasi**, ländlich neben ihnen und noch schlechter die 16jährige **Jambi**. Die übrigen leben am Festland: ländlich in eher bescheidenen Verhältnissen leben der 19jährige **Hue**, die 60jährige **Bago** und die 38jährige **Surin**, die aber ihrem Sohn, dem 9jährigen **Sibu**, einen städtischen Lebensstil ermöglicht – und damit den höchsten Lebensstandard in der ganzen Region. Defizite gibt es vor allem bei den ländlich lebenden Menschen. Das sind zwar mehr, sie verbrauchen aber z.b. zusammen weniger als ein Drittel der Energie. Außerdem haben Jambi und Bago keine sichere Sanitärversorgung (was ihre Wohnverhältnisse „slumartig" machen würde, würden sie städtisch leben), Jambi hat zuhause keinen Strom und beiden fehlt – ebenso wie Davao – ein Internetzugang. Internet fehlt wenig überraschend von den „Städtern" auch Kediri und Bekasi. Aber selbst bei der Nahrungsversorgung sieht man den Unterschied: während Bago und Jambi mangelhaft ernährt sind, müssen sich Sibu, Kediri und Suva über das Essen überhaupt keine Gedanken machen. Eine unsichere Versorgung kann also ganz konkret Hunger oder Krankheit bedeuten.

Gutes Wohnen hat mit all dem zu tun. Es hat aber auch mit Stress zu tun, den es bedeutet, in einer lauten, schmutzigen und überfüllten Umgebung zu wohnen. Es hat mit Privatsphäre zu tun, damit, sich auch einmal zurückziehen zu können. In Globo bedeutet das für manche durchaus, ihre Privatsphäre gerade in der Öffentlichkeit auszuleben, weil das Zusammensein mit anderen ganz zentral dazugehört. Entscheidend ist daher, ob man sich das aussuchen kann oder nicht und ob in der Öffentlichkeit das Risiko besteht, überfallen zu werden, oder vielmehr die Chance auf eine gute Zeit unter Gleichgesinnten liegt – und ob das Geschlecht dabei einen Unterschied macht.

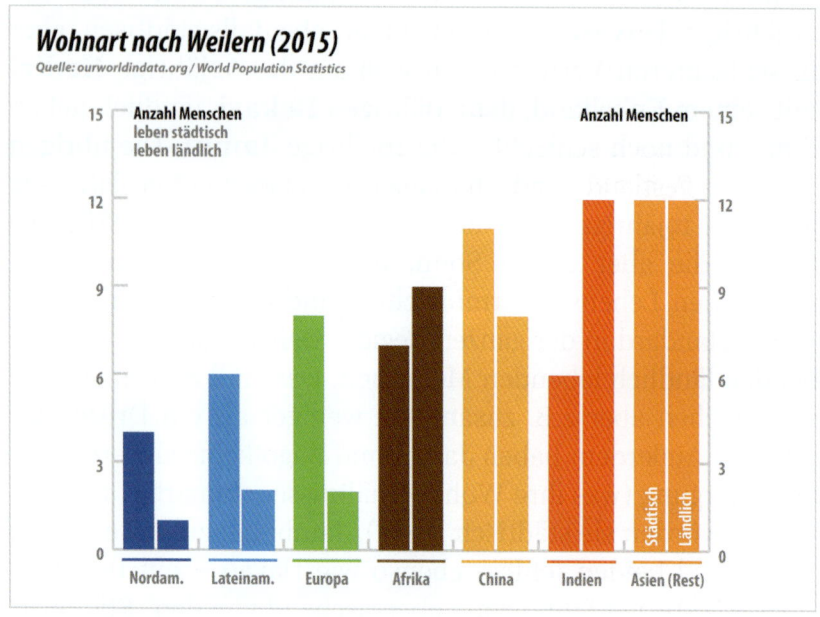

Wohnart nach Weilern (2015)
Quelle: ourworldindata.org / World Population Statistics

Einer der Vorteile am städtischen Lebensstil, der vor allem in den Weilern Europa, Nordamerika und Lateinamerika verbreitet ist, besteht darin, dass gerade dieser öffentliche Raum und andere allgemeine Dienstleistungen normalerweise allen zur Verfügung stehen. Beim ländlichen Lebensstil, der vor allem in den Weilern Afrika und Asien noch verbreitet ist, ist es hingegen viel schwieriger, die notwendigen Ressourcen zu organisieren. Ist meistens so, muss es aber nicht sein. Taif z.B. lebt ganz privat und abgeschottet und er kann es sich auch leisten, seine gesamte Versorgung (und die Entsorgung von Müll und Abwasser) nur für sich alleine zu organisieren. Er kann auch Lärm und Dreck von sich fernhalten, indem er einfach Raum zwischen sich und die anderen Menschen in seiner Region bringt. Für die, die städtisch leben, ist das nicht ohne weiteres möglich. Vielmehr besteht die Gefahr, dass alle, die sich das leisten können, sich aus der Gemeinschaft zurückziehen. Wenn das passiert, kann diese aber ihre Aufgaben nicht mehr erfüllen, für niemanden mehr. Um das zu verhindern, braucht es gute Regeln, denn in einer Gemeinschaft sollten alle einen angemessenen Beitrag leisten, damit sie nachhaltig funktioniert. Von den 54 Menschen, die in Globo städtisch leben, haben z.B. bereits 40 Zugang zu einer organisierten Müllentsorgung. Das ist nur möglich, weil die Menschen ihre Ressourcen bündeln und zusammenarbeiten. Es heißt dann zwar noch nicht, dass der Abfall auch überall nachhaltig behandelt wird (vielmehr bedeutet es meistens, dass er einfach unweit der Häuser deponiert wird), aber es ist doch ein großer Vorteil gegenüber den anderen 14, die ihren Müll meist irgendwo „wild" ablagern müssen. Je organisierter all das abläuft, desto sicherer ist die Umgebung der Menschen und desto besser wird ihre Lebensqualität sein.

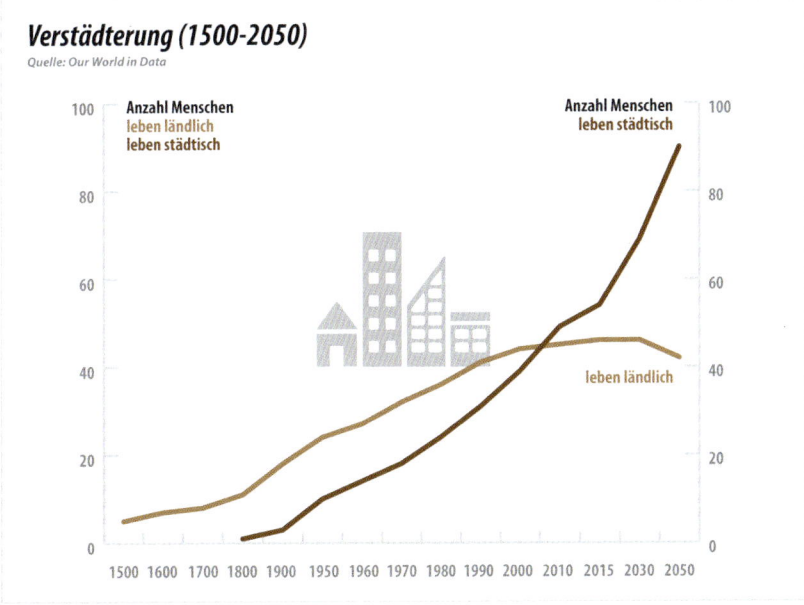

Das ist noch wertvoller, wenn es um Wasser geht. Historisch ist das Angebot an geregelter Abwasserentsorgung vermutlich sogar der größte Fortschritt in der Lebensqualität gewesen, den es je gab. Diese hygienische Revolution hatte sich erst ab dem 19. Jahrhundert und zuerst unter den wenigen Menschen ausgebreitet, die städtisch lebten. Im Jahr 1900 waren das erst 3 (von insgesamt damals 21), wobei man die Lebensverhältnisse von 2 dieser Menschen nur als „slumartig" beschreiben könnte, aber ihre Zahl stieg in der Folge stark an. Im Jahr 2006 gab es dann erstmals gleich viele städtisch wie ländlich lebende Menschen in Globo und in nächster Zeit wird das städtische Leben zum Regelzustand im Dorf werden.

Und da stehen wir vor der entscheidenden Herausforderung. Es braucht gut abgestimmte Verbesserungen, am besten eine bewusste Siedlungsplanung, sonst multiplizieren sich die Nachteile. Speziell in Afrika oder Südasien leben noch weniger Menschen städtisch als in den reicheren Teilen von Globo, und wenn, dann haben sie in der Regel eine deutlich schlechtere Lebensqualität. Eine gesunde Luftqualität wird etwa für nur 5 städtisch lebende Menschen in Globo überhaupt eingehalten, und von diesen leben 4 in Nordamerika oder Europa und 1 in Lateinamerika. Städte haben daher durchaus auch ihre Nachteile, selbst in den reicheren Teilen von Globo, denn schließlich bedeutet obige Zahl, dass in Nordamerika und Europa 8 Menschen städtisch leben, deren Luftqualität nicht gesund ist. Trotzdem ist das Problem anderswo drängender: in den Weilern Afrika und Asien leben zusammen 36 Menschen städtisch und niemand hat eine gute Luftqualität, auch die eher wohlhabenden wie Sendai, Pusan oder Tian oder auch Sibu aus Südostasien nicht. Sicherheit hat viele Facetten.

Ein anderer Sachverhalt, der eng mit dem Thema Sicherheit zusammenhängt, wird vielleicht überraschen. Denn in Globo ist die Gefahr durch Katastrophen in den letzten Jahrzehnten zurückgegangen (!), auch wenn das Ausmaß der materiellen Schäden zunimmt. Das ist eigentlich eine gute Nachricht, denn es bedeutet ja zuerst, dass der Wohlstand zugenommen hat. Es ist aber auch eine gewisse Wahrnehmungsverzerrung im Spiel, denn die Angst ist nämlich eher gestiegen. Das mag damit zu tun haben, dass es immer bessere Informationen über das Geschehen im Dorf gibt und man daher viel mitbekommt von den Gefahren, denen die Menschen in seinen ärmeren Teilen ausgesetzt sind. Dort sind speziell Probleme mit Dürren, Fluten und Stürmen immer noch eine echte Bedrohung. Hingegen sind die finanziellen Schäden, die solche Ereignisse in den reicheren Regionen von Globo anrichten, absolut gesehen viel größer als jene in den ärmeren (relativ betrachtet trifft das übrigens nicht zu). Anscheinend schmerzt auch der Geldbeutel manchmal stark.

Ein allgemeiner Schutz vor Katastrophen sollte aber letztlich nicht von den verfügbaren Mittel abhängen, sondern er sollte von der Gemeinschaft organisiert sein. Darin liegt schließlich der Schlüssel zu dem, was man „inklusive" Siedlungen nennt. In Globo und in jedem seiner Weiler muss das letztlich heißen, dass die Dorfgemeinschaft für alle da ist und niemand im Stich gelassen wird, weder im Elend, noch in einem Klima der Gewalt, noch bei der Bedrohung durch Überschwemmungen oder Dürren. Daraus wächst die Widerstandsfähigkeit für neue Herausforderungen und damit die Sicherheit für alle im Dorf, die zuhause beginnen und enden sollte. Das ist umso wichtiger, weil bis 2030 weitere Menschen hinzukommen werden. Dann werden zwar immer noch 46 ländlich leben, aber bereits 69 städtisch. Und das Leben soll auch für die Neuankömmlinge weiter lebenswert sein, in einem „inklusiven, sicheren, widerstandsfähigen und nachhaltigen" Lebensraum überall im Dorf.

ENDE DER WEGWERFGESELLSCHAFT

In Globo gibt es auch einige Luxusprobleme. Oft sind diese freilich selbstgemacht. Bei manchen ist z.b. der Slogan verbreitet: „Wir müssen weg von der Wegwerfgesellschaft". Das ist natürlich durchaus vernünftig, denn anders als in früheren Zeiten werden die meisten modernen Produkte, wenn man sie wegwirft, nicht einfach verrotten. Sie müssten entsorgt werden, damit man dann hoffentlich einige der Inhaltsstoffe wiederverwerten kann. Auf den Müllhalden von Globo und auch auf den „wilden" Deponien liegt daher einiges Unverrottbares herum, das oft auch noch giftig ist. Es ist aber auch ein selbstgemachtes Problem, das erst mit bestimmten Produktionsprozessen und zunehmender Bequemlichkeit überhaupt entstanden ist. Schließlich sind viele Produkte heute tatsächlich zum Wegwerfen hergestellt, z.B. Verpackungen. Und auch in Globo gibt es eine Werbewirtschaft, die nicht müde wird, den Menschen zu erzählen, was sie noch alles „brauchen". So landen Bedürfnisse auf dem Müll.

Bei alledem gilt aber natürlich dasselbe, das schon mehrfach indirekt erwähnt wurde: manche wären froh, wenn sie etwas zum Wegwerfen hätten; manche wären froh, wenn ihnen ein Mangel bloß eingeredet würde. In diesen Fällen ist die Herausforderung größer, weil es bei mehr Konsum immer noch darum geht, die Lebensbedingungen zu verbessern, möglicherweise sogar entscheidend. Daher sind auch die Unterschiede zwischen den Weilern gerade beim Konsum sehr groß, quantitativ wie auch qualitativ. In Globo werden diese Unterschiede in Konsumkörben gemessen: alle konsumierten Güter werden dabei so auf 100 Körbe aufgeteilt, dass jeder von diesen Körben gleich viel wert ist. Wenn dann die Menschen kommen, um „ihre" Körbe bei den Lagerflächen abzuholen und sie zu bezahlen, dann werden die Unterschiede deutlich. Ein Viertel der Menschen in Globo erhält einen Korb oder mehr, drei Viertel erhalten hingegen weniger als einen Korb. Austin steht an der Spitze, denn er kann sich 10 Körbe ganz für sich allein leisten und erhält noch einen Anteil an einem elften. Aber auch generell gehen 27 dieser Körbe an die nur fünf Menschen in Nordamerika und ebenfalls 27 an die zehn Menschen in Europa, sowie 10 Körbe an Sendai, Nara und Pusan in Ostasien. Also zusammen fast zwei Drittel.

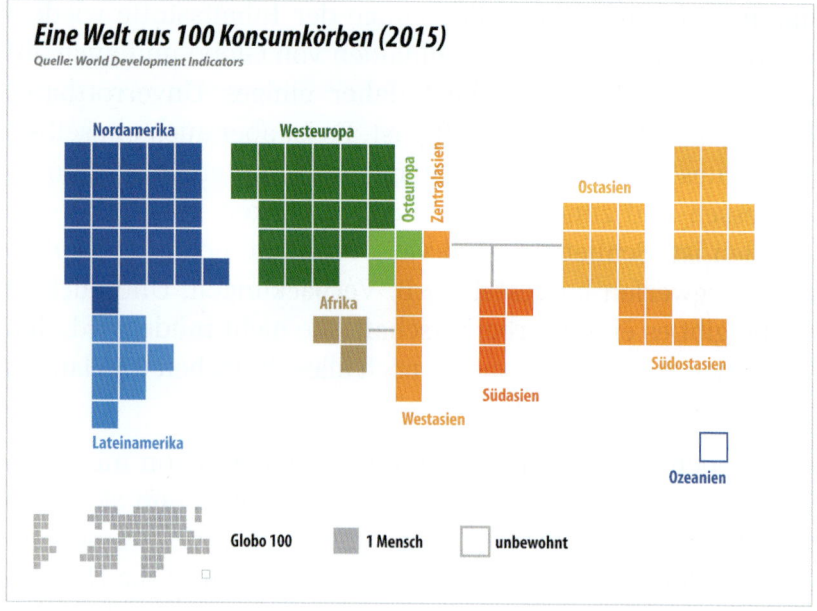

Eine Welt aus 100 Konsumkörben (2015)
Quelle: World Development Indicators

Gerade mit dem Lebensstil der Wohlhabenden ist auch direkt Transport verbunden, denn viele Güter in den Körben müssen erst zu den Lagerflächen in den Weilern geliefert werden. Das Gesamtvolumen des Handels in Globo beträgt daher immerhin rund 200.000 Oro pro Jahr. Nicht alles reist dabei über große Distanzen: mehr als ein Viertel des Austausches findet z.B. allein innerhalb des Weilers Europa statt, oft geht es um sehr ähnliche Waren. Viel weniger ist es in den ärmeren Regionen und daher wird dort auch weniger konsumiert. In der Mitte steht Lateinamerika, wo 8 Menschen den Inhalt von 8 Körben verbrauchen. Am anderen Ende der Skala steht hingegen der Weiler Afrika, wo 16 Menschen mit nur 3 Körben auskommen müssen und sogar noch extremer ist es im Weilerteil Südasien, wo 4 Körbe auf 25 Menschen entfallen. Auf den Rest von Asien (darunter die gesamte Siedlung China) entfallen daher 21 Körbe für 33 Menschen.

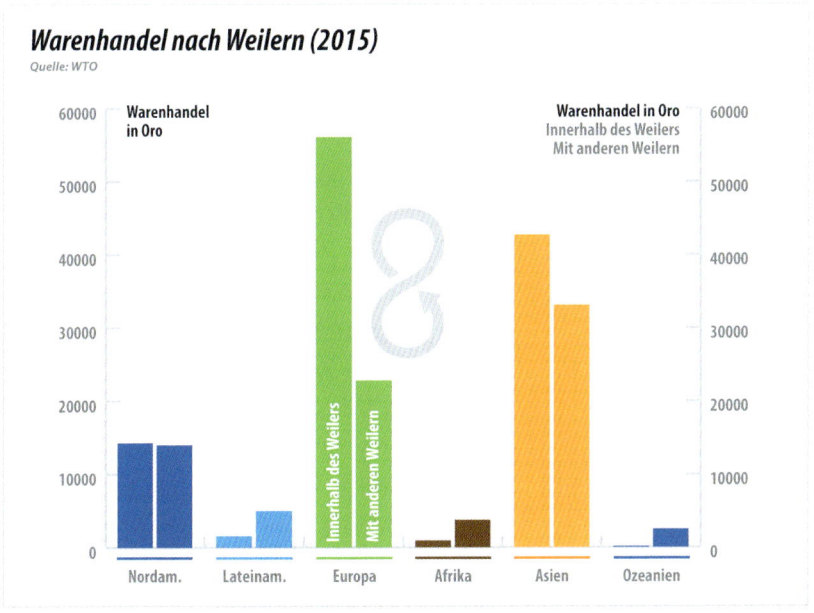

Der Inhalt dieser Körbe unterscheidet sich natürlich sehr. Das merkt man am schnellsten beim Essen, denn manche enthalten sehr viel mehr Nahrungsmittel als andere (das sind in der

Regel die Körbe, die sich mehrere Menschen teilen) und auch die Art der Nahrungsmittel unterscheidet sich. Manche enthalten deutlich mehr Treibstoff oder Plastik als andere, wieder andere beinhalten vor allem moderne Konsumgüter, wie elektrische Küchengeräte oder Unterhaltungselektronik, während andere Körbe ganz ohne solche Güter auskommen. So wird es wohl auch nicht überraschen, dass auf die 13 „stromlosen" Menschen rechnerisch nur 1,3 Konsumkörbe entfallen.

Werfen wir einen exemplarischen Blick in den Weiler Europa, was die weitere Verteilung der Konsumkörbe angeht. Dort wird insgesamt der Inhalt von 27 dieser Körbe verbraucht, davon allerdings der Großteil im Westen des Weilers. Kaluga, Samara und Odessa teilen sich nur 3 Körbe und ein Drittel eines vierten. In Westeuropa hingegen verbraucht allein Aurich 5,4 Körbe, Breda 4,7, Preston 4,1 und Roanne 3,7, zusammen also fast 18. Die übrigen 6 Körbe teilen sich Lugo und Messina sowie zu einem etwas kleineren Teil Konin.

Was dabei vielleicht etwas erschrecken wird: nach dem Konsum folgt der Kater, in dem Fall in Form von 5 Tonnen Abfall, die in Europa jedes Jahr anfallen. Dazu kommt freilich noch, dass gerade im Weiler Europa in diesem Prozess Arbeits- und Umweltlasten exportiert und im Gegenzug billige Waren importiert werden. Dabei macht nicht nur die Produktion, sondern längst auch der Konsum oft krank. Zu viel Nahrung, zu viele Genussmittel, zu viel Mobilität, all das verkürzt ganz praktisch die Lebenszeit von Menschen in den Weilern Europa und Nordamerika. Ein seltsames Dorf, in dem ja auch jedes Jahr 1.000 Tonnen Rohstoffe verbraucht werden, viele davon scheinbar für die Müllhalde und – so möchte man meinen – eher zum Schaden der Menschen als zu ihrem Nutzen.

Beim Materialverbrauch ist in Globo daher einiges zu tun, um die notwendige Trendwende zu schaffen. Denn diese 1.000 Tonnen sind ja nur eine Momentaufnahmen, zwischen den

Jahren 2000 und 2010 hat sich der Pro-Kopf-Verbrauch nämlich von 8 auf 10 Tonnen (!) erhöht. Jeder und jede in Globo hinterlässt also einen zwar „virtuellen", aber doch bemerkenswerten Haufen. Dabei ist auch die Verteilung dieser Häufen eine der Ausdrucksformen globaler Ungleichheiten: im Osten von Asien stieg der Materialverbrauch am stärksten, hat sich im letzten Jahrzehnt fast verdoppelt und liegt nun nicht mehr unter, sondern über dem Durchschnitt in Globo; in Europa und Nordamerika ist er hingegen ziemlich gleich geblieben, beträgt aber trotzdem immer noch das Doppelte des Durchschnitts; und in Afrika stieg er zwar auch, liegt aber vorher wie nachher bei nur etwa einem Viertel des Durchschnitts.

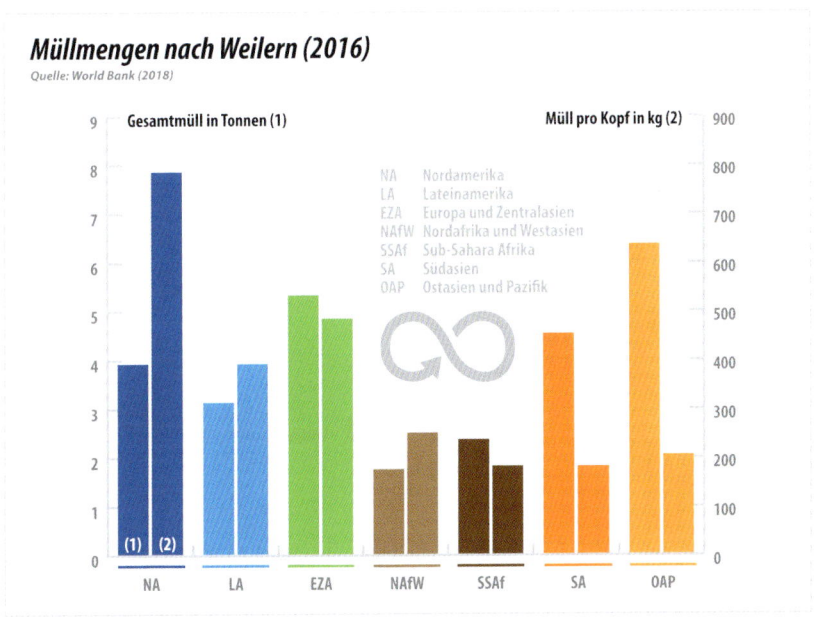

Wenn man das Ziel „nachhaltiger" zu konsumieren und zu produzieren ernst nimmt, dann führt kein Weg daran vorbei, sich mit diesen eingespielten Prozessen zu beschäftigen. Das beginnt ja schon damit, dass mittlerweile aus Profitinteresse viele Konsumgüter in Globo nicht mehr auf Langlebigkeit getrimmt werden. „Geplante Obsoleszenz" nennt man das und es bedeutet letztlich, dass Güter so erzeugt werden, dass sie schnell unbrauchbar werden und dann durch neue ersetzt werden müssen. Es wird also oft wirklich für die Müllhalde produziert und die Arbeit teils leider auch genauso bezahlt. Und während der Profit für die „Veredelung" der Erzeugnisse bei den Wohlhabenderen bleibt, weil sie die Produktionsprozesse kontrollieren, tragen andere Menschen in Globo die damit verbundenen Gesundheits- und Umweltrisiken.

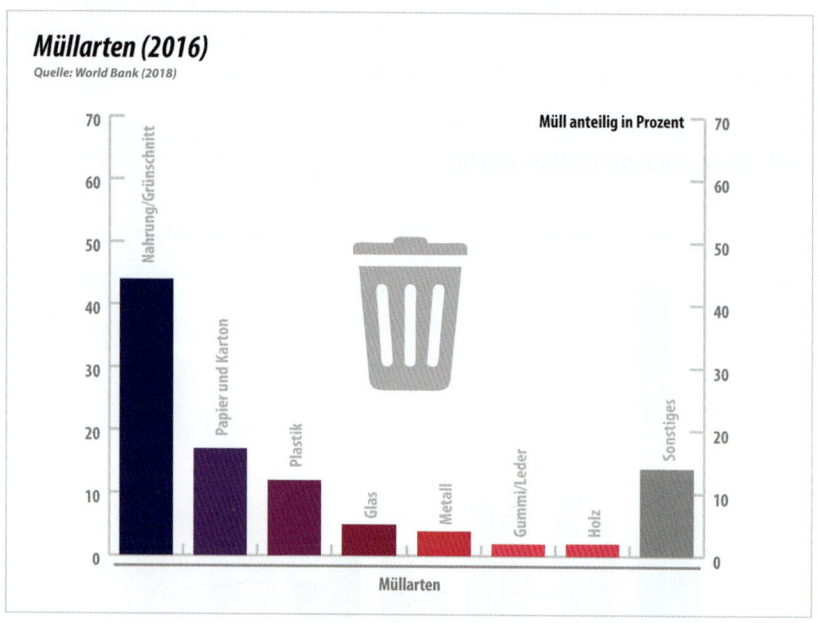

Müllarten (2016)
Quelle: World Bank (2018)

Müll anteilig in Prozent

Nahrung/Grünschnitt
Papier und Karton
Plastik
Glas
Metall
Gummi/Leder
Holz
Sonstiges

Müllarten

Das Wiederverwerten von Abfall ist dabei kein Programm nur für die reichen Teile von Globo, genau so wenig wie die Verschwendung. Da wie dort werden teils große Mengen völlig überflüssigen Mülls erzeugt, Plastik, biologische Abfälle, aber auch Hochgiftiges. Da wie dort wird aber auch fleißig Müll getrennt und ganz selbstverständlich wiederverwertet. Solange man fast nichts hat, wird auch wenig weggeworfen. In Europa werfen die Menschen ungefähr 2 Kilogramm Hausmüll pro

Tag weg, viele Menschen in Afrika und Asien hingegen weniger als ein Zehntel (!) dieser Menge. Das Müllproblem entsteht mit steigendem Wohlstand oder mit einer Veränderung der Produktion, die verschiedene Arten von Müll hervorbringt: teils schon im Produktionsprozess, teils beim Transport und Verkauf (z.b. durch Verpackung), teils dann nach der Nutzung, wenn der Großteil der industriellen Produkte heutzutage nur genau einmal verwendet wird – man spricht von 85 Prozent aller Güter, so willkürlich solche Angaben auch sein mögen. Aber Tatsache bleibt: viele Produkte sind heutzutage gezielt für den nur einmaligen Gebrauch konzipiert.

Ein Extremfall solcher unausgewogener Konsummuster ist ein Phänomen, das es in Globo noch nicht so lange gibt: Tourismus. Erst 1960 ist erstmals ein Mensch in Globo nur so zum Spaß „verreist". Es war ein Europäer, der seinen Nachbarn besuchte.[12] Inzwischen zählen wir heute im Dorf bereits 16 touristische Ankünfte, immer noch zur Hälfte aus Europa. Auch das Verreisen ist dabei kein unkompliziertes Thema, denn die Zahl bedeutet nicht etwa, dass fast alle Menschen in Europa jedes Jahr verreisen, sondern vielmehr, dass einige das mehrmals tun. Messina, Samara oder Odessa können sich z.B. sicher keinen Urlaub im „Ausland" leisten. Immerhin ist das Reisen inzwischen kein ganz exklusives Vergnügen für Menschen aus Europa oder Nordamerika mehr, wie es das bis 1990 war. Nordamerika ist vielmehr nur für 1 von 16 Ankünften verantwortlich (Europa ja für 8), während der Weiler Asien mittlerweile bereits 5 stellt.

---

[12] Diese Angaben beziehen sich auf „internationalen Tourismus", d.h. der oder die Reisende muss dafür mit touristischen Motiven eine Landesgrenze überschreiten. Das macht die Übertragung in die Globo-Realität etwas skurril, weil „Besuche" innerhalb von Nordamerika praktisch nicht zählen, während in Europa fast jeder gleich zum touristischen Akt wird. Aber was genau wie gezählt wird, ist in der realen Welt ohnehin von Land zu Land verschieden, wobei es natürlich vor 1960 schon Tourismus gab, aber global nie mehr als 70 Millionen Ankünfte pro Jahr.

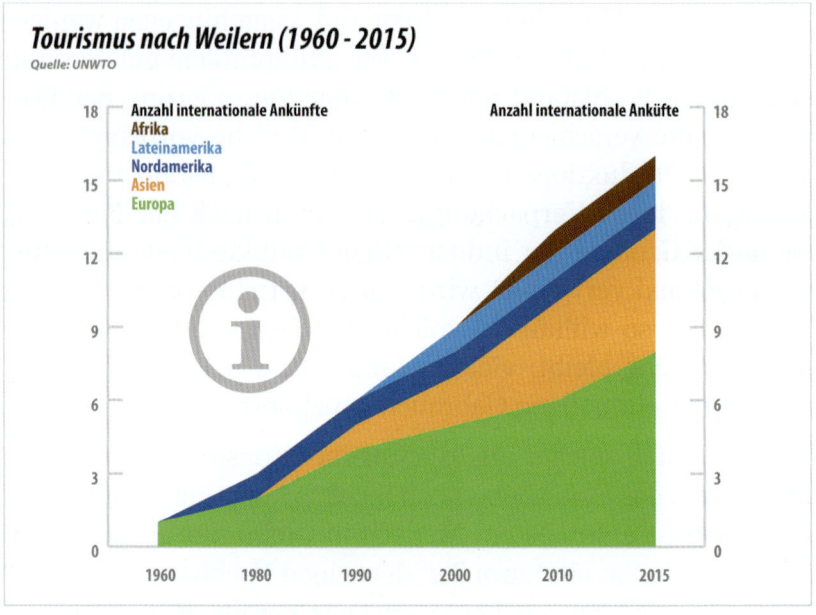

Tourismus nach Weilern (1960 - 2015)
Quelle: UNWTO

Insgesamt ist es ja eigentlich eine erfreuliche Entwicklung, dass immer mehr Menschen in Globo auch immer mehr konsumieren können. Die meisten Menschen wollen das auch und mit guten Gründen: während manche in Europa gar nicht mehr recht wissen, was sie mit einem Teil ihrer Konsumkörbe anfangen sollen, wissen viele in Globo sehr genau, was in ihrem Anteil eines Korbes noch fehlt. Sie würden kaum auf gerade erst erreichte Lebenserleichterungen verzichten wollen und sie hätten Recht damit. Denn abgesehen von den Allerärmsten ist das Leben im Dorf für fast alle in den letzten Jahrzehnten praktisch durchgehend immer besser geworden und das soll sich fortsetzen. Als Problem bleibt, dass die gegenwärtigen Produktions- und Konsummuster nicht auf Nachhaltigkeit ausgerichtet sind. Es geht daher zentral darum, Konsum zugleich gerechter zu verteilen, wie auch zukunftsfähiger zu gestalten. Die Art, wie in Globo produziert und konsumiert wird, sprengt nämlich seit geraumer Zeit die Grenzen der Tragbarkeit.

Um dem zu begegnen, gibt es wenigstens drei unterschiedliche Herangehensweisen, die in unterschiedlichen Teilen von Globo bereits mehr oder weniger verbreitet sind. Die erste Lösung ist die konsequente Durchsetzung einer „Linearwirtschaft" und damit die derzeit gängige Strategie. Man glaubt, man könnte die alten Muster aufrechterhalten und es würde genügen, den dabei anfallenden Müll zu entsorgen und bestenfalls noch zur Erzeugung von Energie zu verwenden. Dafür ist es in Globo zweifellos zu spät und auch wenn es Regionen im Dorf gibt, wo jede organisierte Müllentsorgung bereits ein Fortschritt wäre, ist dies letztlich ein Ansatz aus dem 19. Jahrhundert. Die zweite Lösung, eine Wirtschaft der Wiederverwertung, kommt aus dem 20. Jahrhundert und geht daher weiter, aber ebenfalls nicht mehr weit genug. Immerhin wird deren Notwendigkeit von immer mehr Menschen im Dorf inzwischen gesehen. In die eigentlichen Produktions- und Konsumprozesse wird dabei nicht eingegriffen, der angefallene Müll wird aber verwertet, entweder in minderwertiger Form (*downcycling*), idealerweise aber sogar in aufgewerteter Form (*upcycling*). Damit ist immerhin das Problem anerkannt und jeder Schritt in diese Richtung ist zu begrüßen. Aber auch dieser Ansatz geht nicht weit genug. Was es braucht, ist eine Lösung für das 21. Jahrhundert (wenngleich es durchaus historische Vorläufer geben mag), am besten eine Kreislaufwirtschaft. Dabei wird der gesamte Produktions- und Konsumprozess so organisiert, dass alle verwendeten Stoffe möglichst aufwandsarm in die Produktion zurückkehren. Dafür muss bereits das Produktdesign so gestaltet werden, dass Stoff- und Energiekreisläufe verringert, entschleunigt und geschlossen werden. Ein sparsamer Einsatz von Ressourcen, Langlebigkeit und Reparierbarkeit sind Ziel und logische Folge. All das würde einen wesentlich effizienteren Umgang mit „Wertstoffen" bedeuten, die im Produktions- und Konsumkreislauf zu „Wirkstoffen" werden können, und im Ergebnis Müll praktisch völlig vermeiden. Die Menschen in

Globo müssen diesen Weg bald und konsequent gehen, denn sonst bleiben ihnen als Rohstoffquellen vielleicht irgendwann nur noch die Mülldeponien selbst. Schon heute betreiben manche durchaus profitabel „*landfill mining*" und auch einige der Allerärmsten leben vom Müllsammeln.

Es braucht letztlich ein Zusammenspiel von Produktions-, Konsum- und Entscheidungsebene. Denn wenngleich solcher Wandel nur stattfindet, wenn die Menschen ihn auch wirklich wollen (oder dazu gezwungen sind), wird es ohne Vorgaben nicht gehen. Auch wenn manche die Macht der Geldbeutel der Konsumentinnen und Konsumenten betonen und es ohne bewusst nachhaltigere Kaufentscheidungen auch nicht gehen wird, so offensichtlich ist es, dass nur über etwas entschieden werden kann, das auch zur Wahl steht. Eine einfache Wahrheit: Das richtige Angebot kann nicht durch „Nichtkaufen" erzwungen werden, vielmehr müssen die notwendigen Alternativen gezielt gefordert und gefördert werden. Es gilt, sich von den Scheinlösungen aus der „leeren Welt" früherer Jahrhunderte zu verabschieden, oder es wird irgendwann die Knappheit in der „vollen Welt" Notlösungen diktieren.

Hätte es in Globo je einen Panzer gegeben, dann wäre sein Stahl perfekt als Kochtopf geeignet – eine ganz eigene Version des Satzes von den Schwertern, die zu Pflugscharen werden sollen. Biologisch abbaubare Verpackungen oder Maden, die Plastik fressen, sind ebenso gute Ansätze, wie es einfaches Teilen und Tauschen ist. Wenn alle zusammenarbeiten, dann sind „nachhaltige Konsum- und Produktionsmuster" jedenfalls möglich und ebenso der Übergang in eine Kreislaufwirtschaft.

TRENDUMKEHR

Die Menschen in Globo wissen aus eigener Erfahrung sehr genau, dass es keine Glaubensfrage ist, ob sich das Klima ändert. Manche von ihnen sehen jeden Tag, wie nahe an ihren Häusern ein bisschen Land im Meer versinkt. Manche merken, dass es wärmer und wärmer wird, weil jedes Jahr ein bisschen mehr der Ernte verdorrt. Manche erinnern sich daran, dass früher die Jahreszeiten anders lagen, dass der Regen weniger heftig war, und dass es im Sommer eigentlich kaum einmal so heiß war wie heute. Manche von ihnen verschließen aber auch einfach die Augen, stellen die Klimaanlage an und träumen von der Bananenzucht im eigenen Garten. Traum oder Albtraum?

Das Wissen um die schleichenden Veränderungen war vor dreißig Jahren auch schon da. Man wusste auch schon recht genau, dass es vor allem der so genannte „Treibhauseffekt" ist, der die Temperaturen steigen lässt. Der ist für das Leben in Globo zwar eigentlich viel mehr ein Segen als ein Problem, denn ohne diesen Effekt wäre es so kalt, dass niemand im Dorf leben könnte. Zum Problem wird er aber, wenn die Menschen künstlich den Effekt verstärken. Das ist passiert, weil in den letzten zwei Jahrhunderten viel Kohlendioxid (CO_2) und andere Treibhausgase freigesetzt worden sind, vor allem durch die Verbrennung fossiler Energieträger bei der Güterproduktion und im Verkehr. Es wird daher in den letzten Jahrzehnten immer wärmer und damit kommen insbesondere die ärmeren

Menschen in den ohnehin schon heißeren Regionen des Dorfes unter Druck.

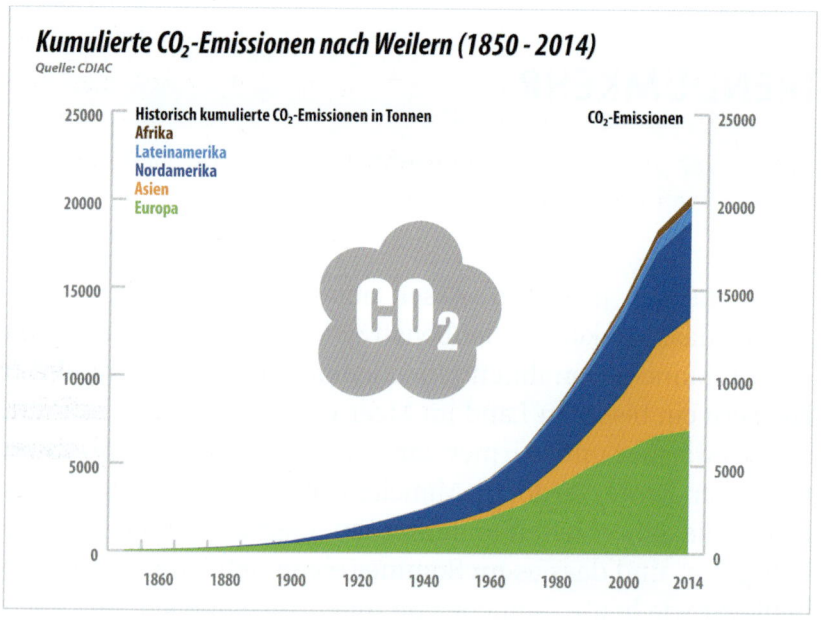

Kumulierte CO$_2$-Emissionen nach Weilern (1850 - 2014)
Quelle: CDIAC

Historisch kumulierte CO$_2$-Emissionen in Tonnen
Afrika
Lateinamerika
Nordamerika
Asien
Europa

CO$_2$-Emissionen

Das haben die Menschen in Globo durchaus erkannt. Deshalb haben sich schon vor einigen Jahren, genaugenommen im Jahr 1995, einige der Wohlhabenderen am Rand des Weilers Asien versammelt, um sich zu überlegen, was man dagegen tun könnte. Sendai hatte eingeladen, damals noch ein junger Mann Mitte Dreißig, der sich um die Zukunft ernste Sorgen gemacht hat. Sie schlossen einen Vertrag, in dem sie sich verpflichtet haben, ihr Verhalten zu überdenken, damit der Temperatur-anstieg gestoppt wird. Überdacht wurde tatsächlich einiges und immerhin wissen die Menschen in Globo daher, dass es von ihrem Verhalten abhängt, wie stark der Temperaturanstieg noch sein wird – bei natürlich großen Schwankungsbreiten, die bei solchen Prognosen unvermeidlich sind. Wirklich passiert ist aber zu wenig, obwohl man sich seither immer wieder ge-troffen hat, um das Problem weiter zu besprechen.

Warum das so ist? Nun, bei einem so langsamen Prozess dauert es lange, bis man die Veränderungen wirklich bemerkt und noch länger, bis man sie wahrhaben will. Damit vergeht Zeit. Das Dumme ist aber, dass es auch lange dauert, bis Gegenmaßnahmen wirken, und daher wird die Zeit immer knapper. Die Generation, die als erste die Folgen wirklich zu spüren bekommt und daher auch Maßnahmen ergreifen will, ist vielleicht die letzte, deren Maßnahmen überhaupt noch eine relevante Wirkung haben werden. Wenn ein „Kipppunkt" einmal überschritten ist, ist der Weg zurück verbaut.

Es gibt aber noch ein weiteres Problem, das eine Einigung erschwert: die im Dorf, die von dieser Entwicklung profitiert haben, sind nicht die, die unter den Folgen leiden. Profitiert haben vor allem die Regionen, die sich industrialisiert haben, was historisch einen deutlich erhöhten CO_2-Ausstoß bedeutet hat. Der ist stark gewachsen, aber regional unterschiedlich. Vor einem Jahrhundert waren erst ungefähr 5 Prozent aller bis heute angefallenen menschlichen CO_2-Emissionen in der Luft, außerhalb der Weiler Europa und Nordamerika gab es aber praktisch keine. Vor fünfzig Jahren war immerhin schon ein Viertel dieses zusätzlichen Ausstoßes in der Luft, aber immer noch waren die industrialisierten Weiler für 90 Prozent davon verantwortlich. Und diese Verantwortung hält lange: obwohl mittlerweile die Menschen in Asien, vor allem jene in der Siedlung China und ihrer Umgebung, einen beträchtlichen und zudem steigenden Teil zu den alljährlichen CO_2-Emissionen beitragen, sind Europa und Nordamerika, wo dieser Ausstoß bereits sinkt, immer noch für rund zwei Drittel der gesamten historischen Emissionen verantwortlich. Und was dabei nicht vergessen werden sollte: diese Verschmutzung hat zwar auch dort Leid und Zerstörung gebracht, sie ist aber auch die Basis für den hohen Lebensstandard der 15 heute dort lebenden Menschen.

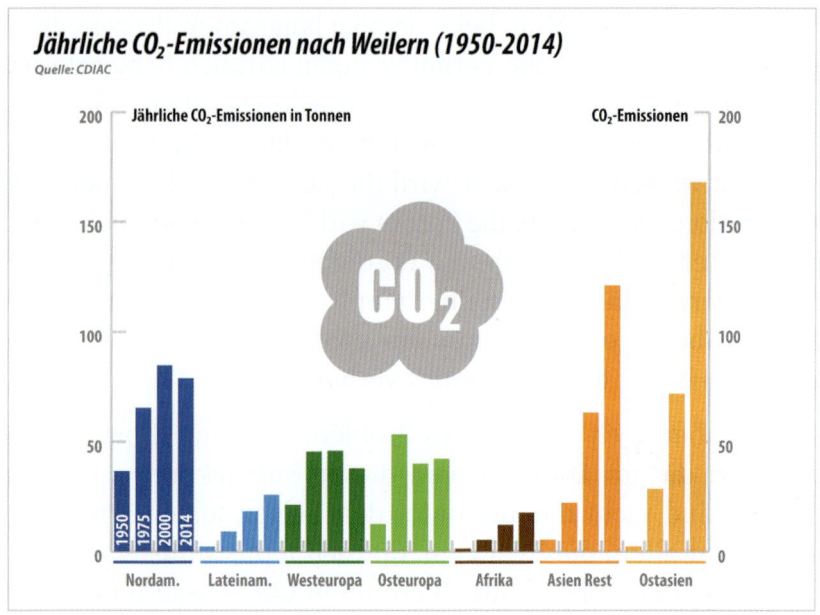

Jährliche CO$_2$-Emissionen nach Weilern (1950-2014)
Quelle: CDIAC

Jährliche CO$_2$-Emissionen in Tonnen CO$_2$-Emissionen

Nordam. Lateinam. Westeuropa Osteuropa Afrika Asien Rest Ostasien

Oder auch für die 3 in Ostasien. Wir haben schon gehört, dass die Heimat von **Sendai**, dem heute 57jährigen Mann, zu den wohlhabenderen Regionen in Globo gehört. In Sichtweite befindet sich ja die Siedlung China, deren Emissionen in den letzten zwei Jahrzehnten dramatisch gestiegen sind. Von Sendais Haus aus sieht man die „dicke Luft" und wenn der Wind ungünstig steht, überdeckt sie mit Leichtigkeit den Geruch des Meeres. In seiner Nachbarschaft leben auch noch die 81jährige **Nara** und jenseits der kleinen Meerenge die 31jährige **Pusan**. Sie drei allein verbrauchen ungefähr ein Zehntel der Ressourcen des Dorfes: zusammen sind es 10 Konsumkörbe (davon Sendai allein fast die Hälfte) und 20 Tonnen Öläquivalente Energie pro Jahr (davon Pusan allein mehr als die Hälfte). Das Niveau in Europa ist vergleichbar hoch, nur das in Nordamerika liegt höher. Ein Dilemma: das Bewusstsein ist angekommen, aber mit den nötigen Verhaltensänderungen tun sich die Menschen da wie dort immer noch schwer. Sendai hatte zwanzig Jahre Zeit. Er glaubt sicher, er hätte sein Bestes getan.

Alles in allem ist der Umgang mit dem Klimawandel ein typisches Beispiel für globale Ungerechtigkeit in ihren vielen Facetten: die, die etwas tun müssten, wollen nicht wirklich etwas tun, und die, die Handeln dringend bräuchten, können kaum etwas tun. Er ist auch ein typisches Beispiel für das Gegenteil von nachhaltigem Verhalten, wie ein Blick auf die Zahlen zeigt. Denn immerhin gibt es mittlerweile eine Kennzahl für die Einschätzung solchen Verhaltens, den „ökologischen Fußabdruck".

Die Idee dahinter ist eigentlich sehr einfach: manche Lebensstile verbrauchen mehr, manche weniger Ressourcen und wer viel konsumiert, sehr mobil ist und viel Energie verwendet, der hinterlässt einen größeren Abdruck, der die Natur stärker beeinflusst (knapp die Hälfte wird dabei übrigens allein durch CO_2-Verbrauch verursacht). Interessant wird die Sache vor allem dann, wenn man auch ausrechnet, wie viel eigentlich überhaupt zum Verbrauch zur Verfügung steht. Und das geschieht mit dem Konzept der „Biokapazität" und der Rechnungseinheit der „Globalhektar" (gha). Dabei wird die Landfläche herangezogen und dann berechnet, wie viel für den Menschen nutzbare Biomasse (Nahrungsmittel, Holz, Rohstoffe, etc.) sie hervorbringen und wie viele Schadstoffe (Abfälle, Kohlendioxid, etc.) sie aufnehmen kann. Die Gesamtsumme der Globalhektar entspricht dann der tatsächlichen Landfläche des Dorfes, der einzelne Globalhektar ist aber sehr unterschiedlich groß, je nachdem, ob diese Fläche sehr produktiv ist oder nicht. Kurz gesagt: auf einem Hektar fruchtbaren Ackerlandes haben viele Globalhektar Platz, aber nur der Bruchteil eines Globalhektars auf einem Hektar Wüstenland. Natürlich verliert man mit dem ökologischen Fußabdruck auch eine Menge Information, die für die Beurteilung der Nachhaltigkeit von Verhalten wichtig wäre. Aber dafür bekommt man eine griffige Kennzahl. Und man kann vergleichen, wie viel gha Biokapazität die Menschen eigentlich zur Verfügung hätten, um nachhaltig zu leben, und wie viel gha ökologischen Fußabdruck sie hinterlassen.

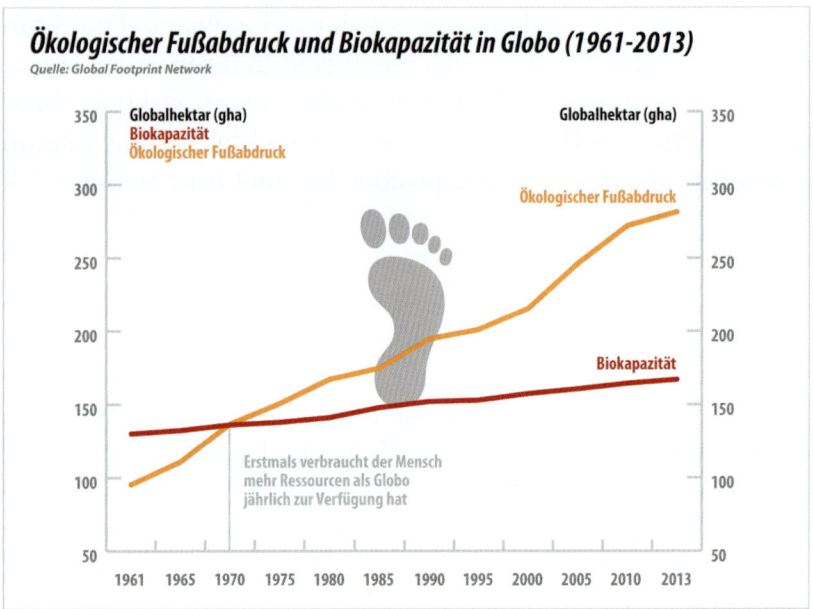

Ökologischer Fußabdruck und Biokapazität in Globo (1961-2013)

Quelle: Global Footprint Network

Das Ergebnis ist durchaus interessant. Im Jahr 2013 waren es insgesamt 167 gha Biokapazität und 281 gha Fußabdruck. Das ist bereits ein Nachhaltigkeitsdefizit von 40 Prozent oder pro Kopf gerechnet von 1,1 Globalhektar! Die Menschen in Globo leben also auf Pump – und zwar schon seit fünf Jahrzehnten, denn zuletzt hat die Gesamtmenge der Biokapazität die Größe des Fußabdrucks im Jahr 1969 überstiegen. Das Gesamtdefizit über diese Jahrzehnte beträgt inzwischen bereits mehr als 2.100 gha, also die gesamte Hervorbringung von Biokapazität von über 12 Jahren (!) in Globo. So etwas geht natürlich nur, indem die Biokapazität früherer Jahre verbraucht oder zerstört wird, wie z.B. Wälder, fruchtbares Land oder sauberes Wasser. Noch hat niemand ausgerechnet, wie lange es dauern würde, bis die Menschen in Globo alles verbraucht hätten, was in den Böden, Wäldern und Gewässern noch gespeichert ist. Das Ergebnis würde uns vielleicht erschrecken. Denn anders als heute, wo der eine Weiler ja noch auf Kosten eines anderen konsumieren kann (z.B. bei einer Tasse Tee oder Kaffee im

Weiler Europa, die ja anderswo erzeugt worden ist), würden die Menschen dann die Grenzen alle, immer und sofort am eigenen Leib spüren. Dann würden alle begreifen müssen, dass es kein zweites Dorf gibt, auf das die Menschen in Globo notfalls ausweichen könnten. Sie leben eben bereits in einer „vollen Welt".

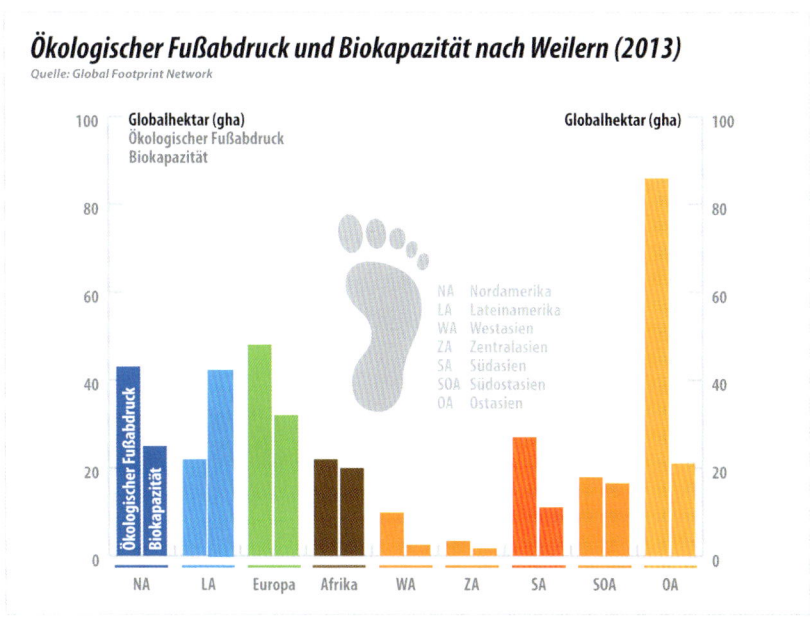

Wie beim Klimawandel ist die Nachhaltigkeit allerdings sehr ungleich verteilt. Und dabei wird es noch einmal komplizierter. Es gilt nämlich, zwei verschiedene Arten der Gerechtigkeit zu betrachten. Denn wer handelt eigentlich nachhaltig und wer nicht? Sind das jene, die weniger beanspruchen als der globale Durchschnitt? Oder sind das jene, die weniger verbrauchen, als lokal zur Verfügung steht? Klar dürfte sein, dass eine doppelte Balance mit Nachhaltigkeit vereinbar ist. Aber ansonsten?

Vor allem in der Siedlung Indien fällt der Unterschied auf. Denn dort ist der Fußabdruck der meisten Menschen viel kleiner, als im Durchschnitt für das ganze Dorf zur Verfügung stehen würde. Wenn man das aber relativ zur Biokapazität in der Siedlung betrachtet, dann ist dieses Wenige trotzdem immer noch viel zu viel. Konkret: von den 25 Menschen in Südasien leben 6 nicht einmal global nachhaltig, aber andererseits nur 6 auch lokal nachhaltig. Und zusammen hinterlassen sie einen Fußabdruck von nur 27 gha. Das ist deutlich weniger, als die 42 gha, die bemessen am Globo-Durchschnitt „gerecht" wären, aber zugleich deutlich mehr als die nur 11 gha, die die Region selbst hervorbringt. Das macht die Siedlung Indien zum Gebiet mit dem größten relativen Defizit im Dorf. Im Weiler Europa verbrauchen nur 10 Menschen zwar deutlich mehr, nämlich 48 gha (und damit auch weit mehr als die 17, die „gerecht" wären), sie haben aber auch 32 zur Verfügung und das absolute Defizit ist daher nicht größer als in Südasien.

Sehr weit auseinander liegen diese Werte gerade auch für Sendai, Nara und Pusan. Sie verbrauchen ungefähr dreimal so viel, wie das Dorf im Schnitt hervorbringt und sogar sechsmal so viel, wie das ihre Region tut. Aber es gibt natürlich auch andere Orte im Dorf. Die Menschen im Weiler Afrika etwa leben auf niedrigem Niveau annähernd in der Balance (ebenso wie die in Südostasien auf höherem Niveau) und die in Lateinamerika verbrauchen zwar gar nicht so wenig, sie leben aber zugleich im einzigen Weiler mit positiver Bilanz: auf 42 gha Biokapazität kommt ein Fußabdruck von nur 22 gha. Der Rest des Dorfes kann sich also durchaus bedanken, dass das Defizit nicht noch größer ist.

Das sind große Unterschiede und speziell die historische Verantwortung ist klar. Die Folgen sind es aber auch. Die Durchschnittstemperaturen überall in Globo sind in den letzten Jahrzehnten merklich gestiegen, über dem Land noch stärker als über dem Wasser und speziell um die arktische Eisfläche herum am stärksten. Wenn die Temperaturen weiter steigen, so wurde berechnet, wird es ungemütlich in vielen Regionen des Dorfes. Daher soll der Temperaturanstieg auf weniger als 2 Grad Celsius begrenzt werden, möglichst 1,5 Grad, gemessen am Niveau vor zweihundert Jahren. Auf dem Weg zu diesem „Zwei-Grad-Ziel" haben die Menschen in Globo das erste Grad aber bereits realisiert und über Land sogar wesentlich mehr. Schlimmer noch: fast alles, was zur Erhöhung um 1,5 Grad führen wird, ist bereits emittiert. Nur zum Vergleich: 4 Grad Celsius weniger würde kilometerdickes Eis in gemäßigten Breiten bedeuten, 4 Grad mehr wären ein ganz gutes Klima für Dinosaurier und Rieseninsekten, aber nicht für den Menschen.

Um das Ziel noch zu erreichen, braucht es daher drastische Änderungen. Da die kritische Emissionsmenge spätestens in einem Vierteljahrhundert erreicht sein wird, ist neben einer unausweichlichen starken Reduktion der Emissionen wohl auch die Vergrößerung der Aufnahmekapazität nötig, sodass mehr CO_2 gebunden werden kann (damit sind weniger technische Lösungen gemeint, denn am besten können das Algen oder Pflanzen). Beides ist nötig, um in Globo schneller „klimaneutral" zu agieren. Wenn nur noch höchstens so viel CO_2 im Dorf ausgestoßen würde, wie zugleich wieder aus der Atmosphäre entnommen wird, würde die Erwärmung nach einiger Zeit zum Stillstand kommen und sich dann vielleicht sogar wieder umkehren lassen.

Der momentane Trend geht aber in die falsche Richtung. Unter Einbeziehung aller bereits bekannten Wechselwirkungen wird die Temperatur je nach menschlichem Emissionsverhalten unterschiedlich stark steigen: wenn die Wende in Globo in den allernächsten Jahren eintritt, dann kann die Erwärmung möglicherweise noch innerhalb des Zwei-Grad-Ziels gehalten werden; wenn es aber nicht zur Wende kommt, dann wird es im 21. Jahrhundert zu einem Anstieg um weitere (!) 3 Grad Celsius kommen (auch mehr wäre möglich). Jeder Tag, der ungenutzt verstreicht, gefährdet den Erfolg. Das Problem, dass Vor- und Nachteile aus den Veränderungen im Dorf ungleich verteilt sind, macht Handeln freilich nicht einfacher.

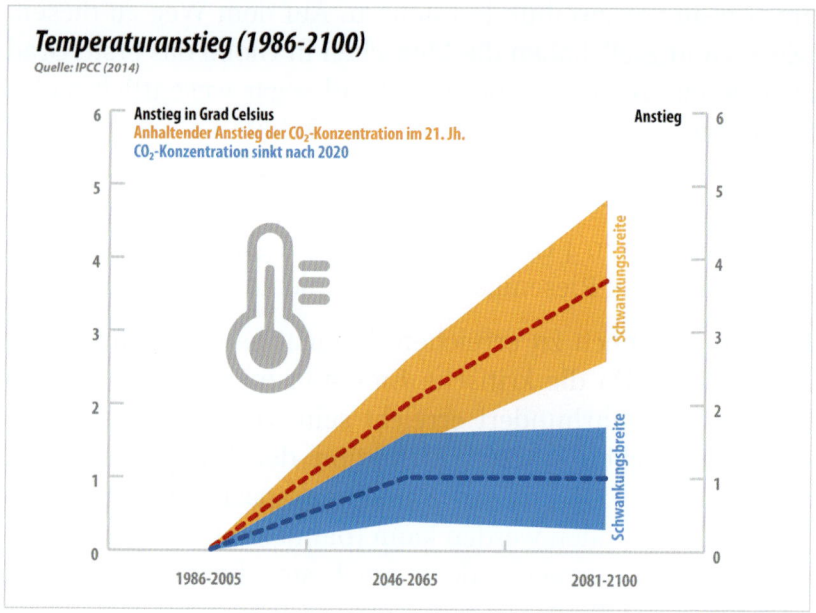

Die Rezepte wären aber natürlich allesamt bekannt: es geht um Änderungen beim Energieverbrauch, in der Ernährung und beim Mobilitätsverhalten, oder eben um eine Änderung der Organisation von Produktion und Konsum. Das ist weit mehr als ein einfaches Verzichten. Vielmehr gibt es in Globo ja viele Menschen, die gar nicht verzichten könnten. Daher wird es auch darum gehen, Effizienzgewinne zu beschleunigen, um insgesamt mit weniger Ressourcen auszukommen. Und es braucht Schritte in die Kreislaufwirtschaft, wie schon deutlich geworden. Denn es kann trotz hartnäckiger Skepsis bei einigen Menschen in Globo längst kein Zweifel mehr daran bestehen, dass die Zeit überfällig ist, um „umgehend Maßnahmen zur Bekämpfung des Klimawandels und seiner Auswirkungen" zu ergreifen.

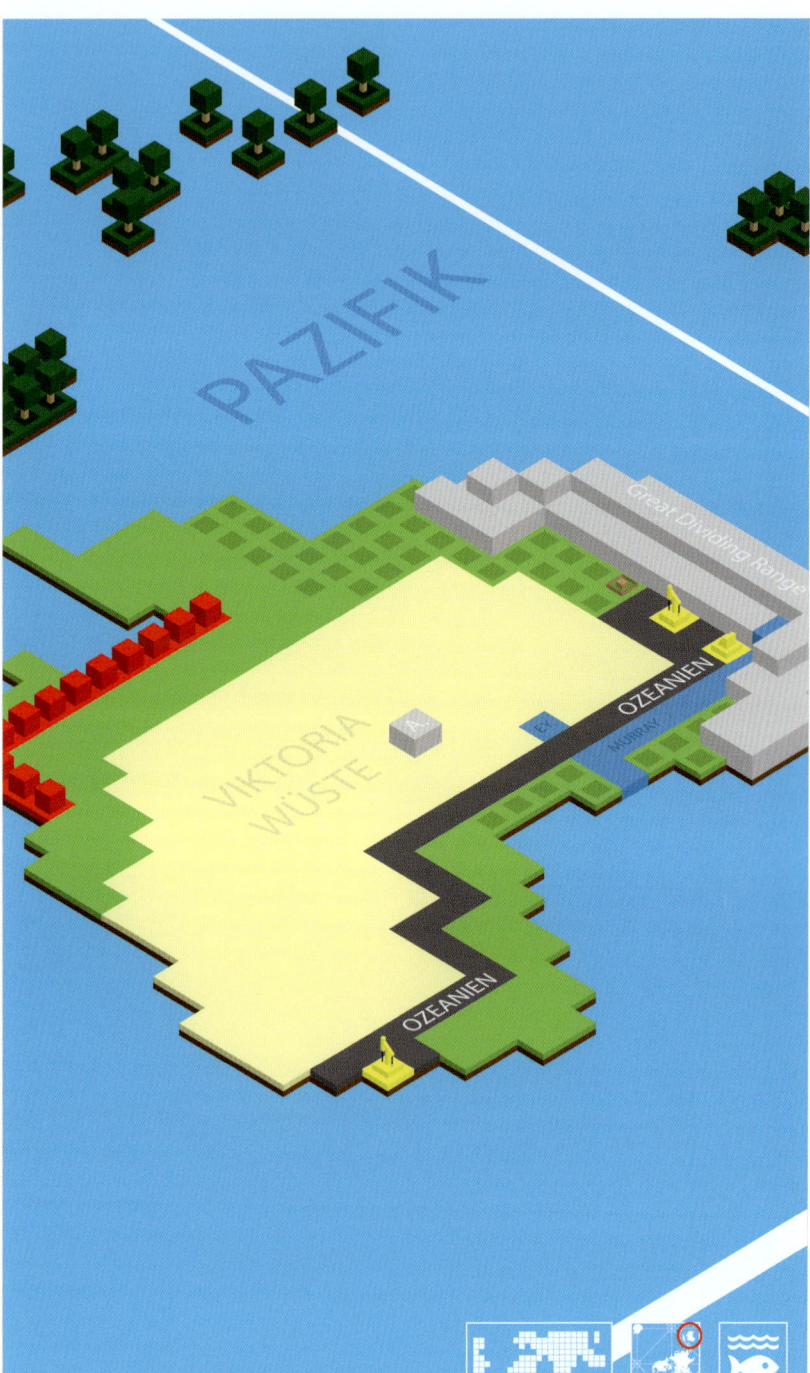

PAZIFIK

Great Dividing Range

VIKTORIA WÜSTE

OZEANIEN

OZEANIEN

MURRAY

KEIN NACHSCHUB MEHR

Das Meer in Globo ist geduldig. Es schluckt viel: Düngemittel, Abfälle, Giftstoffe und anderes mehr. All das verschwindet in den scheinbar unermesslichen Tiefen. Aber das sieht nur so aus und stimmt natürlich nicht: nichts verschwindet, vielmehr hat alles irgendwo Auswirkungen und an manchen Stellen im Globo-Ozean verdunkelt Plastikmüll sogar das Sonnenlicht. Dabei ist in Globo das Meer ja eher ein See, nur ungefähr 5 Quadratkilometer groß und in der Tiefe eher eine „Nordsee" als ein „Mittelmeer". Würde man auf die entfernte Antarktis-Insel schwimmen wollen (was bisher angesichts der Kälte dort nicht einmal den Hartgesottensten in Globo eingefallen ist), man würde es mit einer Stunde Ausdauer schaffen. Das Motorboot braucht dafür keine zehn Minuten.

Man könnte auch auf den Grund des Meeres tauchen, um sich ein Bild zu machen, was dort unten noch lebt, und man würde dann überall Plastikspuren finden. Das tut man in Globo aber eher nicht, weil man es offenbar gar nicht so genau wissen will. Im Meer beschränkt man sich lieber aufs Fischen. Denn Fische gibt es noch, auch wenn es immer weniger werden. In früheren Zeiten konnte man noch glauben, dass die Meere eine unerschöpfliche Nahrungsquelle darstellen, mittlerweile sind sie aber mancherorts bereits buchstäblich leer gefischt. Diese sogenannte „Überfischung" ist daher ein drängendes Problem, das kaum noch bestritten wird.

In Globo gibt es tatsächlich Beispiele, wo es den Menschen „gelungen" ist, Fischbestände zu zerstören, z.B. den Kabeljau vor den Küsten des Weilers Nordamerika. Leider wird in Globo trotzdem weiter ohne Rücksicht auf Verluste gefischt, vor allem von der automatisierten Fischereiindustrie. Aufgrund ihrer Aktivitäten hat sich die Gesamtfangmenge in den letzten drei Jahrzehnten verdoppelt. Das aber gefährdet inzwischen sogar den Profit dieser Industrie, vor allem aber die Grundlage derjenigen, die vom Meer leben müssen. Diese 10 Menschen in Globo, die auf das Meer angewiesen sind und von denen einige daher selbst fischen gehen, spüren damit zwar unmittelbar, was „Überfischen" eigentlich heißt, sie sind aber kaum je dafür verantwortlich. Sie wussten immer schon, dass das Überleben nur gesichert ist, wenn auf Nachhaltigkeit geachtet wird. Mittlerweile weiß das sogar die Wissenschaft. Es wird daher dringend Zeit, dass es auch die Industrie begreift, bevor der Nachschub ausbleibt.

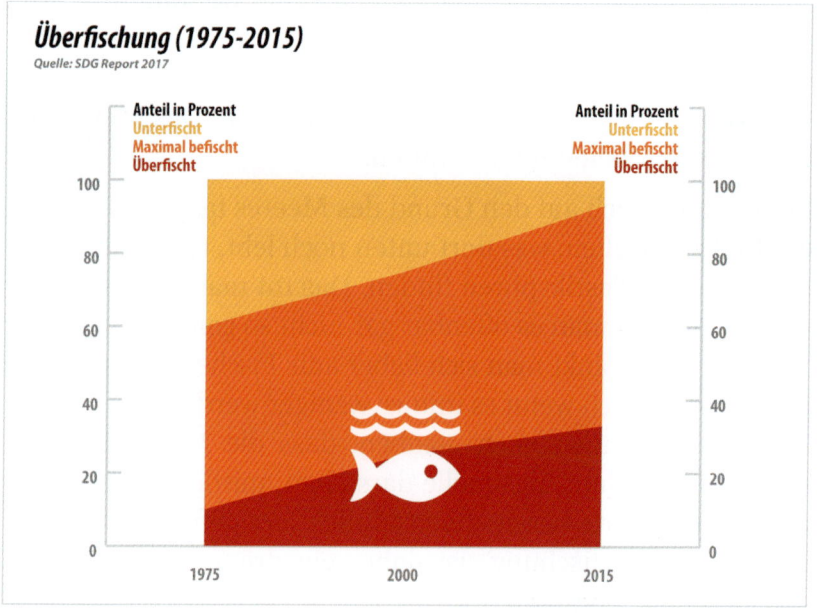

Überfischung (1975-2015)
Quelle: SDG Report 2017

Anteil in Prozent
Unterfischt
Maximal befischt
Überfischt

Um den Weiler Europa ist Überfischen für etwa 50 Prozent der Bestände im Norden und bereits für 90 Prozent der Bestände im Süden zu beobachten. Insgesamt sind in Globo bereits rund ein Drittel der Nutzfischarten überfischt (besonders auffällig beim Thunfisch). Der Großteil vom Rest wird „voll befischt" und weniger als ein Zehntel gilt sogar als „unterfischt", d.h. der Ertrag könnte ohne Beeinträchtigung der Bestände noch erhöht werden. Ob die Fische selbst dabei wohl auch von „Unterfischung" sprechen würden?

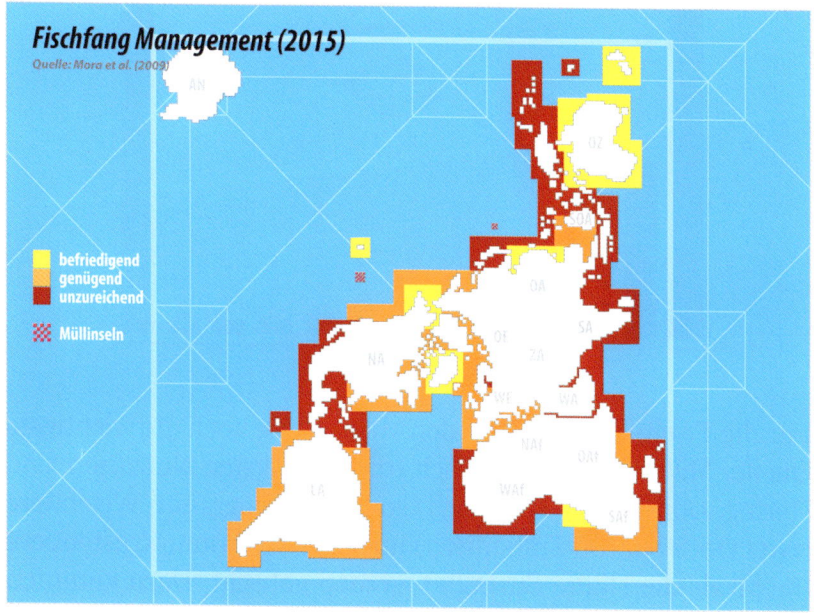

Überfischung macht es aber auch den Menschen, die in Globo auf das Meer angewiesen sind, immer schwerer. Es mangelt fast überall im Dorf am richtigen Management, sowohl des Fischfangs wie auch des Schutzes. Denn auch die Meeresverschmutzung wird zunehmend zum Problem. Vor allem die Küsten des Weilers Asien, aber auch die meisten Küsten des Weilers Lateinamerika sind durch Düngemittel und Müll, die über die Flüsse ins Meer kommen, bereits stark beeinträchtigt.

Nur in den Gewässern um die Arktis und in Ozeanien sieht das noch wirklich besser aus. Nicht zuletzt daher wird gerade dort aber nun besonders viel gefischt und die Zukunft sieht nicht rosig aus.

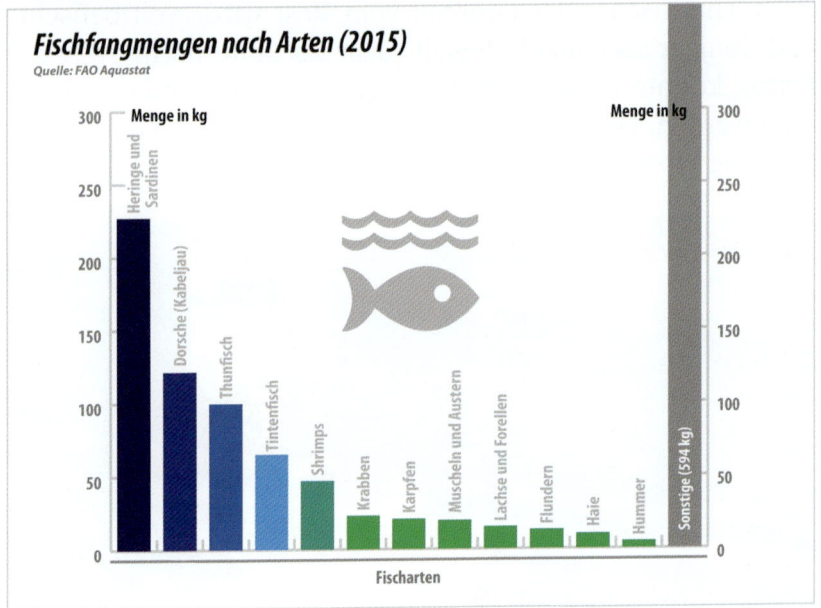

Fischfangmengen nach Arten (2015)
Quelle: FAO Aquastat

Für die Fischversorgung ist der Meeresfang noch die wichtigste Quelle. Mehr als 1 Tonne Fisch (die wichtigsten Nutzarten sind Hering, Dorsch und Thunfisch) sowie 97 Kilogramm Weichtiere (zwei Drittel davon Tintenfisch) und 83 Kilogramm Krustentiere (mehr als die Hälfte Shrimps) werden gefischt. Dazu kommen Süßwasserfische, wobei hier bereits 80 Prozent der Fangmenge aus Fischfarmen kommt. Aber auch insgesamt kommt bereits mehr als 1,0 von insgesamt 2,3 Tonnen Fisch aus Farmen. Das unterstreicht nochmals, dass Fischen zwar ein zentraler Lebensunterhalt für viele Menschen ist, die Produktion aber eigentlich industriell durch ein automatisches Fischerboot und in künstlich angelegten Fischfarmen erfolgt. Das Boot fährt dabei nur ein paar Mal im Jahr überhaupt hinaus und bringt einen Fang an Land, der direkt tiefgekühlt wird, um den Fisch haltbar zu machen. Damit schafft es der Hochseefisch auch als tägliche Wahlmöglichkeit auf die Teller inmitten der Weiler Europa und Nordamerika, wo Fischen längst höchstens noch ein Hobby ist.

Völlig tatenlos bleiben die Menschen in Globo jedoch nicht. 10 Prozent der Meeresfläche sollen bald ganz unter Schutz gestellt sein, sodass dort in Zukunft weder Fischfang noch die Ausbeutung von Rohstoffen erlaubt ist. Das ist mehr als ein halber Quadratkilometer und wäre damit so groß wie ein Viertel der Landfläche in Globo. Von den Küstengewässern stehen bereits jetzt 13 Prozent unter Schutz. Das scheint vielleicht nicht viel zu sein, ist aber, vor allem dank Maßnahmen in Ozeanien und Amerika, eine sehr deutliche Steigerung seit dem Jahr 2000 und schafft einen wichtigen Rückzugsraum für die betroffenen Lebewesen. Von den für die Biodiversität wichtigen Regionen stehen sogar bereits jetzt fast die Hälfte unter Schutz. Und auch bei den Flüssen tut sich einiges: während vor drei oder vier Jahrzehnten viele Flüsse in Globo nur noch stinkende Kloaken waren, könnte man nun – vor allem in den reicheren Teilen des Dorfes – darin sogar wieder schwimmen. Ein besonders ambitioniertes Ziel haben sich dabei die Menschen in Indien gesteckt: sie wollen den größten Fluss der Region, den Ganges, der sehr stark speziell durch menschliche Abwässer verunreinigt ist, wieder zur sauberen „Mutter" der Siedlung machen.

Allerdings helfen all diese Maßnahmen natürlich nicht immer, denn nicht nur die Lebewesen, sondern schon das Wasser selbst hält sich nicht an künstlich gezogenen Grenzen. Daher bleiben viele Arten gefährdet, sei es durch die Erwärmung, die manche Tiere buchstäblich in die Enge treibt und die insbesondere Korallenriffe gefährdet, indem sie ihre Lebensräume schrumpfen lässt, oder sei es durch zunehmende Versauerung, an die sich Tiere und Pflanzen schnell anpassen müssten, um zu überleben, oder sei es durch die Verschmutzung von Wasser und Meeresböden. Ein besonders Problem ist dabei die sogenannte „Eutrophierung" der Küstengewässer. Damit ist ein Nährstoffüberschuss gemeint, der an den Küsten z.b. durch Düngemittel oder Abwässer entsteht und der dann ein Wachstum von Wasserpflanzen zur Folge hat, welches das lokale Ökosystem nachhaltig stören kann. Oft sogar zerstört: kaum etwas vernichtet Biodiversität so effizient wie zu viel Nährstoffe und eine tödliche Algenblüte ersetzt das pulsierende Leben. Noch können sich die Menschen in Globo nicht vorstellen, dass ihr Ozean vielleicht eines Tages „kippt", aber es wäre nicht das erste Mal, dass im Dorf etwas Unvorstellbares passiert.

Der Weiler, der in Globo direkt mit dem Meer in Verbindung steht, ist Ozeanien. Er hat seinen Namen vom Meer, besteht aber auch aus etwas Land. Denn im Ozean liegen auch zwei große Inseln: eine mit fast 20 Hektar, die fast ganz mit Eis bedeckt ist, und eine mit etwa 10 Hektar, die zum größten Teil aus Wüsten- und Steppenland besteht. Daneben gibt es einige kleinere, üppig bewachsene Inseln, die aber insgesamt auf kaum mehr als ein Hektar Größe kommen. Menschen leben hier nicht, wobei speziell arme Menschen in Ozeanien auch gar nicht ohne weiteres anlegen dürften. Es gibt nur die 43jährige Suva aus Asien, die von Zeit zu Zeit mit dem Boot vorbeischaut, weil ansonsten niemand die Maschinen überwachen und sich um die Nutztiere kümmern würde. Denn in Ozeanien leben 2 Hühner, 1 Rind und 1 Schaf auf 4 Hektar Weideland. Auf 6.600 Quadratmetern Ackerland werden immerhin 330 Kilogramm Weizen sowie außerdem Gerste und Zuckerrohr geerntet, alles fast vollautomatisch. Ebenso wie im Bergbau, der u.a. knapp 12 Tonnen Eisenerz, 6 Tonnen Kohle und sogar 4 Gramm Gold pro Jahr hervorbringt.

Aber ansonsten ist Ozeanien ein „weites Land", ein offener Raum, in dem man sich so gut verlieren kann, wie sonst nirgends im Dorf. Wenn Suva hinausfährt, kommt sie manchmal ins Grübeln, ob denn diese Wasser-Wunderwelt wirklich in ausreichendem Maße „erhalten", ob deren Ressourcen wirklich

„nachhaltig" genutzt werden und ob es nicht längst nötig wäre, das Leben dort „im Sinne nachhaltiger Entwicklung" viel konsequenter zu schützen, als das bisher der Fall ist. Und wenn sie lange genug bleibt, dann schleicht sich diese Frage auch ein, wenn sie an die Zustände an Land denkt.

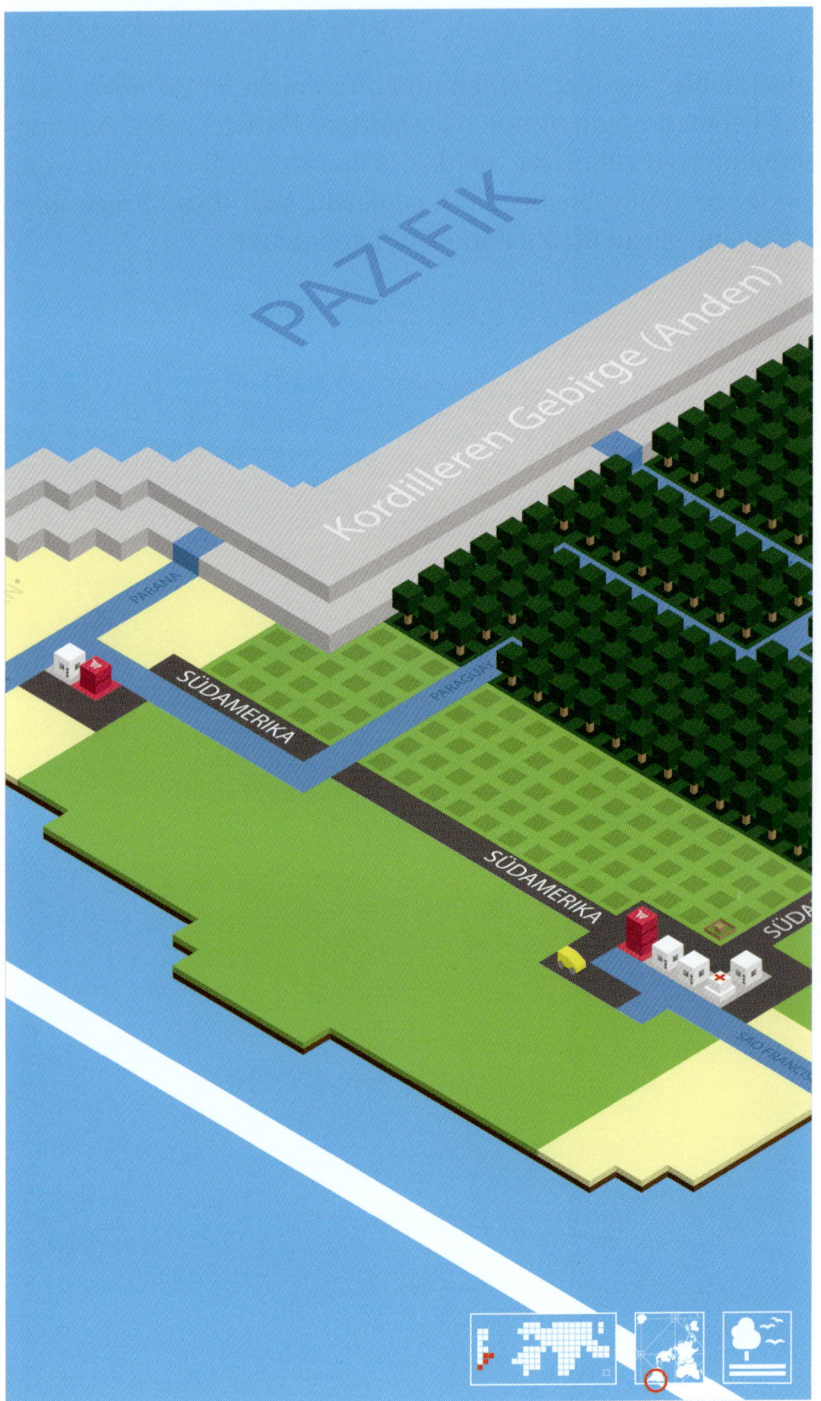

PAZIFIK

Kordilleren Gebirge (Anden)

SÜDAMERIKA

SÜDAMERIKA

SÜDA

PARAGUAY

PARANA

SÃO FRANCIS

LEBEN AUF KOSTEN ANDERER

An Land sieht man die Folgen menschlichen Handelns bereits besser und auch schneller als im Meer. Sie verschwinden nicht einfach in der Tiefe, sondern liegen nicht selten als offene Wunden mitten in der Landschaft. Das hindert die Menschen in Globo allerdings nicht daran, hier auch weiterhin teils beträchtliche Zerstörungen anzurichten. Am umfassendsten sind sie vielleicht dort, wo Wälder gerodet (oder sogar abgebrannt) und damit die Landschaft dauerhaft stark umgestaltet wird. Das sieht man besonders deutlich im Weiler Lateinamerika, wo der größte tropische Regenwald in Globo steht. In diesem dauerfeuchten Wald verdunstet durch die Hitze und den Bewuchs so viel Wasser, dass es täglich heftig regnet, was wieder Wasser für den Regen von morgen liefert. Werden dort aber die Bäume gerodet, ist das Klima eigentlich eher trocken, und der ehemalige Waldboden wird zur Steppe oder Wüste. Würde dann dort Landwirtschaft betrieben, bräuchte diese ständige Bewässerung – und besondere Pflege, damit der Boden nicht zu stark verarmt.

Der Mensch ist allerdings auch sonst sehr gut darin, die Tier- und Pflanzenwelt zu beeinträchtigen. Nutzland und Nutztiere breiten sich aus und verdrängen Wildtiere und Wildpflanzen. In Globo domestizieren die Menschen daher seit geraumer Zeit eigentlich nicht mehr einzelne Pflanzen- und Tierarten, sondern vielmehr das ganze Land. Gerade in den Wäldern des

Weilers Lateinamerika hat sich z.B. die Anzahl der Wildtiere allein seit 1970 halbiert.[13]

Aber wie sieht es in Globo eigentlich mit der Landnutzung aus? Die gesamte Fläche des Dorfes beträgt ja 694 Hektar, wovon aber der Großteil von Wasser bedeckt ist. Da zudem 24 Hektar von Gletschern bedeckt sind, bleiben 178 Hektar Landfläche. Und davon sind insgesamt 55 Hektar Wald, 45 Hektar Weideland (einschließlich von ungenutztem Grasland) und 22 Hektar Ackerland (wovon 3 Hektar brach liegen). Der Rest beinhaltet eine kleine Fläche, auf der die gesamte menschliche Infrastruktur steht, sowie Gebirge, Wüsten und Tundra. Der Großteil der Nahrungsmittel in Globo kommt daher direkt oder indirekt von nur 19 Hektar bewirtschaftetem Ackerland.

Dabei unterscheiden sich natürlich die Weiler und während im Weiler Asien relativ viel Landfläche auf Acker- und Weideland entfällt, sind es in den Weilern Nordamerika, Lateinamerika und Europa überdurchschnittlich große Waldflächen (in Europa freilich vor allem wegen der großflächigen Wälder im Osten). Diese unterschiedliche Ausstattung erklärt zum Teil, warum auch bei diesem Thema die Verteilung von Vor- und Nachteilen sehr ungleich ist. Das Konsumverhalten in den reicheren Teilen von Globo ist in der praktizierten Form letztlich nur möglich, indem Güter aus den ärmeren Teilen eingeführt werden. Das heißt, dass vor allem die Menschen in Europa und Nordamerika für ihre Ernährung eigentlich Land „importieren", das dann den Menschen in Asien, Afrika und Lateinamerika nicht mehr zur Verfügung steht. Mehr noch: der Waldverlust spielt

---

[13] Tatsächlich ist die Zahl der bei solchen Erhebungen dokumentierten Wirbeltiere meist viel zu gering, um in Globo überhaupt zu existieren. Auch das Problem sogenannter „invasiver Arten" ist in Globo eigentlich unbekannt, weil alles viel zu nah ist, als dass die Tiere sich nicht ohnehin problemlos hin und wieder zurück bewegen könnten. Für die reale Biodiversität auf unserem Planeten sind solche Arten aber ein großes Problem, sobald sie ein vorher isoliertes Ökosystem aus dem Gleichgewicht bringen.

sich fast nur dort ab, während in den reicheren Regionen von Globo heute die Waldgebiete sogar wieder größer werden.

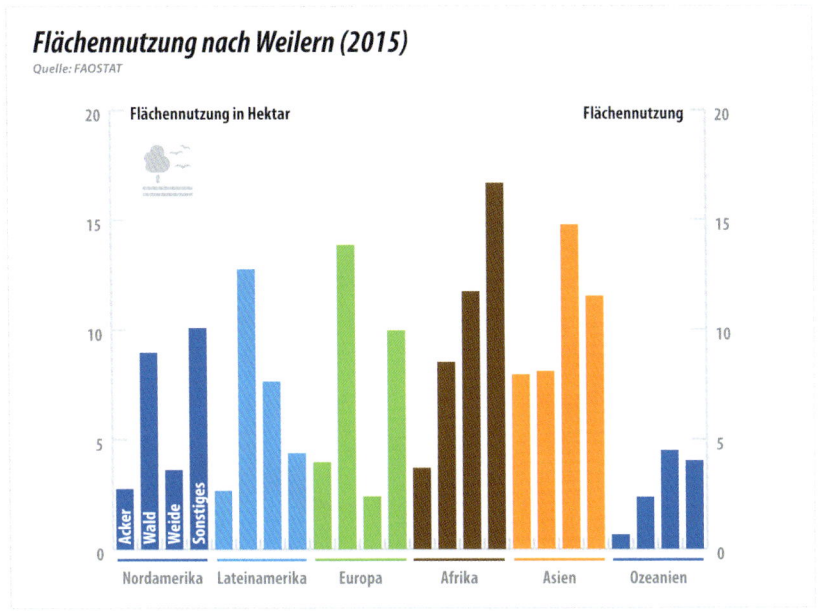

Flächennutzung nach Weilern (2015)
Quelle: FAOSTAT

Historisch war der Waldverlust zwar in den Regionen mit gemäßigtem Klima größer (insgesamt mehr als 11 Hektar, vor allem vor dem 20. Jahrhundert), zuletzt wurden aber verstärkt tropische Wälder gerodet (insgesamt mehr als 14 Hektar, vor allem seit dem 20. Jahrhundert). Gerade in den ärmeren Regionen droht außerdem eine Ausbreitung unfruchtbarer Wüstenregionen, wobei diese Entwicklung auch vor den reicheren Teilen nicht Halt macht. Knapp 27 Hektar nutzbaren Landes in Globo erleiden aktuell einen fortgesetzten Verlust an Produktivität. Einigermaßen stabil sind vor allem wenig besiedelte Regionen an den Rändern des Dorfes, die teils sogar von der derzeitigen Erwärmung profitieren. Alle anderen leiden aber unter verschiedenen Formen der „Degradation", also der Verschlechterung der Böden. In manchen Regionen schwemmt Regen die fruchtbare Schicht davon, anderswo ist es der Wind, der sie davonbläst, und wieder anderswo wird sie vergiftet, weil zu wenig auf den Schutz vor Schadstoffen geachtet wird.

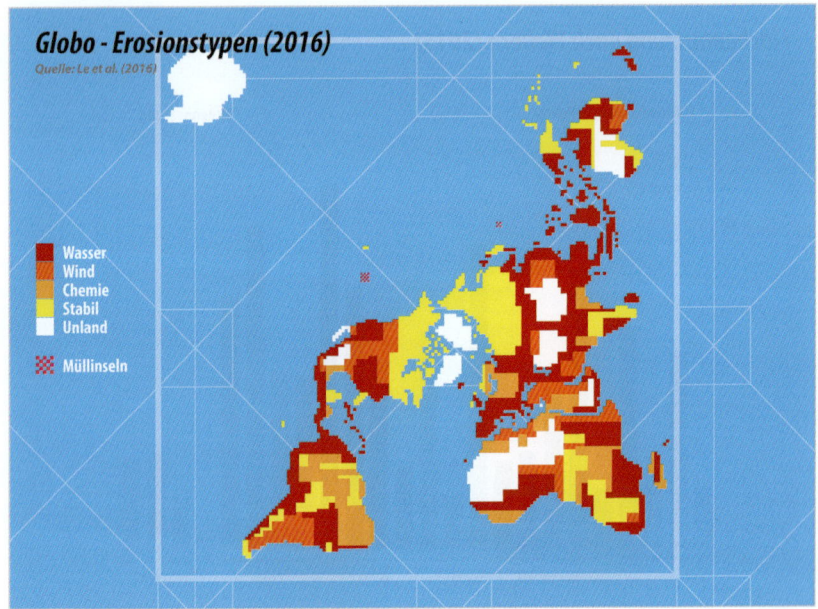

All das hängt freilich zusammen und es drohen Teufelskreise. Speziell am Rande der Wüsten wäre es besonders wichtig, dass Bäume stehen bleiben, und gerade dort brauchen die Menschen das Holz am ehesten zum Heizen und Kochen. An manchen Stellen ist es immerhin gelungen, dort wieder kleine Wäldchen wachsen zu lassen. Das verhindert Erosion und damit das Vordringen der Wüste. Aber auch Waldzerstörung und Klimawandel verstärken sich gegenseitig, weil mit der Abholzung CO_2-Aufnahmekapazität vernichtet wird, umso mehr noch bei Brandrodung, wenn sogar unmittelbar Treibhausgase freigesetzt werden. Der Verlust ging dabei immerhin zurück: am Höhepunkt während der 1980er- und 1990er-Jahre wurden noch jedes Jahr in Globo teils mehr als 2.000 Quadratmeter Wald abgeholzt, seither hat sich das halbiert. In absoluten Zahlen ist das vor allem Maßnahmen in Lateinamerika zu verdanken, wobei der relative Rückgang in Südostasien noch größer war. Und schließlich sind Wälder, vor allem die warmen Feuchtwälder, die artenreichsten Gebiete in Globo. Allerdings nur, wenn man sie auch schützt. Sonst treibt die Not oder die Gier die Menschen dazu, Bäume zu fällen und damit auch Pflanzen- und Tierarten zu verdrängen, oder sogar zu vernichten, wie das in der Vergangenheit im Dorf schon des Öfteren im großen Stil passiert ist.

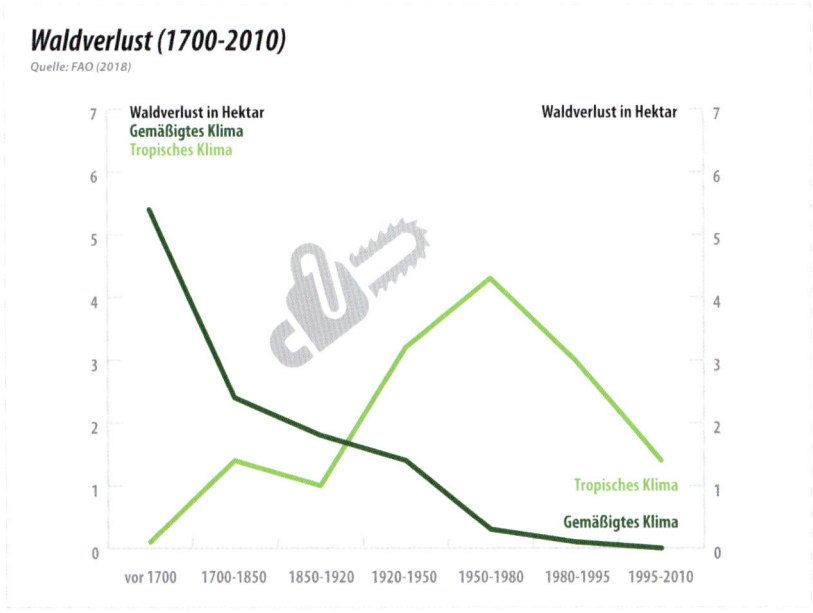

Waldverlust (1700-2010)
Quelle: FAO (2018)

Fast die Hälfte der für die biologische Vielfalt besonders wichtigen Landflächen (einschließlich Seen, Flüssen und Gebirgen) steht daher in Globo bereits unter Schutz. Das sind zwar überall eher kleine Flächen, aber immerhin. Und es bedeutet überall einen ganz realen Verzicht. Den freilich muss man sich auch leisten können. Während z.B. in Lateinamerika etwa 40 Prozent dieser Flächen unter Schutz stehen, sind es in den reicheren Teilen von Globo rund 60 Prozent, im Norden Afrikas hingegen weniger als 20 (und auch in West-, Süd- und Zentralasien relativ wenig). Noch stehen also die natürlichen Lebensräume der Tiere (und auch mancher Menschen, die vom Wald leben) überall in Globo unter Stress.

So auch in Lateinamerika. Dort leben ja 8 Menschen, einer davon direkt am Rand des größten Waldstücks, eines gerade noch 7 Hektar großen tropischen Regenwaldes. Es ist dies der 6jährige Cali, der als einziger im Weiler noch einen ländlichen Lebensstil hat, während Sorocaba, Maringa und Macapa zwar nicht weit vom Wald entfernt leben, aber eben doch städtisch. Calis Heimat ist freilich ein erstaunlicher Lebensraum, denn es gibt in Globo keine artenreichere Region als die westlichen Ränder dieses Waldes. Dort lebt vielleicht sogar die Hälfte aller Tier- und Pflanzenarten im Dorf. Es gibt auch anderswo in Globo noch solche Wälder, sie sind aber kleiner, weniger vielfältig und stärker zerstückelt. Das zweite große Gebiet liegt auf den Inseln zwischen Asien und Ozeanien, ein drittes im Zentrum des Weilers Afrika. Überall dort zeigt sich dasselbe Bild: der Wald schrumpft. Gründe dafür sind weniger das tropische Holz, sondern es geht längst vielmehr darum, Flächen für Viehhaltung oder den Anbau von Agrarprodukten zu gewinnen, nicht zuletzt Sojabohnen und Ölpalmen, also Futtermitteln und Energiepflanzen, deren Absatz der Spur des Geldes folgt. Auf diesen Flächen kommen dann abgesehen von den Nutzpflanzen keine Tiere und Pflanzen mehr vor. Dass der Großteil der Rodungen ohne viel Rücksicht auf Regeln durchgeführt wird und oft durch einfaches Abbrennen, macht die Sache noch schlechter. So steht es also nicht allzu gut um den gar nicht so großen Wald in Lateinamerika, der ja gerade noch 350 Meter mal 200 Meter misst.

Die Wälder sind dabei natürlich nur ein Teil der Geschichte. Fast überall in Globo verschlechtert sich die Qualität der Böden. Das hat mit landwirtschaftlicher Übernutzung zu tun (bis hin zur falschen Bewirtschaftung), mit unzureichendem Schutz vor

Erosion oder auch mit direkter Verschmutzung. Insbesondere im Weiler Asien ist dies ein zunehmendes Problem, das zukünftige Landnutzung gefährdet. Es besteht aber auch in allen anderen Teilen des Dorfes. Immerhin werden dort mittlerweile stärkere Schutzmaßnahmen ergriffen, als noch in der Vergangenheit.

Die Menschen in Globo haben also noch viel vor, aber es bleibt ihnen auch nichts anderes übrig, als sich der Herausforderung zu stellen. Nur eine „nachhaltige Nutzung" der Ressourcen des Landes kann die Zukunft sichern. Dabei müssen die einen – vor allem die Menschen im Weiler Afrika, aber auch die in Lateinamerika – in die Lage versetzt werden, ihren Wald nicht mehr als Feuerholz oder für die Landwirtschaft verbrennen zu müssen, während die anderen – Menschen im Weiler Europa oder Nordamerika – durchaus mehr ihrer Wälder in modernen Biomasseheizungen zur Energiegewinnung nutzen könnten. Aber es müssen auch Refugien der Biodiversität erhalten, die Bodendegradation „beendet und umgekehrt", Landökosysteme „geschützt" und „wiederhergestellt" und die Wüstenbildung „bekämpft" werden. Denn ernsthaft: Was wäre die Alternative?

MITBESTIMMUNG

Globo ist wirklich ein seltsamer Ort. Es ist ja auch ziemlich unklar, wenig „transparent", wer eigentlich das Sagen hat. Dass zu einer Versammlung wie der am Beginn dieses Buches eingeladen wird, ist z.b. ungewöhnlich. Dass dort dann nichts wirklich beschlossen, sondern vielmehr nur präsentiert wird, hingegen weniger. Klar ist daher jedenfalls, dass keine wirkliche Demokratie herrscht. Dabei geht es weniger darum, dass fast ein Drittel der Bevölkerung noch Kinder sind. Es geht vielmehr darum, dass der Großteil auch der erwachsenen Menschen in Globo wenig zu sagen hat. Manche haben schlicht mit dem täglichen Überleben so viel zu tun, dass sie sich nicht auch noch um so etwas wie „Politik" kümmern können. Manche werden von anderen aber auch daran gehindert, sich zu engagieren, weil diese ihre eigenen Interessen durchsetzen wollen. Wieder andere dürfen sich zwar an Abstimmungen beteiligen, doch bedeutet das oft, dass sie ihre Stimme im wahrsten Sinne des Wortes „abgeben", weil ihre Bedürfnisse nur gehört werden, solange der Wahlkampf tobt, oder weil sogar die Auszählung der Stimmen manipuliert wird. Und schließlich gibt es sogar solche, deren Stimmen durchaus Gewicht haben würden, die aber nicht an der Meinungsbildung mitwirken wollen.

Da wundert es auch gar nicht, dass manche Menschen in Globo auch nicht in Sicherheit und Frieden leben können. Angst haben zwar fast alle, sieht man sich aber die konkrete Betroffenheit von Unsicherheit und Gewalt an, dann kommt man zu einer anderen Einschätzung. Während manche im Dorf in der ständigen Gefahr leben müssen, beraubt oder angegriffen zu werden, haben andere in ihrem ganzen Leben noch nicht einmal einen Diebstahl erlebt. Und gegen solche Zustände wehren können sich dann oft gerade jene nicht, die davon betroffen sind. Wir kennen dieses Muster schon. Während sich die Menschen in den reicheren Teilen des Dorfes alle Arten von Absicherungen kaufen können und sich bei Streitigkeiten auf Regeln verlassen können, nach denen solche Konflikte entschieden werden, muss man in den ärmeren Teilen des Dorfes sein Weniges selbst schützen und man müsste auch das eigene Recht ohne jede Sicherheit selbst durchsetzen. Wenig überraschend gehen daher die Ausgaben dafür, in Sicherheit leben zu können, zwischen den Weilern von Globo weit auseinander. Am ehesten leisten sich dabei die Wohlhabenden Schutz vor allem die in Nordamerika.

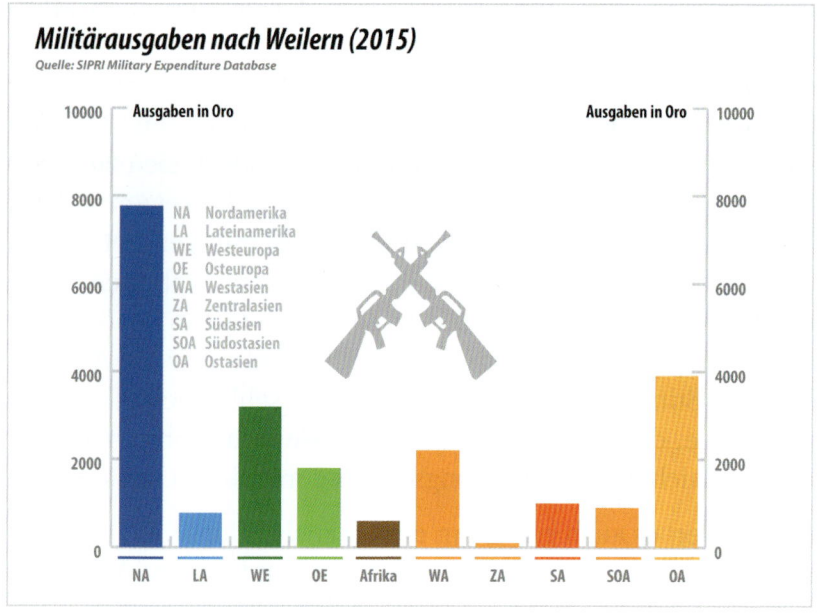

Militärausgaben nach Weilern (2015)
Quelle: SIPRI Military Expenditure Database

Aber wer lebt denn eigentlich in unsicheren Verhältnissen? Jedenfalls nicht die Menschen im Westen des Weilers Europa. Ihr Risiko, eine Gewalttat zu erleben, ist im Durchschnitt nur ungefähr ein Viertel im Vergleich mit den Menschen im Weiler Nordamerika. Das Risiko von Kano, Ukene und Malanje in Afrika ist hingegen zehnmal so groß, bei Goma und Durango ist es der Faktor 15, bei Macapa, Sorocaba, Maringa, Puebla und Kadoma sogar der Faktor 25 und im Fall von Aruba ist das Risiko fast 40mal (!) so groß. Die Menschen im Osten des Weilers Asien leben hingegen genauso sicher wie die im Westen Europas, am allersichersten, zumindest rechnerisch, lebt Sendai, dessen Risiko nur ein Drittel dieses ohnehin niedrigen Durchschnitts beträgt. Ob die Ausgaben für Sicherheit viel dazu beitragen oder eher auf eine irrationale Angst verweisen, ist offen: die Situation in Westeuropa und Ostasien lässt beide Erklärungen zu, in Nordamerika wäre das schon weit schwieriger zu argumentieren.

Ein besonders wichtiges Thema ist in diesem Zusammenhang, dass Frauen und Mädchen überall in Globo stärker von Gewalt betroffen sind. Das Risiko von Frauen, eine Gewalttat zu erleben, ist im Schnitt um 50 Prozent größer als für Männer. Wir haben speziell im Kapitel zur Gesundheit bereits gesehen, wie sich das konkret äußert. Es wird zwar immer noch ungern thematisiert, aber immerhin langsam als Problem anerkannt, nicht zuletzt wegen des unermüdlichen Einsatzes vieler Frauen in Globo. In anderen Bereichen ist man im Dorf noch nicht so weit. Homosexualität ist z.B. ein totgeschwiegenes Thema, das eng mit Gewalt zusammenhängt. Man weiß nicht genau, wie viele Menschen es im Dorf gibt, die homosexuell veranlagt sind, vermutlich sind es aber 6 oder 7 Erwachsene. Davon leben 2 oder wahrscheinlicher 3 zudem in Regionen, wo man offen angefeindet wird, wenn man sich zur eigenen Homosexualität bekennt, oder es sogar lebensgefährlich wäre.

Ein Wandel ist daher offensichtlich nötig, aber auch möglich. Das beginnt schon im ganz Kleinen: im Weiler Europa war es für Eltern vor einem halben Jahrhundert noch völlig normal, ihre Kinder zu schlagen. Heute befindet dort kaum jemand mehr Schläge als ein auch nur mögliches, geschweige denn zulässiges Mittel der Kindererziehung – selbst unter den älteren Menschen, die das noch selbst als scheinbar „normal" erlebt haben. Und bei aller gebotenen Vorsicht und der Katastrophe, die es bedeutet, wenn man wirklich selbst von einer Gewalttat oder einem Kriminalfall betroffen ist, gehen doch die Zahlen stark zurück. Es lebt sich heute in fast allen Teilen des Dorfes sicherer als in jeder Vergangenheit (außer vielleicht einer eingebildeten) und das insbesondere dort, wo es eigentlich am meisten zu holen gäbe. Ja, so etwas wie Morde gibt es in Globo eigentlich nicht, gar nicht zu reden von einem so abartigen Phänomen wie Krieg. Wie gesagt, Globo ist ein seltsamer Ort. Ungefähr alle zehn Jahre kommt es zu einem (!) Todesfall, der nicht durch eine Krankheit verursacht ist. Dabei geht es fast immer um Unfälle bei der Arbeit, im Haushalt, im Straßenverkehr oder durch Ertrinken. Tragisch genug, aber es wird in Globo wohl – statistisch gesehen – mehr als ein halbes Jahrhundert her sein, dass zuletzt jemand durch die absichtliche Handlung eines anderen Menschen zu Tode gekommen ist. Das Dorf wäre offensichtlich ein denkbar schlechter Boden für Krimis, zumindest wenn man dabei an die Auflösung von Mordfällen denkt.

Das ist eigentlich erstaunlich, denn Waffen gibt es in Globo eine ganze Menge. Insgesamt sind 12 private Handfeuerwaffen und 2 militärische Kleinwaffen im Umlauf. Doch auch diese Waffen sind sehr ungleich verteilt, die meisten sind z.B. in den Händen von Männern. Außerdem sind 6 der privaten Waffen (übrigens keine davon registriert) in den Händen der fünf Menschen in Nordamerika. Wobei – genau genommen stimmt das nicht: sie sind alle im Besitz von Austin und seiner Frau

Trenton.[14] Außerhalb von Nordamerika gibt es daher nur weitere 6 private Waffen: 3 in Asien und je 1 in Europa, Afrika und Lateinamerika.[15] So etwas wie „Krieg" wäre daher wirklich seltsam: die im Dorf verfügbaren Waffen würden zwar bei weitem ausreichen, um alle Menschen in Globo umzubringen, aber das „Personal" dafür gibt es eigentlich nicht. Die Dorf-Polizei muss man sich als Nebenjob vorstellen, der regelmäßig zwischen verschiedenen Leuten in Globo rotiert. Und auch das Dorf-Militär ist eine Person, wahrscheinlich sogar dieselbe, deren Waffen allerdings im ganzen Dorf verteilt wären: das High-Tech-Arsenal größtenteils in Nordamerika und die leichteren Waffen in Europa und Asien. Wollen wir hoffen, dass dieser sonderbaren Person nie langweilig wird und dass sie sich auf Ordnungsaufgaben und die Rettung von Katzen aus Bäumen beschränkt (im Dorf gibt es ja auch mindestens 10 Hauskatzen, hingegen übrigens nur 6 oder 7 Haushunde).

Um die Gefahr aber noch weiter zu reduzieren, wäre es wichtig, dass es in Globo besser um die Mitbestimmung aller Menschen bestellt wäre. Das würde zwar nicht immer einfach sein, aber es würde mit Sicherheit bei der Bewältigung vieler anderer Probleme helfen. Denn Demokratie mag ihre Mängel haben, sie mag manchmal als schwerfällig und zu kompromisslastig betrachtet werden, aber sie leistet doch Erstaunliches. Denn Demokratie besteht ja zuerst in der Einigung auf Regeln, nach denen die im Leben unvermeidlichen Konflikte ausgetragen werden (insbesondere Regeln darüber, wie man diese Regeln ändern kann). Es geht bei Demokratie um Selbstbestimmung,

---

[14] Tatsächlich ist es so, dass nur rund 25 Prozent der Menschen in den USA Waffen besitzen, also rund 5 pro Kopf (!), wenn nur die Personen mit Waffenbesitz berücksichtigt werden.

[15] Diese Zahlen sind ein gutes Beispiel, dass man bei der einfachen Übertragung von Zahlen aus Globo in die reale Welt sehr vorsichtig sein muss: tatsächlich gibt es in Afrika und Lateinamerika zusammen rund 78 Millionen solcher Waffen, in Europa allein hingegen 96 Millionen. Die Vergleichszahlen in der realen Welt gehen also um den Faktor 3 auseinander, sehen aber in Globo gleich aus.

wo die eigene Freiheit nur durch die Freiheit der anderen beschränkt sein soll und die Betroffenen sich zudem über die Grenzziehung soweit möglich einig sind. Das ist vielleicht eine schlechte, aber eben doch die beste Methode, um die Bedürfnisse und die Fähigkeiten der Menschen angemessen abzubilden und zur Geltung zu bringen. Nur eine demokratisch organisierte Gesellschaft garantiert, dass Menschen zumindest die Möglichkeit haben, sich für Lösungen zu entscheiden, die sie für die besten halten. Die sozialistische, kommunistische oder faschistische Planwirtschaft ist zentral daran gescheitert, dass eben letztlich keine politische Führung genauer weiß, was gut für die Menschen ist, als diese selbst – falls das allgemeine Wohl überhaupt je das Ziel der Mächtigen war. Der Preis dafür ist freilich, dass Menschen aus ihrer individuellen Perspektive heraus vom gesellschaftlich besten Verhalten nicht unbedingt profitieren und es daher gerade in Demokratien oft schwer fällt, große Richtungsänderungen durchzusetzen. Es wird immer Widerstände geben und manche werden skeptisch sein, aber zugleich ist nur in einem demokratischen Verfahren garantiert, dass die zur Überzeugungsarbeit nötigen Debatten überhaupt ernsthaft geführt werden können und die Menschen sich einer Zielsetzung wirklich verschreiben und konsequent an der Umsetzung arbeiten können. Ansonsten ist man auf eine wohlmeinende und hellsichtige Diktatur angewiesen, der in Globo bisher eine literarische Figur geblieben ist, oder auf Belohnungen oder Bestrafungen durch Menschen oder allerlei Übersinnliches, wie das historisch üblich war.

Mitbestimmung fällt natürlich nicht vom Himmel, wie Globo offensichtlich zeigt. Heute leben 49 Menschen im Dorf unter demokratischen Vorzeichen, von denen sich immerhin 26 auch aktiv an der Willensbildung beteiligen (von den übrigen sind 13 zu jung). Vor einem Jahrhundert waren es gerade einmal 4 und auch im Jahr 1980 erst 21. Demokratisch war das Dorf daher je nach Zeitpunkt für ein Fünftel der Bevölkerung (darunter nur

Männer, teils sogar nur solche mit Besitz), ein Drittel oder eben heute immerhin die Hälfte. Der Rest jedenfalls, über den wurde oder wird bestimmt: entweder von „Demokraten", wie den Großvätern von Roanne oder Preston, in einem Kolonialregime, oder von Menschen, die autoritäre Führungsansprüche durchsetzen, wie etwa heute Tian in der Siedlung China.

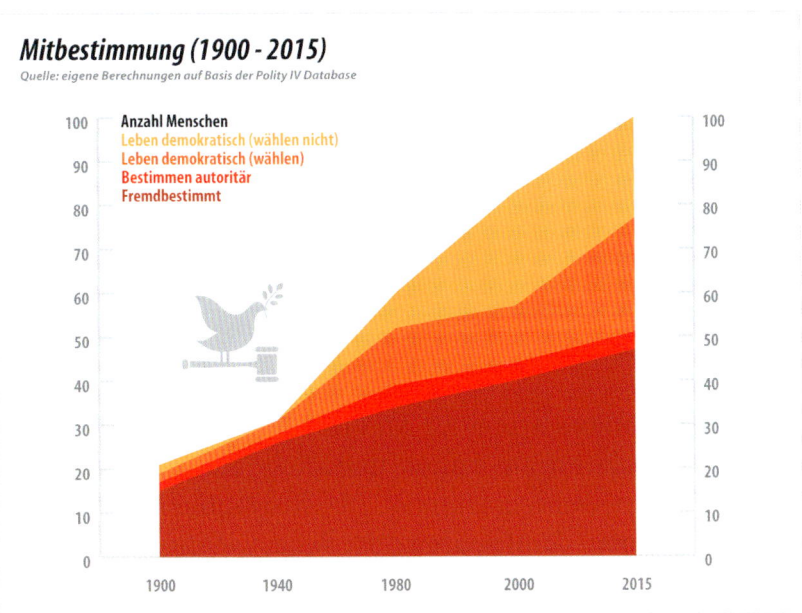

Mitbestimmung (1900 - 2015)
Quelle: eigene Berechnungen auf Basis der Polity IV Database

Anzahl Menschen
Leben demokratisch (wählen nicht)
Leben demokratisch (wählen)
Bestimmen autoritär
Fremdbestimmt

Mitbestimmung braucht auch Zeit, nicht nur für Diskussionen. Wie lange mussten Frauen für ihr Wahlrecht kämpfen? Und wie lange dauerte es, bis erstmals Frauen in verantwortungsvolle Entscheidungspositionen gewählt wurden?[16] In Globo kämpfen sie offensichtlich noch. Im Hintergrund haben sie mitgewirkt, aber am Podium bei der Dorfversammlung 2015 war keine. In Zukunft muss sich das ändern, ganz selbstverständlich.

---

[16] Einige exemplarische Antworten aus der realen Welt: in Österreich vergingen 48 Jahre vom Frauenwahlrecht bis zur ersten Ministerin und 101 Jahre bis zur ersten Bundeskanzlerin; in (West-)Deutschland waren es 43 und 86 Jahre; in Großbritannien vergingen 51 Jahre bis zur ersten Premierministerin, in den USA wartet man seit 100, in Frankreich seit 84 Jahren auf die erste Präsidentin.

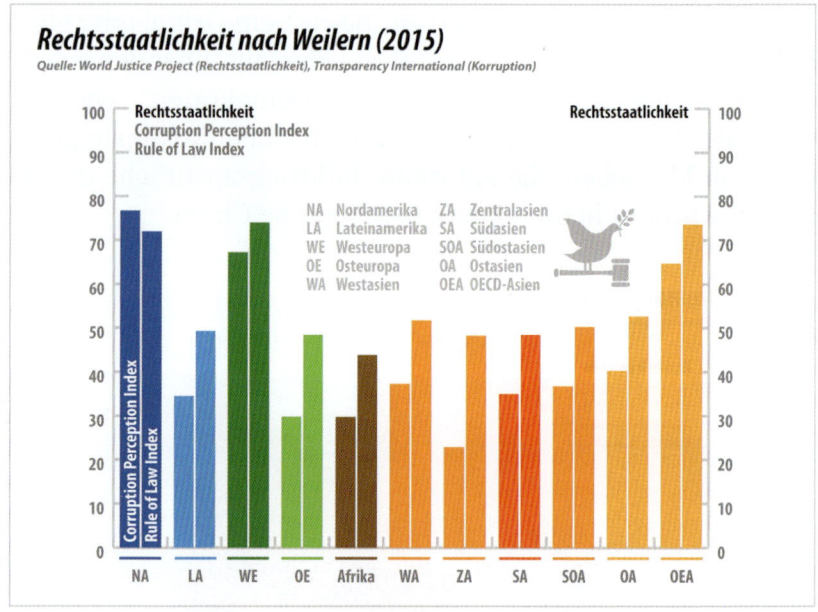

Rechtsstaatlichkeit nach Weilern (2015)
Quelle: World Justice Project (Rechtsstaatlichkeit), Transparency International (Korruption)

Eine Grundvoraussetzung für Mitbestimmung ist freilich, dass sich alle an die Regeln halten und diese auch bekannt sind und verändert werden können. „Rechtsstaatlichkeit" könnte man das nennen, „Transparenz" ist dabei wichtig. Es bedeutet letztlich, dass für alle im Prinzip dieselben Regeln gelten. Nur so ist es möglich, dass alle auf die gleichen Chancen auf Verwirklichung zumindest hinarbeiten können und nur das garantiert, dass alle das Bestmögliche für die Gesellschaft leisten werden. Dabei reden wir gar nicht von einer „idealen" Gesellschaft, in der wirklich die ganz und gar selben Regeln immer und für alle gelten, sondern vom entscheidenden Unterschied zu Gesellschaften, in denen aus Prinzip (!) manche mehr Rechte haben als andere und manche möglicherweise auch gar keine. In solchen Gesellschaften sind letztlich immer zu viele von der Möglichkeit ausgeschlossen, das Bestmögliche für sich und andere anzustreben, was nicht ohne negative Folgen für das Ergebnis bleiben kann – für alle.

Demokratie muss aus lokalen Verhältnissen herauswachsen und blühen, um schließlich auf der globalen Ebene Früchte tragen zu können. Das muss schon in persönlichen Beziehungen beginnen, denn eine demokratische Gesellschaft ist nicht denkbar, wenn Teile undemokratisch sind. Überall braucht sie die Möglichkeit, sich zu entfalten, weil schon Kleinigkeiten ihre Entwicklung stören können. Noch ist es so, dass vor allem die Wohlhabenden in Globo sich auf die Rechtsstaatlichkeit verlassen können. Ihr Leben läuft im Wesentlichen den Regeln entsprechend und z.B. Bestechungsgelder sind zwar nicht unbekannt, aber doch ungewöhnlich. Anderswo im Dorf bekommt man nichts ohne direkte Gegenleistung und verbindet den Begriff „Schutz" viel eher mit „Schutzgeld". Respekt für das Recht und funktionierende Regeln sind vielleicht die größte Baustelle der Mitbestimmung in Globo und damit zugleich ihre größte Chance. Positiv stimmt dabei, dass immer mehr Menschen im Dorf in demokratischen Verhältnissen leben und Transparenz fordern. Das ist gut, aber nicht genug. Eine Erkenntnis muss sich vielmehr durchsetzen, damit das Dorf eine Zukunft hat: es müssen alle Menschen über alle Angelegenheiten, die sie betreffen, auch wirksam mitentscheiden können. Suchen Sie es sich aus: Wo wollen Sie leben? In einer inklusiven Gesellschaft, in der alle und damit auch Sie ihre Meinung einbringen können und gemeinsam auf die Einhaltung von Regeln geachtet wird, oder in einer exklusiven Gesellschaft, in der es keine verbindlichen Regeln gibt und wenige über den Rest bestimmen und damit wahrscheinlich auch für Sie entscheiden? Denn täuschen Sie sich nicht: wenn wir uns vorstellen, wie wir irgendwo im Dorf leben würden oder wie wir in der Vergangenheit gelebt hätten, neigen wir vermutlich alle dazu, uns in einer eher aktiven Rolle zu sehen; historisch und auch aktuell wäre die Chance aber minimal oder zumindest nicht sehr groß, zufällig zu den Mächtigen zu zählen – oder auch nur zu den einigermaßen Wohlhabenden.

Es wird dauern, bis sich die Menschen in Globo in allen Bereichen ihres Lebens wirklich und aus eigener Überzeugung demokratisch verhalten. Aber es ist möglich, „leistungsfähige, rechenschaftspflichtige und inklusive Institutionen" zu schaffen und allen den „Zugang zur Justiz" zu ermöglichen, das zeigen historische Entwicklungen in Teilen von Globo eindeutig. Denn wer würde nicht in einer „friedlichen und inklusiven Gesellschaft" leben wollen? Warum sollte das irgendjemandem in Globo daher vorenthalten werden?

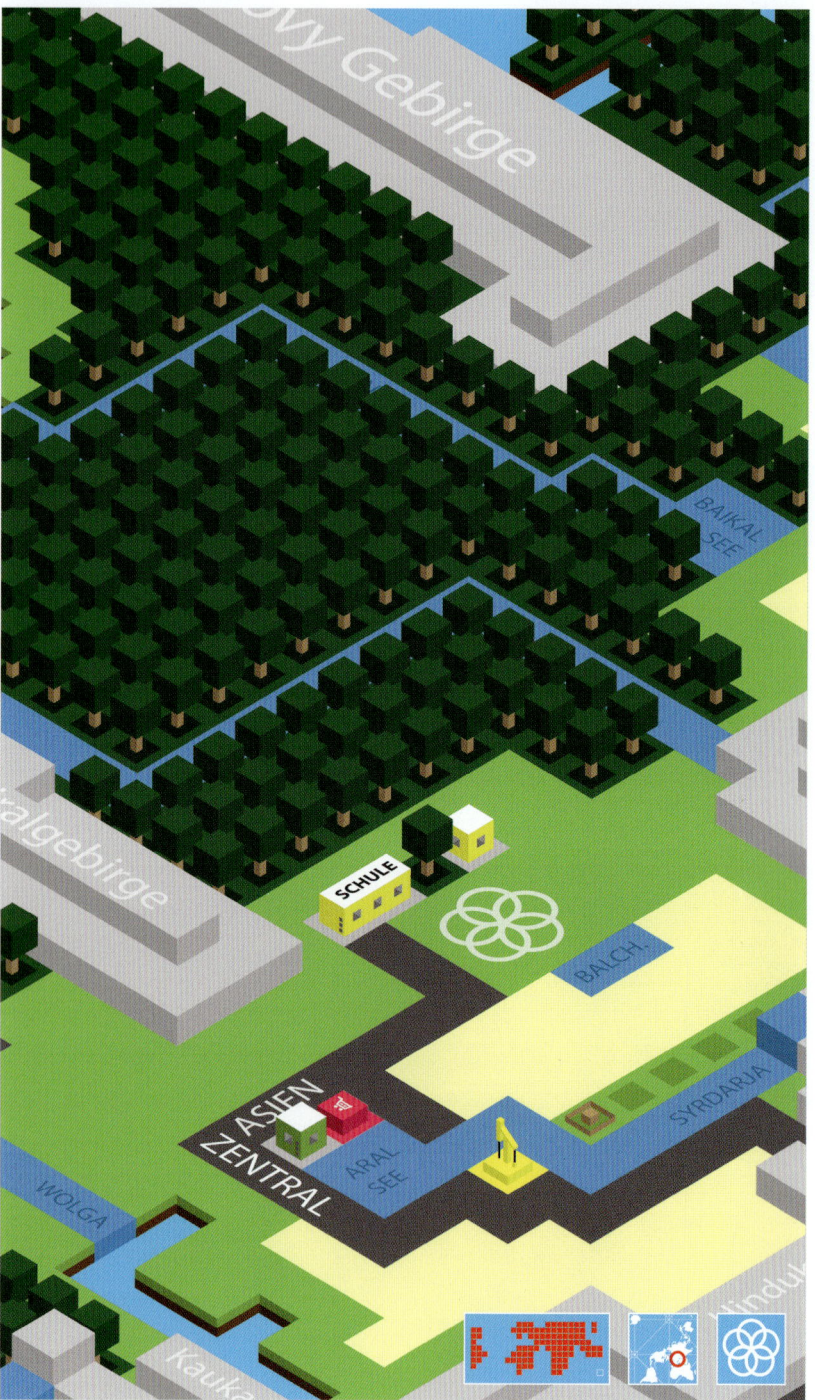

DIE ZUKUNFT WARTET

Ungefähr zwei Jahre waren vergangen, seit die Versammlung stattgefunden hat, über die am Beginn dieses Buches berichtet worden ist. Es waren Monate, die das Dorf verändert haben. Oft haben die Menschen inzwischen miteinander gesprochen, viele haben sich mit anderen getroffen, manchmal das erste Mal in ihrem Leben, obwohl sie ja eigentlich alle nie weit voneinander entfernt gewohnt haben. Bei diesen Gesprächen ist den Leuten klarer geworden, worum es bei den Zielen eigentlich geht, und es wurde auch offensichtlicher, wo die größten Probleme liegen. Inzwischen meinen daher viele, man müsse mehr miteinander und weniger übereinander reden, wenn sich wirklich etwas ändern soll.

Also haben sich einige Leute immer wieder auf dem zentralen Versammlungsplatz eingefunden und irgendwann – keiner konnte so genau sagen, wie – haben sie angefangen, den Platz zu befestigen. Es entstand ein wetterfestes Dach, es wurden Wände aufgerichtet, eine Kochstelle wurde improvisiert. Bald erregte die Sache einige Aufmerksamkeit und immer mehr Menschen kamen dazu, um sich das näher anzuschauen. Bei ihnen wich die anfängliche Skepsis einer echten Hoffnung für die Zukunft. Schnell brachten sie alle auch etwas mit und begannen, gemeinsam an dem Haus zu bauen. Es fanden sich sogar Leute, die für Strom und für Heizung sorgen wollten und irgendwann ging daher im Haus sogar das Licht an.

So war es irgendwie passiert und das Dorf hatte sein dauerhaftes Versammlungshaus bekommen. Es war nur das Nötigste vorhanden und nicht alle hatten sich beteiligt, aber immerhin war ein geschützter Raum entstanden, der alle hundert Menschen jederzeit aufnehmen konnte. Dort trafen sie sich eines Tages wieder, um zu besprechen, wie es nun weitergehen sollte.

Mittlerweile kannten alle die Probleme im Dorf, doch es war ihnen auch bewusst geworden, dass sich eigentlich in den letzten Jahren und Jahrzehnten einiges gar nicht so schlecht entwickelt hatte. Sie riefen sich die nachhaltigen Entwicklungsziele ins Gedächtnis und verfassten gemeinsam ein Dokument, um die Erfolge und die Ziele auch für alle festzuhalten:

1. Nur noch 10 Menschen leben in tiefer Armut. Diese Armut muss aber bald ganz der Vergangenheit angehören!

2. Nur noch 2 Kleinkinder sind wachstumsgestört. Der Hunger muss aber für alle und für immer besiegt werden!

3. Die durchschnittliche Lebenserwartung liegt bereits bei 72 Jahren. Alle Menschen müssen aber auch möglichst gesund alt werden!

4. Der Zugang zu Bildung steht prinzipiell allen offen. Die Qualität des Unterrichts muss sich aber weiter verbessern!

5. Fast überall in Globo haben Frauen und Mädchen jetzt mehr Chancen als früher. Der Weg zu echter Geschlechtergerechtigkeit muss aber weiter gegangen werden!

6. Nur noch 12 Menschen haben keinen Zugang zu sauberem Trinkwasser. Die Versorgung muss aber für alle sicher sein!

7. Nur noch 15 Menschen fehlt der Zugang zu elektrischem Strom. Im 21. Jahrhundert brauchen aber alle Elektrizität.

8. Im Dorf gehen 27 Männer und 19 Frauen einer bezahlten Arbeit nach. Diese Beschäftigung muss aber für alle regulär sein und die Arbeitsbedingungen sicher werden!

9. Viele Menschen in Globo haben technischen Zugang zu modernen Kommunikationsmitteln. Diesen Zugang sollten sich alle aber auch leisten können!

10. Der Lebensstandard in Globo wächst, in den letzten zwanzig Jahren hat er sich fast verdoppelt. Es muss aber auch die Verteilung gerechter werden!

11. Immer mehr Menschen leben in städtischen Verhältnissen. Die Wohnungen müssen aber für alle besser und sicherer werden!

12. Immer mehr Menschen können immer mehr konsumieren. Wir dürfen dabei aber die Grenzen des Dorfes nicht sprengen!

13. Das Nachhaltigkeitsdefizit beträgt in Globo allerdings bereits 40%. Diesen Trend müssen wir umkehren!

14. Immer mehr Küstengebiete stehen unter Schutz. Diesen Trend müssen wir fortsetzen, den zu großen Nährstoffeintrag stoppen und die Überfischung beenden!

15. Die Entwaldung von Globo ist deutlich zurückgegangen. Sie sollte aber ganz zum Stillstand kommen und noch mehr Ökosysteme müssen unter Schutz gestellt werden!

16. Immer mehr Menschen leben in demokratischen Verhältnissen. Sie und auch alle anderen müssen dann aber auch wirklich wirksam mitbestimmen können!

17. Wir brauchen in Globo eine Partnerschaft für nachhaltige Entwicklung. Niemand darf zurückgelassen werden!

Das alles kann festgehalten werden, davon ist auszugehen, ja mehr noch: darauf ist aufzubauen! Also hängten die Menschen von Globo an diesem Abend die Punkte am Eingang zum Haus auf und bekräftigten so ihren festen Willen: das Haus weiterzubauen. Wie genau, darüber gingen die Ansichten noch auseinander. Die einen wollten vor allem die Küche ausbauen und ausreichend mit Nahrungsmitteln versorgen, sodass alle Menschen dort immer etwas zu essen bekommen können. Die anderen wollten ein Gesundheitszentrum einrichten, an das sich alle im Dorf immer wenden können, wenn sie Hilfe brauchen. Wieder andere wollten die Chance nutzen, um dem Dorf endlich eine gemeinsame Schule zu verschaffen, damit alle Kinder einen besseren und sicheren Unterricht bekommen und auch voneinander lernen können. Aber schnell war klar, dass sich das nicht ausschließen darf, im Gegenteil: es muss sich vielmehr ergänzen! Und es passt auch zusammen. Wenn die Menschen in Globo zusammenhalten, dann können sie ihre Fähigkeiten bündeln und so für alle ein besseres Dorf schaffen.

Man stelle sich nur vor, was es bedeuten würde, wenn alle Strom hätten. Es würde Licht im Dunkel bedeuten, das Sicherheit bringt und die Möglichkeit, auch abends in einem Schulbuch zu lesen, einen emissionsfreien Elektroherd, um damit das Essen zuzubereiten, ohne im Rauch zu sitzen, ein Radio für Musik und Neuigkeiten oder die Möglichkeit, ein Mobiltelefon aufzuladen, das ganz neue Möglichkeiten bietet. Oder was eine minimale Gesundheitsversorgung für alle bedeuten würde. Vor allem, dass die Eltern nicht mehr bei jeder Krankheit Angst um ihre Kinder haben müssten. Jedenfalls würde das Leben des Kindes gerettet, das sonst stirbt, bevor es auch nur fünf Jahre alt geworden ist. Es würde schlicht und einfach Zukunft bedeuten, insbesondere für die Schwächsten. Und auch Wissen ist im Dorf ja reichlich vorhanden. Man stelle sich nur vor, was sich verändern würde, wenn dieses Wissen wirklich immer allen zugänglich wäre. Dann wäre es viel leichter, Ressourcen effizienter zu nutzen, Verschwendung einzudämmen und die besten und neuesten Technologien in den Dienst des Lebens der Menschen von Globo zu stellen. Fehler würden leichter vermieden und Hoffnung könnte wachsen. Eine ganz neue Welt würde sich eröffnen.

So weit, so klar. Aber nicht einfach. Denn all das geht nicht ohne Ökonomie und Politik. Es geht nicht, ohne dass Menschen sowohl dazu bereit sind, andere zu überzeugen, als auch dazu, sich von anderen überzeugen zu lassen. Faire Löhne werden von Menschen bezahlt und verlangt, nicht von Märkten, und verschiedene Menschen können durchaus sehr verschiedene Vorstellungen darüber haben, was „fair" eigentlich ist. Es wurde im Dorf schon diskutiert, allen zumindest ein Minimum an Versorgung zu sichern, als es darum ging, wer eigentlich konkret am gemeinsamen Versammlungshaus bauen würde können. Und irgendwie hat es auch funktioniert, zumindest für die, die gebaut haben. Es muss aber eine von allen getragene, bewusste Entscheidung sein und nicht nur eine wohltätige Geste. Es geht daher nur, wenn es echte Mitbestimmung im Dorf gibt und daraus ein echtes Gemeinschaftsgefühl wachsen kann. Doch auch Mitbestimmung wird nicht einfach „gewährt", sie wird erkämpft und mehr Mitbestimmung für die einen bedeutet immer, dass nun die anderen weniger bestimmen können als vorher. In Globo ist all das nur zu deutlich.

Was viele Treffen bewirkt haben, ist viel mehr Wissen darüber, was eigentlich die Folgen des Verhaltens der Menschen im Dorf sind. Nur wer sie kennt, kann erkennen, dass sie oft gar nicht bewusst herbeigeführt werden, ja teilweise sogar tatsächlich unerwünscht sind. So sind heute nicht mehr alle so unbekümmert wie früher, wenn sie mit ihren Konsumkörben nach Hause gehen, weil sie nun auch wissen, wie viele andere sich oft nur einen einzigen teilen müssen. Die Frage nach der Gerechtigkeit schleicht sich so auch in ihre Gedanken. Und manchen ist nun schmerzlich bewusst, dass sie selbst mit dem Wenigen, das sie verbrauchen, die Ressourcen möglicherweise überstrapazieren, die letztlich alle zum Leben brauchen. Gerechtigkeit ist nämlich eine komplizierte Sache, bei der sich auch Bedarf und Leistung ausbalancieren müssen, und das nicht nur hier und heute, sondern auch in Zukunft und überall. Ja, manchmal gilt es vielleicht auch, vergangenes Unrecht auszugleichen.

Natürlich rufen dann manche nach dem starken Mann, der das alles regeln soll – vor allem diejenigen tun das, die sich selbst für starke Männer halten. So kann das aber nicht laufen. Nicht einmal in Globo weiß irgendjemand genug über die Verhältnisse im ganzen Dorf, um den nötigen Überblick zu haben. Niemand kennt alle Lebensrealitäten. Niemand könnte sich in die Lage aller anderen versetzen, das übersteigt schlicht die Fähigkeiten jeder und jedes Einzelnen. Aber nicht die aller gemeinsam. Niemand mag allein die Verantwortung für die Zukunft des Dorfes übernehmen können, aber die Gemeinschaft kann das. Also müssen alle die Möglichkeit haben, ihre Bedürfnisse und ihre Probleme mitzuteilen, damit wenigstens die Möglichkeit besteht, die wirklich wichtigen zu erkennen. Und es muss ein faires und friedliches Verfahren geben, wie die unausweichlichen Interessenskonflikte geregelt werden, damit die richtigen Entscheidungen möglich werden.

Manche haben schon Erfahrung darin, solche Verfahren durchzuführen, und es muss ihnen nur noch klar werden, dass auch alle Männer, Frauen und Kinder dabei eine Stimme haben müssen. Andere haben längst aufgegeben, sich zu beteiligen, weil in der Vergangenheit zu oft auf ihre Interessen keine Rücksicht genommen wurde. Sie müssen wieder Vertrauen finden, was nur möglich ist, wenn die Verfahren wirklich fair verlaufen. Und wieder andere wollen niemand anderen beteiligen. Sie müssen erst noch erkennen, dass die Mühe sich auch für sie lohnen wird: wenn alle gemeinsam arbeiten, wird mehr dabei herausschauen und auch ein kleinerer Anteil kann dann insgesamt mehr bedeuten. Noch sind nicht alle überzeugt, aber das Reden hat ja auch erst begonnen. Und es ist nötig, denn schließlich gibt es nichts in Globo, das nicht von seinen Menschen in die Welt gebracht werden würde, weder das Gute, noch das Schlechte.

Etwas Gutes wäre es z.B., wenn es sich in Globo mehr lohnen würde, das Neue nicht nur zu denken, sondern auch zu machen, und das insbesondere dann, wenn dieses Neue allen und nicht nur wenigen zur Verfügung steht. Bisher war das nicht wirklich so. Viel zu vielen fehlte die nötige Zeit oder die nötige Ausbildung, viel zu vieles scheiterte auch schlicht daran, dass manch Mächtige wollten, dass alles so bleibt wie es ist, und das auch durchsetzen konnten. Vieles Neue wurde auch nur gemacht, weil es möglich war, und nicht, weil es nützlich war, gar nicht zu reden von richtig. Es war außerdem viel leichter, eine technische Neuerung umzusetzen, als etwa eine gesellschaftliche, meist weil das eine vordergründig mehr Geld versprach als das andere.

Das Dorf war bisher kaum als Gemeinschaft organisiert. Das muss in Zukunft aber viel stärker so sein. Es muss sich sozial und ökonomisch lohnen, das Richtige zu tun. Dafür sind alle im Dorf verantwortlich, wenn auch nicht alle in gleichem Maße. Wer mehr entscheiden kann und wer mehr Ressourcen zur Verfügung hat, der oder die trägt zweifellos mehr an Verantwortung für den zukünftigen Weg von Globo.

Es scheint so einfach: würden die Wohlhabendsten nur auf 10 Prozent ihrer Ressourcen zugunsten der Bedürftigsten verzichten, es gäbe keine existenzbedrohende Armut mehr und die Menschen könnten sich das Nötigste alle selbst leisten. Dafür würde es vielleicht schon reichen, einfach für alle Güter und Dienstleistungen einen wirklich angemessenen Preis zu bezahlen. Das wäre dann aber vielleicht nicht der Preis, der auf einem Markt bezahlt würde, sondern einer, der auch auf sozialem Ausgleich und auf angemessener Wertschätzung basiert. Ein Ende von Diskriminierungen, inklusives Wachstum, verantwortliche Institutionen, insgesamt eben gestärkte „Umsetzungsmittel" für eine „Partnerschaft für nachhaltige Entwicklung" wären wohl die Folge.

Die Zukunft wartet. Sie wartet auf die richtigen Entscheidungen und die bestmöglichen Handlungen. Aber sie wartet nicht für immer. Irgendwann schließt sie die Tür, wird zur Gegenwart und im nächsten Augenblick zur Vergangenheit und versperrt damit den Weg in ein besseres Morgen. Lassen wir es nicht so weit kommen.

EPILOG

Es gab da einst einen Traum. Ein Mensch stand inmitten von Globo auf einem Hügel und blickte zu den Rändern des Dorfes. Vom Mondlicht umflossen lagen die Bäume, die Wiesen, die Wüsten, die Felsen und die Häuser da, die Wasserflächen warfen das Licht zurück zum Firmament. Genauer betrachtet aber, kamen die Ränder langsam näher. Das Dorf schrumpfte. Dabei schien es so, dass die hell erleuchteten Häuser in den Weilern Europa und Nordamerika fast ein wenig pulsierten, sodass sich ihre Grenzen immer weiter in Richtung der anderen Regionen von Globo verschoben. An den Rändern wurde es hingegen enger und enger. Dann ein unruhiges Erwachen und viele Fragen: Nehmen in Globo wirklich die einen den anderen Platz weg? Haben denn nicht alle, die da sind, dieselben Rechte, zuerst das Recht auf ein Leben in Würde? Ist denn irgendjemand überflüssig und wenn ja, wer wäre das denn? Wer könnte über so etwas befinden? Auf welcher Grundlage? Wäre es hingegen nicht viel besser, wenn das Pulsieren in den Zentren Raum geben würde, anstatt ihn zu nehmen?

In Globo bauen die Menschen nun eine Versammlungshalle. Sie werden in Zukunft stärker zusammenarbeiten, weil es anders gar nicht geht. Das wird nicht immer leicht sein und es wird immer wieder Menschen geben, die sich nicht oder zu wenig beteiligen oder die vielleicht sogar gegen die gemeinsamen Interessen arbeiten. Davor die Augen zu verschließen, wäre naiv.

Eine Gesellschaft, in der das nicht möglich ist, wäre aber auch gefährlich. Denn selten in der Geschichte war es eine gute Idee, wenn jemand glaubte, im Vollbesitz der einzigen Wahrheit zu sein. Was es aber braucht, ist eine Gesellschaft, die nach allgemein anerkannten und veränderbaren Regeln funktioniert. Regeln, wie den siebzehn Nachhaltigen Entwicklungszielen der Vereinten Nationen.

Dabei müssen gerade diese Regeln nicht irgendwo und von irgendwem eingehalten werden, sondern hier und von uns. Und zwar egal, ob wir für das Nichteinhalten bestraft werden, sondern vielmehr einfach deshalb, weil es richtig ist. Denn Sie mögen vor der Lektüre dieses Buches gemeint haben, dass „Entwicklung" eine Angelegenheit für die anderen ist. So als würden wir uns nicht mehr entwickeln (wollen). Stimmt schon, uns als Gesellschaft in Mitteleuropa geht es gut, insbesondere im globalen Vergleich. Aber ist deshalb schon alles in Ordnung? Gibt es nicht trotzdem Möglichkeiten, unser Zusammenleben zu verbessern? Und ist es nicht etwa mit Sicherheit so, dass es gerade die „Konsummuster" in wohlhabenden Gesellschaften sind, die die Grenzen des Planeten besonders strapazieren? Ist es daher nicht gerade unsere Verantwortung, zur Balance beizutragen, die nötig ist, damit die Menschheit auch das 21. Jahrhundert gut übersteht? Und könnten wir uns nicht in anderen Bereichen ein Vorbild an Menschen in anderen Weltregionen nehmen, die teils mit weit weniger Verschwendung auskommen – und das oft nicht nur, weil sie ärmer sind als wir, sondern auch, weil weniger oft wirklich besser ist?

Die Nachhaltigen Entwicklungsziele der Vereinten Nationen, mit denen ja endlich anerkannt wird, dass überall in der Welt Entwicklungspotentiale schlummern, sie können für den Weg in eine bessere Zukunft ein guter Wegweiser sein. Auch wir haben hier einiges zu tun und können uns von anderen helfen lassen, so wie wir aufgerufen sind, unsererseits zu helfen.

- Denn ist es etwa kein sinnvolles Ziel, bis 2030 hier bei uns wenigstens die Hälfte der Menschen, die armutsgefährdet sind, von dieser Gefahr zu befreien? Und warum eigentlich nicht alle?

- Oder ist es etwa keine gute Idee, bis 2030 hier bei uns die Flächen für nachhaltige Landwirtschaft zu vergrößern? Und wozu dient eigentlich nicht-nachhaltige Landwirtschaft?

- Oder ist die Idee schlecht, die Gesundheitsvorsorge hier so zu verbessern, dass Menschen gesünder älter werden können? Ist das nicht sowieso nötig, auch unabhängig von Covid-19?

- Oder bei der Bildung hierzulande vor allem in die Bildung für nachhaltige Entwicklung zu investieren?

- Ist es wirklich so seltsam, hier bei uns Frauen und Mädchen besonders zu fördern, sich an der Entscheidungsfindung auf allen Ebenen entsprechend ihrer Fähigkeiten zu beteiligen? Oder gleichen Lohn für gleiche Arbeit zu bezahlen?

- Ist es wirklich so unsinnig, mit unserem Wasser, das ja nur scheinbar unerschöpflich ist, sorgsam umzugehen?

- Oder ist es falsch, hier bei uns auf einen effizienten Umgang mit Energie zu achten? Kann man damit nicht sowieso Geld sparen?

- Und was ist falsch daran, auch hier darauf Wert zu legen, dass Menschen für ihre Arbeit angemessen bezahlt werden, sodass sie sich das Leben auch leisten können?

- Macht es etwa keinen Unterschied, ob wir hier bei uns Innovationen fördern oder nicht und ob die Ergebnisse öffentlich zugänglich sind oder nicht?

- Ist es uns egal, ob wir in einer Gesellschaft leben, in der alle entsprechend ihren Möglichkeiten einen gerechten Beitrag zum Gemeinwohl leisten?

- Sollen unsere Städte etwa nicht lebenswerter werden? Und gilt das nicht genauso für das Land?

- Und was ist die bessere Welt? Eine, in der wir darauf achten, möglichst wenig Abfall zu erzeugen und Ressourcen effizient zu nutzen, oder eine andere?

- Ist es etwa falsch, dass wir uns besser auf Katastrophen einstellen und diese nach Möglichkeit verhindern?

- Ist es nicht sowieso logisch, Abwasser so zu behandeln, dass möglichst wenige Schadstoffe in die Gewässer gelangen?

- Und ist es etwa unsinnig, unsere Wälder und Ökosysteme so zu behandeln, dass sie gesund und intakt bleiben?

- Oder ist es etwa nicht richtig, hier bei uns Maßnahmen gegen Gewalt in all ihren Formen zu ergreifen?

- Ist es schließlich nicht zu unser aller Wohl, denjenigen, die weniger Ressourcen zum Erreichen solcher Ziele zur Verfügung haben, im Rahmen unserer Möglichkeiten dabei zu helfen?

Wir drei Autoren wissen nicht, wie es Ihnen geht, aber für uns sind all diese Fragen rein rhetorisch, denn die Antworten sind klar. Egal, ob es nun nachhaltige Entwicklungsziele gibt, oder nicht. Aber da es sie gibt, sind wir alle mit solchen Zielen nicht allein, sondern können mitspielen in einem weltweiten Konzert. Einem Zusammenspiel, hoffentlich öfter harmonisch als dissonant, das unsere Welt in eine bessere Balance bringen kann, um damit auch das 21. Jahrhundert erfolgreich zu bewältigen. Sodass niemand mehr außerhalb der „habitablen" Zone leben muss, nicht hier bei uns und nicht anderswo in der Welt. Diese Zone liegt dort, wo es genug Ressourcen für alle gibt und zugleich nicht mehr verbraucht werden, als es die planetaren Grenzen zulassen. Um nichts weniger als diese Balance geht es. Sie bedeutet Zukunft.

Und ganz ehrlich: Ist Ihnen gar nichts eingefallen, was Sie selbst tun können oder wollen? Verwenden Sie ruhig etwas Zeit darauf, nachzudenken, was das ganz konkret ist. Das wissen nämlich nur Sie, niemand sonst. Aber nicht zu viel Zeit. Wenn Sie etwas gefunden haben, dann machen Sie das. Verlassen Sie, wenn nötig, die eigene Komfortzone. Falls Sie zwar etwas tun wollen, es aber nicht können, lernen Sie, was dafür nötig ist. Aber verzetteln Sie sich nicht, sondern kommen Sie ins Tun. Und auf jeden Fall: Schauen Sie, ob es schon Leute gibt, die so etwas Ähnliches machen. Und dann schließen Sie sich dort an. Oder wenn es noch niemanden gibt, dann reden Sie mit Leuten, ob sie bei Ihrer Idee mitmachen wollen. Bleiben Sie nicht allein, sondern stärken Sie sich gegenseitig. Der Rest ergibt sich. Wenn Sie Geld übrighaben, können Sie Geld geben. Wenn Sie Zeit übrighaben, können Sie Zeit geben. Wenn Sie eine besondere Fähigkeit haben, dann können Sie diese in den Dienst Ihrer Sache stellen. Wenn Sie Menschen kennen, dann können Sie mit ihnen darüber reden. Und all das besser heute als morgen. Aber nur eines ist wirklich wichtig: Tun Sie es!

ANHANG: STATISTISCHE PERSONEN

(unter Mitarbeit von Thomas Pacher)

In Globo steht eine Person für ca. 73,5 Millionen Menschen aus der realen Welt. Auf den folgenden Seiten finden sich nun 100 „biografische Profile" dieser Personen, von denen eine jede stellvertretend für diese große Zahl an Menschen steht und die in ihrer Gesamtheit zugleich die Verteilungsrealitäten der ganzen Welt abbilden. Daher Vorsicht! Jede einzelne von diesen Personen steht für so viele verschiedene echte Menschen, dass wir vieles unter den Tisch fallen lassen müssen, was es an Unterschieden gibt. Und jede einzelne ist für sich hoffentlich einigermaßen stimmig und informativ, wirklich interessant werden sie aber vor allem im Zusammenspiel mit anderen.

Die Profile können daher auch genutzt werden, um damit z.B. die Welt im Kleinen nachzustellen. In der Reihenfolge, wie sie hier zu finden sind, bilden sie nämlich immer einen repräsentativen Querschnitt über die gesamte Bevölkerung im Dorf, nicht erst, wenn man alle 100 zusammen hat. Dabei sind sie praktisch vom ersten an geografisch repräsentativ, etwa ab dem zehnten im Hinblick auf Geschlecht und Lebensstandard, und ungefähr ab dem zwanzigsten auch für die Altersverteilung und weitere Aspekte. Wenn man sich dabei spezieller Probleme besonders annehmen möchte, dann knirscht und knarzt es zwar an einigen Stellen und natürlich ist es nicht möglich, alle Aspekte so zu kombinieren, dass auch die Verteilung immer genau passt, schon gar nicht in Kombination aus Herkunft, Alter und Geschlecht. Trotzdem haben wir uns bemüht, das alles irgendwie unter einen Hut zu bringen und hoffen darauf, damit auch ein spannendes Werkzeug an die Hand geben zu können, mit dem selbständig weitergearbeitet werden kann. Und je mehr Sie sich damit beschäftigen, desto mehr Erfahrung werden Sie sammeln, um kreativ mit den vielen Informationen in diesen Profilen umzugehen.

Erklärungen zum Lesen der biografischen Profile:

 Wo ein Notfallkoffer-Symbol zu sehen ist, hat die Person **Zugang zu medizinscher Versorgung**. Je nach Ausstattung sind dabei zudem kein (sehr geringe Ausgaben), ein (geringe Ausgaben), zwei (mittlere bis hohe Ausgaben) oder gar drei **Kreuze** (sehr hohe Ausgaben) zu sehen. Ist das Symbol grau, gibt es gar keinen Zugang.

 Wo ein Wasserhahn-Symbol zu sehen ist, hat die Person **Zugang zu sicherem Trinkwasser**. Wo das Symbol grau ist, ist der Zugang beschränkt, das Wasser ist nicht aufbereitet oder es ist sogar nur Oberflächenwasser.

 Wo ein WC-Symbol zu sehen ist, hat die Person **Zugang zu sicherer Sanitärversorgung**. Wo das Symbol grau ist, müssen sanitäre Einrichtungen entweder mit (vielen) anderen geteilt werden, sie sind hygienisch nicht sicher oder sie fehlen ganz.

 Wo ein WLAN-Symbol zu sehen ist, hat die Person technischen **Zugang zum Internet**. Das heißt noch nicht, dass die Person sich den Zugang auch leisten kann, aber wo das Symbol grau ist, fehlt sogar schon die Netzabdeckung.

 Wo ein Stecker-Symbol zu sehen ist, hat die Person **Zugang zu elektrischem Strom**. Wo das Symbol grau ist, könnten elektrische Geräte nur mit Batterien betrieben werden, sofern man sich all das leisten kann.

 Das Planeten-Symbol bezeichnet die persönliche **Ökobilanz**, ob also eine Person „nachhaltig" lebt. Dabei werden sowohl global als auch lokal der ökologische Fußabdruck und die verfügbare Biokapazität verglichen (siehe das Klima-Kapitel für Details, was das ist). Nachhaltig wird dann gelebt, wenn der **Fußabdruck** kleiner ist als die **Biokapazität**. Wenn das sowohl global (bezogen auf das ganze Dorf) als auch lokal (nur bezogen auf das eigene Lebensumfeld) der Fall ist, ist die Bilanz **positiv** (grüner Planet), wenn es weder global noch lokal der Fall ist, ist die Bilanz **negativ** (roter Planet), ansonsten ist die Bilanz **gemischt** (grauer Planet).

Jede statistische Person hat ein **Gesicht** (jedes davon ist einzigartig) und einen **Namen** (finden Sie ruhig selbst heraus, was es damit auf sich hat), sie kommt aus einem der **Weiler**, sie hat ein **Geschlecht** (wir bleiben bei zweien, obwohl es auch in Globo deutlich mehr Diversität gäbe, der gerne selbst nachgespürt werden kann) und ein **Alter** und es gibt Informationen zu **Sprache** und **Religion**.

Außerdem hat jede Person einen **persönlichen HDI** (Index der menschlichen Entwicklung). Dieser liegt zwischen 0 und 1 und zwar umso höher, je besser der materielle Lebensstandard, je länger die Bildungskarriere und je höher die Lebenserwartung ist. Es gibt auch Aussagen zur **politischen Mitbestimmung** und zu den **Lebensbedingungen**. Die **Lebenserwartung** wird sowohl historisch bei der jeweiligen Geburt angegeben, wie auch in Form einer aktuellen Restlebenswahrscheinlichkeit (wer bereits eine Zeitlang gelebt hat, wird mit steigender Wahrscheinlichkeit auch älter).

Zudem gibt es Aussagen zum **Bildungsstand** in absolvierten oder erwarteten Schuljahren. Für den **Lebensstandard** wird sowohl ein kaufkraftbereinigtes BIP pro Kopf in Oro pro Tag angegeben, als auch (in Klammer) ein Netto-Einkommen pro Monat, das unter Einrechnung öffentlicher Leistungen in etwa einem Vergleichswert entspricht, wie er für West- und Mitteleuropa anzulegen wäre (die Personen beziehen dieses „Einkommen" nicht unbedingt als Geld, aber ihr Lebensstandard – bei Kindern jener der „Familie" – entspricht ungefähr diesem Gegenwert). Dazu kommen schließlich noch Angaben über **Wohnung**, **Nahrung** und **Energieverbrauch**, sowie zum **Konsum**, wo die Angabe dem Konzept der 100 Konsumkörbe folgt: wer über mehr als einen verfügt, liegt über dem Globo-Schnitt, wer weniger hat (teils deutlich) darunter. Dass die Werte zu Einkommen, Fußabdruck und Konsum vielleicht nicht immer ganz zusammenzupassen scheinen, ist dabei durchaus nicht unbeabsichtigt: auch die reale Welt ist kompliziert.

Hue

Ich komme aus **Asien** und bin ein **19-jähriger Mann**. Ich spreche Vietnamesisch und etwas Französisch. Religion spielt in meinem Leben keine Rolle.

Mein persönlicher **HDI** beträgt **0,670**. Mein Leben ist **einigermaßen sicher**, ich habe aber nur **wenige Gestaltungsmöglichkeiten**. Solange ich gesund bleibe, sollte alles passen, aber die schlechten beruflichen Aufstiegschancen machen mir Sorgen. Meine **Lebenserwartung** beträgt statistisch 67,5 Jahre, wahrscheinlich erlebe ich aber meinen 74. Geburtstag.

Ich hatte mehr als 9 Jahre recht guten Unterricht und mein Lebensstandard entspricht **17 Oro pro Tag** (netto 300 im Monat). Ich lebe in einer gut ausgestatteten **ländlichen** Wohnung, ernähre mich gut (zu einem Fünftel aus tierischen Produkten) und verbrauche wenig Energie (überwiegend aus fossilen Quellen). In Summe konsumiere ich nur **1/6 eines Konsumkorbs**.

Meine **Ökobilanz** ist **gemischt**: ich verbrauche 0,9 Erden, lebe aber lokal nicht nachhaltig mit einem Defizit von 40%.

Fu

Ich komme aus China in **Asien** und bin ein **5-jähriger Junge**. Ich spreche Mandarin und bin Buddhist.

Mein persönlicher HDI beträgt **0,868**. Ich führe ein **sicheres Leben**, werde aber auch als Erwachsener wahrscheinlich politisch **nicht mitbestimmen** können. Korruption, Umweltverschmutzung und Lücken in der teuren Gesundheitsversorgung werden mir daher sicher einmal Sorgen machen. Meine statistische **Lebenserwartung** beträgt 73,8 Jahre, es ist also sehr wahrscheinlich, dass ich meinen 75. Geburtstag feiern werde.

Ich habe schon Unterricht, rechne mit insgesamt 16 Bildungsjahren und werde daher einmal studieren. Mein Lebensstandard entspricht **57 Oro pro Tag** (netto 900 im Monat) und ich lebe in einer gut ausgestatteten **städtischen** Wohnung. Ich ernähre mich üppig (zu knapp einem Viertel aus tierischen Produkten), verbrauche viel Energie (fast ausschließlich aus fossilen Quellen) und in Summe konsumiere ich **7/10 eines Konsumkorbs**.

Meine **Ökobilanz** fällt **sehr schlecht** aus: ich verbrauche knapp über 3 Erden und verursache ein lokales Defizit von über 80 %.

Udupi

Ich komme aus Indien in **Asien** und bin ein **32-jähriger Mann**. Ich spreche Kannada und bin ein Hindu.

Mein persönlicher HDI beträgt **0,424**. Mein Leben ist **relativ sicher** und ich genieße **politische Mitbestimmung**, aber man erfährt vieles zu spät. Sorgen bereiten mir der fehlende Zugang zu medizinischer Grundversorgung, die geringe soziale Mobilität, weit verbreitete Armut und die notdürftige Versorgung mit Nahrungsmitteln. Meine statistische **Lebenserwartung** beträgt 55 Jahre, wahrscheinlich erlebe ich aber meinen 72. Geburtstag.

Ich hatte nur 4 Jahre schlechten Unterricht und kann so gerade lesen und rechnen. Meinen Lebensunterhalt bestreite ich mit **3 Oro pro Tag** (netto 100 im Monat) und ich wohne in einer schlecht ausgestatteten **ländlichen** Wohnung. Ich ernähre mich mangelhaft (zu 10 % aus tierischen Produkten) und verbrauche sehr wenig Energie (überwiegend aus fossilen Quellen). Alles zusammen konsumiere ich lediglich **1/16 eines Konsumkorbs**.

Meine **Ökobilanz** ist **gemischt**: ich verbrauche 0,3 Erden, lokal lebe ich jedoch nicht nachhaltig mit einem Defizit von 10 %.

Awassa

Ich komme aus **Afrika** und bin ein **1-jähriger Junge**. Ich werde einmal zwei afrikanische Sprachen sprechen und orthodoxer Christ sein.

Mein persönlicher HDI beträgt **0,396**. Ich wachse in einer **sehr unsicher**en Region auf und werde wahrscheinlich als Erwachsener **nicht mitbestimmen** können, was aber sehr wichtig wäre. Diese Willkür, aber auch Armut, Hunger, fehlende Ausbildungschancen und Gesundheitsversorgung, Klimarisiken und Konflikte bereiten mir große Sorgen. Meine statistische **Lebenserwartung** beläuft sich auch auf nur 62,7 Jahre, hoffentlich werde ich so alt.

Auch für den Unterricht schaut es nicht gut aus, höchstens 7 Jahre werden es wohl werden. Mein Lebensstandard beträgt **1 Oro pro Tag** (netto 50 im Monat) und ich lebe in einer schlecht ausgestatteten **ländlichen** Wohnung. Ich ernähre mich mangelhaft (kaum aus tierischen Produkten) und leide oft **Hunger**. Auch Energie nutze ich kaum (praktisch nicht aus fossilen Quellen). Ich konsumiere daher nur **1/22 eines Konsumkorbs**.

Meine **Ökobilanz** ist **gemischt**: ich verbrauche knapp 0,6 Erden, lebe lokal aber nicht nachhaltig mit einem ein Defizit von 40 %.

Suva

Ich komme aus **Asien** und bin eine **43-jährige Frau**. Ich spreche zwei asiatische Sprachen und etwas Spanisch und Englisch. Außerdem bin ich katholische Christin.

Mein persönlicher HDI beträgt **0,822**. Mein Leben ist **sehr sicher** und ich kann auch politisch **voll mitbestimmen**. Wir brauchen aber dringend eine bessere Gesundheitsversorgung und auch Klimarisiken machen mir Sorgen. Meine **Lebenserwartung** beträgt statistisch 66,3 Jahre, es sieht aber gut aus, dass ich sogar über 80 Jahre alt werde.

Ich hatte 13 gute Bildungsjahre und habe nach dem Unterricht einen Beruf gelernt. Mein Lebensstandard entspricht **27 Oro pro Tag** (netto 400 im Monat) und ich lebe in einer gut ausgestatteten **städtischen** Wohnung. Ich ernähre mich üppig (zu über einem Fünftel aus tierischen Produkten) und mir steht ziemlich viel Energie zur Verfügung (fast ausschließlich aus fossilen Quellen). In Summe konsumiere ich **2,5 Konsumkörbe**.

Meine **Ökobilanz** ist **gemischt**: ich verbrauche zwar 2,4 Erden, lebe lokal aber nachhaltig mit einem Überschuss von 70 %.

Breda

Ich komme **aus Europa** und bin **eine 45-jährige Frau**. Ich spreche eine europäische Sprache und kann Englisch. Ich bin protestantische Christin, aber vor allem an Feiertagen.

Mein persönlicher HDI beträgt **0,965**. Das Leben ist **sehr sicher** und politisch kann ich **voll mitbestimmen**. Meine größten Lebensrisiken sind altersbedingte Krankheiten. Meine **Lebenserwartung** beträgt statistisch 75,1 Jahre, wahrscheinlich erlebe ich aber meinen 85. Geburtstag.

Ich hatte 15 Jahre sehr guten Unterricht und habe ein Studium abgeschlossen. Mein Lebensstandard beträgt **139 Oro pro Tag** (netto 2.100 im Monat) und ich lebe in einer gut ausgestatteten **städtischen** Wohnung. Ich ernähre mich üppig (zu fast einem Drittel aus tierischen Produkten) und verbrauche viel Energie (überwiegend aus fossilen Quellen), insgesamt verbrauche ich **4,7 Konsumkörbe**.

Meine **Ökobilanz** ist **sehr negativ**: ich verbrauche 3,3 Erden und lebe auch lokal nicht nachhaltig mit einem Defizit von 30 %.

Yuxi

Ich komme aus China in **Asien** und bin eine **65-jährige Frau**. Ich spreche Mandarin und eine lokale Sprache und orientiere mich an einer traditionellen chinesischen Lehre.

Mein persönlicher HDI beträgt **0,363**. Mein Leben ist **sicher**, ich kann aber **nicht mitbestimmen**, woran ich jedoch gewöhnt bin. Was mir hingegen Sorgen bereitet, ist die Landflucht, weil die Jungen ein besseres Leben suchen, als es hier möglich ist, und uns Ältere allein zurücklassen. Meine **Lebenserwartung** belief sich bei meiner Geburt auf nur 43,5 Jahre. Das habe ich längst übertroffen, vielleicht werde ich sogar 80.

Ich hatte nie wirklich Unterricht (in der Statistik stehen trotzdem 3 Jahre), habe aber trotzdem lesen und schreiben gelernt. Mein Lebensstandard entspricht **2 Oro pro Tag** (netto 75 im Monat) und ich lebe in einer schlecht ausgestatteten **ländlichen** Wohnung. Ich ernähre mich mangelhaft (zu knapp einem Viertel aus tierischen Produkten) und verbrauche wenig Energie (fast ausschließlich aus fossilen Quellen). Mein Gesamtkonsum beläuft sich auf **1/6 eines Konsumkorbs**.

Meine **Ökobilanz** ist **gemischt**: ich verbrauche zwar nur 0,8 Erden, lebe lokal aber nicht nachhaltig mit einem Defizit von 40 %.

Korba

Ich komme aus Indien in **Asien** und bin eine **63-jährige Frau**. Ich spreche Hindi und bin eine Hindu.

Mein persönlicher HDI beträgt **0,318**. Mein Leben ist **sicher** und ich dürfte zwar wählen, aber es ist zu schwierig. Meine größten Lebensrisiken sind die weitverbreitete Armut und die fehlende medizinische Versorgung. Da ist aber sehr viel passiert, denn als ich geboren wurde, lag meine statistische **Lebenserwartung** bei nur 35 Jahren, inzwischen schaut es gut aus, dass ich wahrscheinlich sogar 80 werde … wenn ich gesund bleibe.

Als Mädchen hatte ich nie Unterricht und bin daher **Analphabetin** geblieben. Mein Lebensstandard beläuft sich auf **3 Oro pro Tag** (netto 100 im Monat) und ich lebe in einer schlecht ausgestatteten **ländlichen** Wohnung. Ich ernähre mich mangelhaft (zu 10 % aus tierischen Produkten) und verbrauche kaum Energie (überwiegend aus fossilen Quellen). In Summe konsumiere ich **1/16 eines Konsumkorbs**.

Meine **Ökobilanz** ist **positiv**: ich verbrauche nicht einmal 0,3 Erden und lebe auch lokal knapp nachhaltig.

Sorocaba

Ich komme aus **Lateinamerika** und bin ein **25-jähriger Mann**. Ich spreche Portugiesisch und bin Christ, früher war ich katholisch, heute bin ich protestantisch.

Mein persönlicher HDI beträgt **0,759**. Das Leben hier ist **recht sicher** und ich habe politische **Mitbestimmungsrechte**. Meine größten Lebensrisiken sind schlechte Aufstiegschancen und die marode Infrastruktur, außerdem funktioniert der Rechtsstaat nicht gut. Meine **Lebenserwartung** ist 61,7 Jahre, vermutliche werde ich aber sogar meinen 74. Geburtstag erleben.

Ich hatte 14 Jahre guten Unterricht, konnte mir aber nicht die Ausbildung leisten, die ich wollte. Mein Lebensstandard entspricht daher **24 Oro pro Tag** (netto 400 im Monat) und ich lebe in einer gut ausgestatteten **städtischen** Wohnung. Meine Ernährung ist üppig (ein Viertel aus tierischen Produkten), mein Energieverbrauch aber mäßig (überwiegend aus fossilen Quellen). Insgesamt konsumiere ich **9/10 eines Konsumkorbs**.

Meine **Ökobilanz** ist **gemischt**: ich verbrauche zwar 2,1 Erden, lebe lokal aber nachhaltig mit 150 % (!) Überschuss.

Tanta

Ich komme aus **Afrika** und bin eine **34-jährige Frau**. Ich spreche Arabisch und bin sunnitische Muslima, aber vor allem an Festtagen.

Mein persönlicher HDI beträgt **0,656**. Mein Leben ist **eher unsicher** und ich kann politisch nur **wenig mitbestimmen**. Risiken stellen bewaffnete Konflikte und das schlechte Gesundheitssystem dar, am Rande der Wüste spüren wir auch den Klimawandel. Meine **Lebenserwartung** beträgt 61,3 Jahre, wahrscheinlich feiere ich aber sogar meinen 77. Geburtstag.

Ich hatte 8 Jahre Unterricht und habe daher eine Grundausbildung. Mein Lebensstandard entspricht **14 Oro pro Tag** (netto 250 im Monat) und ich lebe in einer mittelmäßig ausgestatteten **ländlichen** Wohnung. Ich ernähre mich üppig (fast nur pflanzliche Produkte) und konsumiere mäßig Energie (fast ausschließlich aus fossilen Quellen). Alles zusammen konsumiere ich **1/3 eines Konsumkorbs.**

Meine **Ökobilanz** fällt **negativ** aus: ich verbrauche 1,1 Erden und auch mein lokales Nachhaltigkeitsdefizit beträgt über 70 %.

Daharki

Ich komme aus **Asien** und bin ein **13-jähriges Mädchen**. Ich spreche mehrere asiatische Sprachen, darunter Urdu, und bin sunnitische Muslima.

Mein persönlicher HDI beträgt **0,420**. Mein Leben ist **einigermaßen sicher** und ich werde später wohl politisch **mitbestimmen** dürfen. Sorgen bereiten mir die fehlende Gesundheits- und Sanitärversorgung und die schlechte Ausbildung, vor allem von Mädchen. Meine **Lebenserwartung** beträgt statistisch 64,1 Jahre, meinen 70. Geburtstag erlebe ich aber wahrscheinlich – wenn ich gesund bleibe und irgendwann genug zu essen habe.

Leider musste ich den Unterricht nach 6 Jahren beenden, weil ich arbeiten muss, was manchmal echt gefährlich ist. Ich lebe von **2 Oro pro Tag** (netto 75 im Monat) und wohne in einer prekär ausgestatteten **ländlichen** Wohnung. Ich ernähre mich mangelhaft (ein Fünftel aus tierischen Produkten) und leide oft **Hunger**, außerdem verbrauche ich sehr wenig Energie (vor allem aus fossilen Quellen). Insgesamt verfüge ich über **1/20 eines Konsumkorbs**.

Meine **Ökobilanz** ist **positiv**: ich verbrauche nur 0,2 Erden und lebe auch lokal nachhaltig mit einem Überschuss von 30 %.

Jian

Ich komme aus China in **Asien** und bin ein **33-jähriger Mann**. Ich spreche Gan und Mandarin, Religion interessiert mich nicht.

Mein persönlicher HDI beträgt **0,576**. Mein Leben ist **sicher**, aber nur solange ich mich nicht beschwere, denn politische **Mitbestimmung ist unmöglich**. Meine größte Sorge ist die ungerechte Verteilung, Leute wie ich profitieren viel zu wenig vom Aufschwung. Meine **Lebenserwartung** beträgt statistisch 66,2 Jahre, ich erlebe aber wohl meinen 77. Geburtstag.

Ich habe nur 7 Jahre Unterricht und daher eine Grundausbildung erhalten. Mein Lebensstandard entspricht daher auch nur **6 Oro pro Tag** (netto 150 im Monat) und ich wohne in einer mittelmäßig ausgestatteten **ländlichen** Wohnung. Meine Ernährung ist ausreichend (zu fast einem Viertel aus tierischen Produkten) und ich verbrauche nur mäßig Energie (fast ausschließlich aus fossilen Quellen). Insgesamt konsumiere ich **1/5 eines Konsumkorbs**.

Meine **Ökobilanz** ist **gemischt**: ich verbrauche 1,0 Erden, lokal lebe ich jedoch nicht nachhaltig mit einem Defizit von 50 %.

Patna

Ich komme aus Indien in **Asien** und bin eine **48-jährige Frau**. Ich spreche Hindi und bin eine Hindu.

Mein persönlicher HDI beträgt **0,271**. Mein Leben ist **einigermaßen sicher** und es gibt auch Wahlen, aber die **Teilnahme ist nicht immer möglich**. Mein größtes Lebensrisiko ist die fehlende Versorgung mit vielen lebensnotwendigen Gütern. Die statistische **Lebenserwartung** betrug bei meiner Geburt nur 45 Jahre, wahrscheinlich werde ich jetzt aber 78 Jahre alt.

Ich hatte nie wirklich Unterricht und kann daher auch **nicht lesen und schreiben**, was den Alltag oft erschwert. Mein Lebensstandard beläuft sich auf **1 Oro pro Tag** (netto 50 im Monat) und ich wohne in einer sehr schlecht ausgestatteten **ländlichen** Wohnung. Ich ernähre mich mangelhaft (zu 10 % aus tierischen Produkten) und leide oft **Hunger**. Außerdem konsumiere ich sehr wenig Energie (zum überwiegenden Teil aus fossilen Quellen) und verbrauche auch insgesamt nur **1/24 eines Konsumkorbs**.

Meine **Ökobilanz** ist **sehr positiv**: ich verbrauche nur 0,2 Erden und lebe auch lokal nachhaltig mit einem Überschuss von 50 %.

Sendai

Ich komme aus **Asien** und bin ein **56-jähriger Mann**. Ich spreche Japanisch und etwas Englisch und gehe in den Shinto-Schrein, wenn ich ein wichtiges Anliegen habe.

Mein persönlicher HDI beträgt **0,950**. Mein Leben ist **äußerst sicher** und ich genieße **volle politische Mitbestimmung**. Das einzige Risiko für mein Leben sind altersbedingte Krankheiten, auch Umweltverschmutzung macht mir Sorgen. Meine statistische **Lebenserwartung** beläuft sich auf 64,7 Jahre. Ich werde aber ziemlich sicher noch meinen 83. Geburtstag feiern.

Ich hatte sehr guten Unterricht mit insgesamt 16 Bildungsjahren und habe auch ein Studium abgeschlossen. Mein Lebensstandard entspricht **175 Oro pro Tag** (netto 2.600 im Monat) und ich wohne in einer sehr gut ausgestatteten **städtischen** Wohnung. Ich ernähre mich üppig (zu 20 % aus tierischen Produkten) und verbrauche sehr viel Energie (fast ausschließlich aus fossilen Quellen). Alles zusammen konsumiere ich **4,5 Konsumkörbe**.

Meine **Ökobilanz** fällt **negativ** aus: ich verbrauche 2,9 Erden und verursache ein lokales Nachhaltigkeitsdefizit von fast 90 %.

Aba

Ich komme aus **Afrika** und bin ein **17-jähriges Mädchen**. Ich spreche eine afrikanische Sprache und Englisch. Außerdem bin ich katholische Christin.

Mein persönlicher HDI beträgt **0,463**. Das Leben hier ist **unsicher**, politisch werde ich aber einmal ein **gewisses Maß an Mitbestimmung** besitzen. Ein großes Risiko ist die völlig fehlende Gesundheitsversorgung bei einer sehr ungesunden Umgebung, aber auch die schlechte Ausbildung und die kaputte Infrastruktur machen es mir nicht leicht. Meine **Lebenserwartung** beträgt statistisch 50,6 Jahre, wahrscheinlich werde ich aber wenigstens 63.

Ich hatte 7 Jahre eher schlechten Unterricht. Daher ist mein Lebensstandard auch nur **3 Oro pro Tag** (netto 100 im Monat) und ich lebe in slumartigen **städtischen** Verhältnissen. Ich ernähre mich ausreichend (fast nur pflanzliche Produkte) und konsumiere wenig Energie (überwiegend aus nichtfossilen Quellen). Mein Gesamtkonsum beläuft sich auf **1/9 eines Konsumkorbs**.

Meine **Ökobilanz** ist **gemischt**: ich verbrauche 0,8 Erden, lokal lebe ich jedoch nicht nachhaltig mit einem Defizit von knapp 30 %.

Kaluga

Ich komme aus **Europa** und bin ein **35-jähriger Mann**. Ich spreche Russisch und bin orthodoxer Christ.

Mein persönlicher HDI beträgt **0,791**. Mein Leben ist **sicher** und ich habe **volle Entscheidungsgewalt**. Mein größtes Lebensrisiko stellt das marode Gesundheits- und Sozialsystem dar. Es darf einfach nichts passieren, weder gesundheitlich, noch wirtschaftlich oder auch politisch, weil es keine echte Absicherung gibt. Meine **Lebenserwartung** beträgt statistisch 61,4 Jahre, 70 Jahre alt werde ich aber wohl werden.

Ich hatte 11 Jahre guten Unterricht und habe eine Berufsausbildung abgeschlossen. Mein Lebensstandard entspricht **69 Oro pro Tag** (netto 1.000 im Monat) und ich lebe in einer mittelmäßig ausgestatteten **städtischen** Wohnung. Ich ernähre mich üppig (zu einem Viertel aus tierischen Produkten) und verbrauche sehr viel Energie (fast ausschließlich aus fossilen Quellen). In Summe beanspruche ich **1,8 Konsumkörbe** für mich.

Meine **Ökobilanz** fällt **negativ** aus: ich verbrauche 4,5 Erden, lokal verursache ich ein Nachhaltigkeitsdefizit von über 10 %.

Atlanta

Ich komme aus **Nordamerika** und bin eine **38-jährige Frau**. Ich spreche Englisch und bin protestantische Christin.

Mein persönlicher HDI beträgt **0,871**. Mein Leben ist **eigentlich sicher**, ich habe einige Freiheiten und ich hätte **volle politische Mitbestimmung**, an Wahlen nehme ich aber nicht teil. Meine größten Lebensrisiken sind Altersarmut, teure Behandlungen und die Kriminalität. Meine **Lebenserwartung** beträgt statistisch 77,2 Jahre, wenn alles gut geht, werde ich aber wahrscheinlich sogar 85 Jahre alt.

Ich habe 12 Jahre guten Unterricht genossen, konnte mir aber kein Studium leisten. Mein Lebensstandard entspricht **62 Oro pro Tag** (netto 1.000 im Monat) und ich lebe in einer gut ausgestatteten **städtischen** Wohnung. Ich ernähre mich üppig (zu über einem Viertel aus tierischen Produkten) und verbrauche sehr viel Energie (fast ausschließlich aus fossilen Quellen). Insgesamt verbrauche ich **3,8 Konsumkörbe**.

Meine **Ökobilanz** fällt sehr **negativ** aus: ich verbrauche 3,5 Erden und lokal verursache ich ein Nachhaltigkeitsdefizit von fast 40 %.

Hui

Ich komme aus China in **Asien** und bin ein **28-jähriger Mann**. Ich spreche Yue und orientiere mich an einer traditionellen chinesischen Lehre, wenn ich ein Anliegen habe.

Mein persönlicher HDI beträgt **0,695**. Das Leben selbst ist hier **sicher**, solange ich die Regeln beachte und Autoritäten nicht infrage stelle. Ich habe **keinerlei politische Mitbestimmung** und bin damit sehr unzufrieden. Meine größten Lebensrisiken sind außerdem die Umweltverschmutzung und die schlechte medizinische Versorgung. Meine **Lebenserwartung** beträgt statistisch 67,3 Jahre, wahrscheinlich werde ich aber wenigstens 76.

Ich hatte nur 7 Jahre ordentlichen Unterricht, hatte dann aber Glück und mein Lebensstandard entspricht nun **47 Oro pro Tag** (netto 700 im Monat). Ich lebe in einer gut ausgestatteten **städtischen** Wohnung, meine Ernährung ist üppig (zu knapp einem Viertel aus tierischen Produkten) und ich verbrauche viel Energie (fast ausschließlich aus fossilen Quellen). Alles in allem gehen **3/5 eines Konsumkorbs** auf mein Konto.

Meine **Ökobilanz** ist **negativ**: ich verbrauche 2,7 Erden und lokal verursache ich ein Nachhaltigkeitsdefizit von 80 %.

Bogra

Ich komme aus **Asien** und bin ein **13-jähriger Junge**. Ich spreche Bengali und bin sunnitischer Muslim.

Mein persönlicher HDI beträgt **0,585**. Mein Leben ist **unsicher** und ich werde auch **keine politische Mitbestimmung** haben. Mein Leben bedrohen viele Risiken, Fabriken verschmutzen die Umwelt und das Wasser, und ich werde mir vielleicht nie einen Arztbesuch leisten können. Auch die schlechte Ausbildung trübt die Aussichten auf eine Verbesserung. Meine statistische **Lebenserwartung** beträgt 66,0 Jahre, ich werde aber wohl immerhin 73.

Ich hoffe, zumindest 8 Jahre Unterricht zu erhalten, aber die Qualität ist mäßig. Ich lebe von **8 Oro pro Tag** (netto 200 im Monat) und wohne in einer schlecht ausgestatteten **ländlichen** Wohnung. Ich ernähre mich immerhin ausreichend (fast nur pflanzliche Produkte), verbrauche aber sehr wenig Energie (überwiegend aus fossilen Quellen) und zusammen gerechnet daher **1/7 eines Konsumkorbs**.

Meine **Ökobilanz** ist **gemischt**: ich verbrauche zwar 0,7 Erden, lokal lebe ich aber nicht nachhaltig mit einem Defizit von 70 %.

Patiala

Ich komme aus Indien in **Asien** und bin eine **39-jährige Frau**. Ich spreche Punjabi und bin eine Sikh.

Mein persönlicher HDI beträgt **0,598**. Mein Leben ist **sicher** und ich genieße **politische Mitbestimmung**, aber meine Stimme wird trotzdem oft überhört. Sorgen bereiten mir die schlechte Gesundheitsversorgung und generell die Hygiene, denn das belastet die Umwelt und erschwert das Zusammenleben. Meine **Lebenserwartung** beläuft sich statistisch auf nur 51,5 Jahre, ich werde aber wohl meinen 76. Geburtstag erleben.

Ich hatte nur 6 Jahre mäßigen Unterricht, bevor ich zu arbeiten begonnen habe. Mein Lebensstandard entspricht nun aber **18 Oro pro Tag** (netto 300 im Monat) und ich lebe in einer mittelmäßig ausgestatteten **städtischen** Wohnung. Ich ernähre mich gut (zu 10 % aus tierischen Produkten) und verbrauche wenig Energie (überwiegend aus fossilen Quellen). In Summe steht mir **1/4 eines Konsumkorbs** zur Verfügung.

Meine **Ökobilanz** ist **gemischt**: ich verbrauche genau 1,0 Erden, lebe aber lokal nicht nachhaltig mit einem Defizit von über 70 %.

Puebla

Ich komme aus **Lateinamerika** und bin eine **68-jährige Frau**. Ich spreche eine indigene Sprache und Spanisch und bin katholische Christin.

Mein persönlicher HDI beträgt **0,440**. Mein Leben ist **einigermaßen sicher** und ich dürfte auch **mitbestimmen**, aber wirklich ändern kann ich ja doch nichts. Meine größten Lebensrisiken sind die Diskriminierung gegenüber Indigenen, die unsicheren Landrechte und die Umweltverschmutzung. Meine **Lebenserwartung** betrug bei meiner Geburt zwar nur 50 Jahre, ich habe inzwischen aber gute Chancen, sogar 85 zu werden.

Ich hatte nur 3 Jahre schlechten Unterricht und kann **kaum lesen**. Mein Lebensstandard entspricht **6 Oro pro Tag** (netto 150 im Monat) und ich wohne in einer schlecht ausgestatteten **ländlichen** Wohnung. Ich ernähre mich mangelhaft (20 % aus tierischen Produkten) und verbrauche wenig Energie (fast ausschließlich aus fossilen Quellen). In Summe verbrauche ich **1/2 eines Konsumkorbs**.

Meine **Ökobilanz** fällt **negativ** aus: ich verbrauche 1,3 Erden und lokal verursache ich ein Nachhaltigkeitsdefizit von 40 %.

Kano

Ich komme aus **Afrika** und bin ein **8-jähriger Junge**. Ich spreche eine afrikanische Sprache, kann ein bisschen Arabisch und bin sunnitischer Muslim.

Mein persönlicher HDI beträgt **0,383**. Mein Leben ist **nicht sicher** und wirklich politisch **mitbestimmen werde ich nicht können**. Mir geht es zwar gut, aber es drohen doch viele Gefahren: es gibt keinen Arzt, oft ist zu wenig zum Essen da, meist gibt es nicht einmal sauberes Trinkwasser. Meine **Lebenserwartung** beträgt statistisch 48,6 Jahre, wenigstens meinen 56. Geburtstag werde ich aber wohl erleben.

Ich würde 7 Jahre Unterricht haben, habe aber meistens keine Zeit dafür, weil ich am Feld arbeiten muss. Mein Lebensstandard entspricht trotzdem nur **1 Oro pro Tag** (netto 50 im Monat) und ich lebe in slumartigen **städtischen** Verhältnissen. Meine Ernährung ist mangelhaft (fast nur aus pflanzlichen Produkten) und ich verbrauche wenig Energie (praktisch nicht aus fossilen Quellen). Insgesamt verfüge ich über **1/8 eines Konsumkorbs**.

Meine **Ökobilanz** ist **positiv**: ich verbrauche 0,3 Erden und lebe auch lokal nachhaltig mit einem Überschuss von über 10 %.

Nukus

Ich komme aus **Asien** und bin eine **58-jährige Frau**. Ich spreche eine Turk-Sprache und Russisch und bin sunnitische Muslima, aber vor allem aus Tradition.

Mein persönlicher HDI beträgt **0,676**. Mein Leben ist **sicher**, ich habe aber **keine Mitbestimmungsrechte**. Sorgen bereiten mir die politische Willkür und das marode Gesundheitssystem. Meine **Lebenserwartung** betrug bei meiner Geburt immerhin bereits 60,6 Jahre, ich kann aber wahrscheinlich sogar meinen 82. Geburtstag feiern.

Ich habe 9 Jahre guten Unterricht erhalten. Mein Lebensstandard entspricht **12 Oro pro Tag** (netto 200 im Monat) und ich wohne in einer mittelmäßig ausgestatteten **ländlichen** Wohnung. Ich ernähre mich ausreichend (über 20 % aus tierischen Produkten) und verbrauche mäßig Energie (fast ausschließlich aus fossilen Quellen). In Summe konsumiere ich **7/10 eines Konsumkorbs**.

Meine **Ökobilanz** fällt **negativ** aus: ich verbrauche 2 Erden und lokal verursache ich ein Nachhaltigkeitsdefizit von 50 %.

Tian

Ich komme aus China in **Asien** und bin ein **50-jähriger Mann**. Ich spreche Mandarin und bin Atheist.

Mein persönlicher HDI beträgt **0,751**. Mein Leben ist **sehr sicher** und ich habe in der Siedlung **politisch das Sagen**. Meine größten Lebensrisiken sind altersbedingte Krankheiten und verschiedene Umweltproblemen, vor allem die Luftverschmutzung, aber auch soziale Unruhen in der Siedlung machen mir Sorgen. Meine statistische **Lebenserwartung** hätte ich schon vor zwei Jahren erreicht (also mit 48), wie es jetzt aussieht, erlebe ich aber sogar meinen 78. Geburtstag.

Ich hatte 9 Jahre guten Unterricht und eine gute Ausbildung. Mein Lebensstandard entspricht daher **136 Oro pro Tag** (netto 2.000 im Monat) und ich wohne in einer sehr gut ausgestatteten **städtischen** Wohnung. Ich ernähre mich üppig (zu mehr als einem Viertel aus tierischen Produkten) und verbrauche sehr viel Energie (fast ausschließlich aus fossilen Quellen). Insgesamt beläuft sich mein Konsum auf **1,4 Konsumkörbe**.

Meine **Ökobilanz** ist **sehr negativ**: ich verbrauche 6,3 Erden und lokal verursache ich ein Defizit von über 90 %.

Puri

Ich komme aus Indien in **Asien** und bin ein **3-jähriges Mädchen**. Ich spreche Oriya und bin eine Hindu.

Mein persönlicher HDI beträgt **0,541**. Mein Leben ist **einigermaßen sicher** und ich sollte einmal **volle politische Mitbestimmung** genießen. Die größten Risiken für mein Leben stellen die weit verbreitete Armut, die schlechte Gesundheitsversorgung, die Diskriminierung von Frauen und Mädchen und die fehlenden Perspektiven dar. Meine statistische **Lebenserwartung** beträgt 68,8 Jahre, ich werde wohl 71 Jahre alt werden.

Ich habe Chancen auf eine ganz gute Ausbildung, vielleicht muss ich erst mit 18 arbeiten. Mein Lebensstandard beläuft sich aber nur auf **2 Oro pro Tag** (netto 75 im Monat) und ich lebe in einer prekär ausgestatteten **ländlichen** Wohnung. Ich ernähre mich mangelhaft (weniger als 10 % aus tierischen Produkten) und verbrauche kaum Energie (überwiegend aus fossilen Quellen). Alles in allem habe ich nur **1/20 eines Konsumkorbs**.

Meine **Ökobilanz** ist aber **positiv**: ich verbrauche nur 0,2 Erden und lebe auch lokal nachhaltig mit einem Überschuss von 15 %.

Konin

Ich komme aus **Europa** und bin ein **40-jähriger Mann**. Ich spreche zwei europäische Sprachen und bin orthodoxer Christ.

Mein persönlicher HDI beträgt **0,757**. Mein Leben ist **sehr sicher**, ich genieße **volle politische Mitbestimmung**. Die größten Risiken stellen schlechte Aufstiegschancen und altersbedingte Krankheiten dar, ich weiß auch nicht, wer mich einmal pflegen kann. Meine **Lebenserwartung** beträgt statistisch 67 Jahre, voraussichtlich werde ich meinen 76. Geburtstag aber noch erleben.

Ich konnte 9 Jahre zur Schule gehen und habe eine gute Ausbildung. Mein Lebensstandard entspricht **44 Oro pro Tag** (netto 700 im Monat) und ich lebe in einer gut ausgestatteten **ländlichen** Wohnung. Meine Ernährung ist üppig (zu über einem Viertel aus tierischen Produkten) und mein Energieverbrauch mäßig (fast ausschließlich aus fossilen Quellen). In Summe verbrauche ich **1,4 Konsumkörbe**.

Meine **Ökobilanz** fällt **negativ** aus: ich verbrauche 2,2 Erden und auch lokal verursache ich ein Nachhaltigkeitsdefizit von 30 %.

Nara

Ich komme aus **Asien** und bin eine **81-jährige Frau**. Ich spreche Japanisch und bin Buddhistin, aber das ist mir nicht so wichtig. Ich ehre aber natürlich die Ahnen.

Mein persönlicher HDI beträgt **0,593**. Mein Leben ist **sehr sicher** und ich kann **politisch mitbestimmen**, was nicht immer so war. Meine größten Lebensrisiken? Ich bin ohnehin schon die Älteste im Dorf, was soll mir also noch passieren? Meine statistische **Lebenserwartung** von 49 Jahren habe ich schon lange überlebt und werde vermutlich sogar meinen 90. Geburtstag noch erleben.

Ich hatte 8 Jahre guten Unterricht und mein Lebensstandard entspricht heute **24 Oro pro Tag** (netto 600 im Monat). Ich wohne in einer gut ausgestatteten **städtischen** Wohnung. Ich ernähre mich gut (zu einem Fünftel aus tierischen Produkten) und mein Energieverbrauch ist hoch (fast nur aus fossilen Quellen). In Summe verbrauche ich **3,3 Konsumkörbe**.

Meine **Ökobilanz** ist **negativ**: ich verbrauche 2,3 Erden und lokal verursache ich ein Nachhaltigkeitsdefizit von 80 %.

Ukene

Ich komme aus **Afrika** und bin ein **48-jähriger Mann**. Ich spreche zwei afrikanische Sprachen und Englisch und bin protestantischer Christ.

Mein persönlicher HDI beträgt **0,439**. Mein Leben ist **nicht so sicher**, ich bin aber wichtig genug, um **mitbestimmen** zu können. Die größten Risiken liegen in der maroden Infrastruktur und der schlechten Rechtsstaatlichkeit. Meine **Lebenserwartung** betrug bei der Geburt statistisch nur 38,5 Jahre, inzwischen sieht es aber ganz gut aus, dass ich sogar 70 werde.

Ich hatte nie wirklich Unterricht, in der Statistik stehen 2 Bildungsjahre, lesen und schreiben kann ich inzwischen aber trotzdem. Mein Lebensstandard entspricht **24 Oro pro Tag** (netto 400 im Monat) und ich wohne in einer schlecht ausgestatteten **ländlichen** Wohnung. Ich ernähre mich üppig (fast nur pflanzliche Produkte) und verbrauche mäßig Energie (praktisch nicht aus fossilen Quellen). Insgesamt verbrauche ich **1/3 eines Konsumkorbs**.

Meine **Ökobilanz** ist **gemischt**: ich verbrauche nur 0,9 Erden, lokal lebe ich jedoch nicht nachhaltig mit einem Defizit von 60 %.

Linyi

Ich komme aus China in **Asien** und bin eine **47-jährige Frau**. Ich spreche Mandarin und folge einer traditionellen chinesischen Lehre.

Mein persönlicher HDI beträgt **0,682**. Mein Leben ist **sicher**, politisch kann ich aber **nicht mitbestimmen**. Sorgen bereitet mir diese Unterdrückung, aber auch die Umweltverschmutzung und das teure Gesundheitssystem. Meine **Lebenserwartung** beträgt statistisch nur 57,7 Jahre, immerhin kann ich mittlerweile aber sogar auf meinen 81. Geburtstag hoffen.

Ich hatte nur 7 Jahre Unterricht, habe aber doch eine gute Ausbildung erhalten. Mein Lebensstandard entspricht daher **43 Oro pro Tag** (netto 600 im Monat). Ich wohne in einer gut ausgestatteten **städtischen** Wohnung. Meine Ernährung ist üppig (zu knapp einem Viertel aus tierischen Produkten) und ich verbrauche viel Energie (fast ausschließlich aus fossilen Quellen). Mein Gesamtkonsum beläuft sich auf **1/2 eines Konsumkorbs**.

Meine **Ökobilanz** fällt **negativ** aus: ich verbrauche 2,5 Erden und lokal verursache ich ein Nachhaltigkeitsdefizit von 80 %.

Madurai

Ich komme aus Indien in **Asien** und bin ein **8-jähriger Junge**. Ich spreche Tamil und bin ein Hindu.

Mein persönlicher HDI beträgt **0,708**. Mein Leben ist **sicher** und ich werde einmal **volle politische Mitbestimmungsrechte** besitzen. Das größte Lebensrisiko stellt für mich die schlechte Gesundheitsversorgung dar. Meine statistische Lebenserwartung beträgt daher nur 64,5 Jahre, meinen 69. Geburtstag werde ich aber wahrscheinlich erleben.

Ich erhalte guten Unterricht und habe gute Chancen, 11 Bildungsjahre zu erreichen. Damit werde ich hoffentlich einmal einen guten Job bekommen, momentan beläuft sich mein Lebensstandard auf **23 Oro pro Tag** (netto 400 im Monat) und ich lebe in einer gut ausgestatteten **ländlichen** Wohnung. Ich ernähre mich ausreichend (zu 10 % aus tierischen Produkten) und verbrauche wenig Energie (überwiegend aus fossilen Quellen). Alles in allem verbrauche ich **1/3 eines Konsumkorbs**.

Meine **Ökobilanz** fällt trotzdem **negativ** aus: ich verbrauche 1,3 Erden und auch lokal verursache ich ein Defizit von 80 %.

Sibu

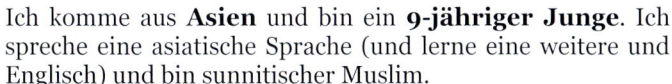

Ich komme aus **Asien** und bin ein **9-jähriger Junge**. Ich spreche eine asiatische Sprache (und lerne eine weitere und Englisch) und bin sunnitischer Muslim.

Mein persönlicher HDI beträgt **0,839**. Mein Leben ist **sehr sicher** und ich werde politisch wohl **einigermaßen mitbestimmen** können. Meine Lebensrisiken liegen in der schlechten Gesundheitsversorgung und im Voranschreiten des Klimawandels. Meine **Lebenserwartung** beträgt statistisch 68,6 Jahre, wahrscheinlich werde ich aber zumindest 72.

Ich werde 12 Jahre guten Unterricht erhalten, vielleicht kann ich danach sogar studieren. Mein Lebensstandard beläuft sich auf **74 Oro pro Tag** (netto 1.200 im Monat) und ich lebe in einer gut ausgestatteten **städtischen** Wohnung. Auch meine Ernährung ist üppig (zu einem Sechstel aus tierischen Produkten) und ich verbrauche ziemlich viel Energie (fast ausschließlich aus fossilen Quellen). In Summe konsumiere ich etwas mehr als **7/10 eines Konsumkorbs**.

Meine **Ökobilanz** fällt **negativ** aus: ich verbrauche 1,7 Erden und lokal verursache ich ein Nachhaltigkeitsdefizit von fast 50 %.

Macapa

Ich komme aus **Lateinamerika** und bin ein **12-jähriges Mädchen**. Ich spreche Portugiesisch und bin katholische Christin.

Mein persönlicher HDI beträgt **0,599**. Mein Leben ist **nicht wirklich sicher**, ich werde aber einmal über **politische Mitbestimmung** verfügen. Meine größten Lebensrisiken sind die grassierende Armut und die mangelhafte Sanitär- und Gesundheitsversorgung, aber auch Gewalt und Kriminalität sind große Probleme. Meine Lebenserwartung beträgt statistisch 75,2 Jahre, dass ich einmal 80 Jahre alt werde ist aber wahrscheinlich.

Ich habe ordentlichen Unterricht, hoffentlich für 13 Jahre, wenn ich nicht vorher arbeiten muss. Mein Lebensstandard beträgt nämlich nur **2 Oro pro Tag** (netto 75 im Monat) und ich lebe in slumartigen **städtischen** Verhältnissen. Ich ernähre mich auch nur mangelhaft (zu einem Viertel aus tierischen Produkten) und verbrauche wenig Energie (zum überwiegenden Teil aus fossilen Quellen). Mein gesamter Konsum beläuft sich auf **6/10 eines Konsumkorbs**.

Meine **Ökobilanz** ist **gemischt**: ich verbrauche 1,4 Erden, lokal lebe ich aber sehr nachhaltig mit einem Überschuss von 260 % (!).

Jinhua

Ich komme aus China in **Asien** und bin ein **46-jähriger Mann**. Ich spreche Wu und habe kein religiöses Bekenntnis.

Mein persönlicher HDI beträgt **0,713**. Mein Leben ist **sicher**, ich besitze aber **keinerlei politische Mitbestimmung**. Mein größtes Lebensrisiko stellt die teure Gesundheitsversorgung dar, auch die zunehmende Überwachung macht mir Sorgen. Meine statistische **Lebenserwartung** beträgt 55,8 Jahre, ich werde wahrscheinlich aber meinen 78. Geburtstag feiern können.

Ich hatte 8 Jahre Schulbildung und habe dann eine gute Arbeit bekommen. Mein Lebensstandard entspricht daher **62 Oro pro Tag** (netto 1.000 im Monat) und ich lebe in einer gut ausgestatteten städtischen Wohnung. Ich ernähre mich üppig (zu und knapp einem Viertel aus tierischen Produkten) und verbrauche viel Energie (fast ausschließlich aus fossilen Quellen). In Summe verfüge ich über **7/10 eines Konsumkorbs**.

Meine **Ökobilanz** ist sehr **negativ**: ich verbrauche 3,3 Erden und lokal verursache ich ein Nachhaltigkeitsdefizit von über 80 %.

Malanje

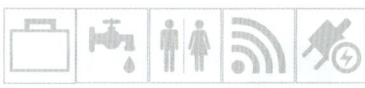

Ich komme aus **Afrika** und bin ein **9-jähriges Mädchen**. Ich spreche eine afrikanische Sprache und feiere gerne afrikanische und christliche Feste.

Mein persönlicher HDI beträgt **0,507**. Mein Leben ist **einigermaßen sicher**, jedoch werde ich als Erwachsene **kaum mitbestimmen** können. Mein größtes Lebensrisiko stellt das komplette Fehlen von Infrastruktur dar, dazu kommen noch die Ungleichheit und die schlechte Rechtsstaatlichkeit. Meine **Lebenserwartung** beträgt statistisch 56,8 Jahre, ich werde aber wohl wenigstens 62 Jahre alt werden.

Ich werde hoffentlich zumindest bis 14 zur Schule gehen können. Mein Lebensstandard entspricht aber nur **3 Oro pro Tag** (netto 100 im Monat) und ich wohne in slumartigen **städtischen** Verhältnissen. Ich ernähre mich mangelhaft (fast ausschließlich pflanzlich), leide daher oft **Hunger** und verbrauche auch wenig Energie (überwiegend aus nicht-fossilen Quellen). Insgesamt konsumiere ich **1/5 eines Konsumkorbs**.

Meine **Ökobilanz** ist sehr **positiv**: ich verbrauche nur 0,7 Erden und lebe auch lokal nachhaltig mit einem Überschuss von 250 %.

Sibi

Ich komme aus **Asien** und bin eine **27-jährige Frau**. Ich spreche zwei asiatische Sprachen, darunter Paschtu, und bin sunnitische Muslima.

Mein persönlicher HDI beträgt **0,319**. Mein Leben ist **unsicher** und es gibt **kaum politische Mitbestimmung**. Die größten Lebensrisiken stellen für mich dauernde Unsicherheit und Konflikte und die marode Infrastruktur dar. Zudem herrscht Willkür und speziell Frauen sind stark benachteiligt. Meine **Lebenserwartung** beträgt statistisch 56,5 Jahre, ich werde aber wohl 72 Jahre alt werden.

Ich habe nur 3 Jahre Unterricht erhalten und immerhin ein bisschen lesen und schreiben gelernt. Mein Lebensstandard entspricht daher auch nur **1 Oro pro Tag** (netto 50 im Monat) und ich wohne in einer schlecht ausgestatteten **ländlichen** Wohnung. Meine Ernährung ist mangelhaft (zu 15 % tierische Produkte) und ich verbrauche nur wenig Energie (fast ausschließlich aus fossilen Quellen). Insgesamt verfüge ich über **1/7 eines Konsumkorbs**.

Meine **Ökobilanz** ist **gemischt**: ich verbrauche 0,6 Erden, lokal lebe ich jedoch nicht nachhaltig mit einem Defizit von fast 60 %.

Amreli

Ich komme aus Indien in **Asien** und bin ein **1-jähriger Junge**. Ich lerne Gujarati, später vielleicht auch Hindi und Englisch, und bin ein Hindu.

Mein persönlicher HDI beträgt **0,708**. Mein Leben ist **sicher** und ich werde einmal über **volle politische Mitbestimmung** verfügen. Mein größtes Lebensrisiko sind Krankheiten, weil die Gesundheitsversorgung sehr teuer ist, und die Umweltverschmutzung durch Müll und Abgase. Meine statistische **Lebenserwartung** beträgt 66,6 Jahre, aber daran denke ich noch nicht.

Ich werde guten Unterricht erhalten, wahrscheinlich sogar für 12 Jahre, was mir vielleicht einen sozialen Aufstieg ermöglicht. Mein Lebensstandard beträgt momentan **19 Oro pro Tag** (netto 300 im Monat) und ich wohne in einer mittelmäßig ausgestatteten **städtischen** Wohnung. Meine Ernährung ist aber sehr gut (zu 10 % aus tierischen Produkten), während ich eher wenig Energie verbrauche (überwiegend aus fossilen Quellen). Insgesamt konsumiere ich **1/4 eines Konsumkorbs**.

Meine **Ökobilanz** ist aber **negativ**: ich verbrauche etwas mehr als 1,0 Erden, lokal verursache ich zudem ein Defizit von knapp 80 %.

Savona

Ich komme aus **Europa** und bin eine **55-jährige Frau**. Ich spreche Italienisch und gehe an Feiertagen in eine katholische Kirche.

Mein persönlicher HDI beträgt **0,731**. Mein Leben ist **sicher** und ich habe **volle politische Mitbestimmungsrechte**, bin aber mit den Entscheidungen oft unzufrieden. Mein größtes Lebensrisiko ist Altersarmut, vor allem altersbedingte Krankheiten. Außerdem haben wir keinen Internetanschluss, eine Frechheit im 21. Jahrhundert! Meine statistische **Lebenserwartung** beträgt 71,5 Jahre, wahrscheinlich werde ich aber sogar 88 Jahre alt.

Ich hatte 8 Jahre guten Unterricht, mein Lebensstandard entspricht aber nur **34 Oro pro Tag** (netto 600 im Monat). Außerdem lebe ich in einer sehr gut ausgestatteten **städtischen** Wohnung. Ich ernähre mich üppig (zu einem Viertel aus tierischen Produkten) und verbrauche mäßig Energie (fast ausschließlich aus fossilen Quellen). In Summe stehen mir **2,3 Konsumkörbe** zur Verfügung.

Meine **Ökobilanz** ist **negativ**: ich verbrauche 2,6 Erden und lokal verursache ich ein Nachhaltigkeitsdefizit von 75 %.

Austin

Ich komme aus **Nordamerika** und bin ein **59-jähriger Mann**. Ich spreche Englisch und bin protestantischer Christ.

Mein persönlicher HDI beträgt **0,952**. Mein Leben ist **sehr sicher** und ich kann **politisch voll mitbestimmen**. Meine größten Lebensrisiken sind altersbedingte Krankheiten, aber auch der Neid meiner Mitmenschen macht mir zu schaffen. Meine **Lebenserwartung** beträgt statistisch 66,4 Jahre, zumindest meinen 81. Geburtstag werde ich aber sicher feiern.

Ich hatte sehr guten Unterricht mit insgesamt 14 Bildungsjahren und war auch einer der ersten in Globo, der ein Studium abgeschlossen hat. Mein Lebensstandard entspricht daher auch **311 Oro pro Tag** (netto 5.000 im Monat) und ich wohne in einer luxuriös ausgestatteten **städtischen** Wohnung. Ich ernähre mich üppig (mehr als ein Viertel aus tierischen Produkten) und verbrauche sehr viel Energie (fast ausschließlich aus fossilen Quellen). Mein Gesamtkonsum beläuft sich auf **10,4 Konsumkörbe**.

Meine **Ökobilanz** ist **sehr negativ**: ich verbrauche 9,4 (!) Erden und auch lokal verursache ich ein Defizit von fast 80 %.

Shang

Ich komme aus China in **Asien** und bin eine **32-jährige Frau**. Ich spreche Mandarin und lebe ohne religiöses Bekenntnis.

Mein persönlicher HDI beträgt **0,652**. Mein Leben ist **sicher** und ich brauche **keine Mitbestimmung**, weil ich auf die Funktionäre vertraue. Mein größtes Lebensrisiko ist die teure Gesundheitsversorgung, Sorgen bereiten mir aber auch schlechte Aufstiegschancen. Meine statistische **Lebenserwartung** beträgt 69,5 Jahre, ich werde aber wohl über 80 werden.

Ich hatte 8 Jahre Unterricht, aber keine gute Ausbildung. Mein Lebensstandard beläuft sich daher auf **12 Oro pro Tag** (netto 200 im Monat) und ich lebe in einer mittelmäßig ausgestatteten **ländlichen** Wohnung. Ich ernähre mich aber gut (zu knapp einem Viertel aus tierischen Produkten) und verbrauche mäßig Energie (fast ausschließlich aus fossilen Quellen). In Summe konsumiere ich **1/4 eines Konsumkorbs**.

Meine **Ökobilanz** fällt aber **negativ** aus: ich verbrauche 1,3 Erden und lokal verursache ich ein Defizit von über 40 %.

Multan

Ich komme aus **Asien** und bin ein **29-jähriger Mann**. Ich spreche Punjabi und Urdu und bin ein sunnitischer Muslim.

Mein persönlicher HDI beträgt **0,596**. Mein Leben ist **sicher** und ich habe **gewisse politische Mitbestimmungsrechte**. Meine größten Lebensrisiken sind das schlechte Gesundheitssystem, die Umweltverschmutzung, die schlechte soziale Absicherung und die geringen Aufstiegschancen. Meine **Lebenserwartung** beträgt statistisch 58,3 Jahre, ich werde aber wohl wenigstens 71 Jahre alt.

Ich musste leider meinen gar nicht so schlechten Unterricht bereits nach 6 Bildungsjahren abbrechen und habe zu arbeiten begonnen. Inzwischen liegt mein Lebensstandard bei **16 Oro pro Tag** (netto 300 im Monat) und ich wohne in einer schlecht ausgestatteten **städtischen** Wohnung. Ich ernähre mich gut (zu etwa einem Fünftel aus tierischen Produkten) und verbrauche wenig Energie (überwiegend aus fossilen Quellen). Insgesamt verbrauche ich **1/5 eines Konsumkorbs**.

Meine **Ökobilanz** ist **gemischt**: ich verbrauche 0,7 Erden, lokal lebe ich jedoch nicht nachhaltig mit einem Defizit von 70 %.

Sefrou

Ich komme aus **Afrika** und bin ein **69-jähriger Mann**. Ich spreche Arabisch und bin ein sunnitischer Muslim.

Mein persönlicher HDI beträgt **0,482**. Mein Leben ist **mehr oder weniger sicher**, echte politische **Mitbestimmung ist aber kaum möglich**. Mein größtes Lebensrisiko ist die schlechte Gesundheitsversorgung und generell die schlechte Altersvorsorge. Meine statistische **Lebenserwartung** von 69 Jahren habe ich erreicht, ich habe inzwischen gute Chancen, 80 zu werden.

Ich hatte nur 3 Jahre schlechten Unterricht und kann daher **kaum lesen und schreiben**, das war früher aber auch noch nicht so wichtig. Mein Lebensstandard entspricht **44 Oro pro Tag** (netto 700 im Monat) und ich lebe in einer gut ausgestatteten **städtischen** Wohnung. Ich ernähre mich üppig (zu 10 % aus tierischen Produkten) und verbrauche mäßig Energie (fast ausschließlich aus fossilen Quellen). Mein Gesamtkonsum beläuft sich auf etwas mehr als **1/2 eines Konsumkorbs**.

Meine **Ökobilanz** ist **negativ**: ich verbrauche 1,2 Erden und lokal verursache ich ein Nachhaltigkeitsdefizit von 65 %.

Sita

Ich komme aus Indien in **Asien** und bin eine **18-jährige Frau**. Ich spreche Urdu und bin eine sunnitische Muslima.

Mein persönlicher HDI beträgt **0,507**. Mein Leben ist **meistens sicher** und ich kann auch **politisch mitbestimmen**, aber meine Bedürfnisse scheinen niemanden zu interessieren. Mein größtes Lebensrisiko ist die fehlende Gesundheitsversorgung, sogar während einer Schwangerschaft. Außerdem passt es mir gar nicht, dass Frauen offenbar weniger zählen als Männer. Meine **Lebenserwartung** beträgt statistisch 62,1 Jahre, vermutlich werde ich aber meinen 73. Geburtstag erleben.

Ich musste leider schon nach 7 Jahren meine Ausbildung abbrechen. Mein Lebensstandard beträgt **2 Oro pro Tag** (netto 75 im Monat) und ich wohne in einer schlecht ausgestatteten **ländlichen** Wohnung. Ich ernähre mich nur mangelhaft (zu 10% aus tierischen Produkten) und verbrauche sehr wenig Energie (überwiegend aus fossilen Quellen). In Summe verbrauche ich nur **1/16 eines Konsumkorbs**.

Meine **Ökobilanz** ist **positiv**: ich verbrauche nur 0,3 Erden und lebe lokal knapp nachhaltig.

Cali

Ich komme aus **Lateinamerika** und bin ein **6-jähriger Junge**. Ich spreche Spanisch und bin katholischer Christ.

Mein persönlicher HDI beträgt **0,710**. Mein Leben ist **eher sicher** und wenn ich erwachsen bin, werde ich wohl **politisch mitbestimmen** können. Meine größten **Lebensrisiken** sind Krankheiten, denn Medikamente sind sehr teuer. Aber auch Umweltverschmutzung und Gewalt sind alltäglich, es gibt generell wenig Gerechtigkeit. Meine **Lebenserwartung** beträgt statistisch 65,5 Jahre, vielleicht werde ich aber sogar über 70.

Ich kann mit insgesamt 12 Jahren gutem Unterricht rechnen. Mein Lebensstandard beträgt **18 Oro pro Tag** (netto 300 im Monat) und ich lebe in einer einfach ausgestatteten **ländlichen** Wohnung. Ich ernähre mich ausreichend (zu einem Sechstel aus tierischen Produkten) und verbrauche wenig Energie (fast ausschließlich aus fossilen Quellen). In Summe konsumiere ich etwas mehr als **1/2 eines Konsumkorbs**.

Meine **Ökobilanz** ist **positiv**: ich verbrauche 0,9 Erden und lebe lokal nachhaltig mit einem Überschuss von 10 %.

Pusan

Ich komme aus **Asien** und bin eine **31-jährige Frau**. Ich spreche Koreanisch, kann auch etwas Mandarin und Englisch und bete in der Kirche und im buddhistischen Tempel.

Mein persönlicher HDI beträgt **0,952**. Mein Leben ist **sehr sicher** und ich kann politisch **voll mitbestimmen**. Meine größten Lebensrisiken sind der hohe Druck und Stress, der in meinem Alltag herrscht, bei der Arbeit und zuhause. Ich weiß nicht, wie lange ich das aushalte. Meine statistische **Lebenserwartung** beträgt 72,6 Jahre, es ist aber realistisch, dass ich meinen 87. Geburtstag erleben werde.

Ich habe eine sehr gute Ausbildung und ein Studium absolviert, mit 18 abgeschlossenen Bildungsjahren halte ich in Globo den aktuellen Rekord. Mein Lebensstandard entspricht **112 Oro pro Tag** (netto 1.700 im Monat) und ich wohne in einer sehr gut ausgestatteten **städtischen** Wohnung. Ich ernähre mich gut (zu einem Sechstel aus tierischen Produkten) und verbrauche sehr viel Energie (fast ausschließlich aus fossilen Quellen). Alles zusammen verbrauche ich **2 Konsumkörbe**.

Meine **Ökobilanz** ist **negativ**: ich verbrauche 2 Erden und lokal verursache ich zudem ein Nachhaltigkeitsdefizit von 90 %.

Linfen

Ich komme aus China in **Asien** und bin ein **78-jähriger Mann**. Ich spreche Jinyu und Mandarin und bin Atheist.

Mein persönlicher HDI beträgt **0,407**. Mein Leben ist **sicher** und ich vertraue auf die Funktionäre, dafür braucht es **keine Mitbestimmung**. Meine größten Lebensrisiken sind fehlende Sanitärversorgung, aber das kenne ich nicht anders, und die neuerdings sehr teure Gesundheitsversorgung, was bei meinem Asthma ein Problem ist. Ich werde aber wohl trotzdem noch mindestens 80, das hätte bei meiner Geburt niemand geglaubt: da lag die **Lebenserwartung** noch bei 32,5 Jahren.

Ich hatte nie wirklich Unterricht, höchstens 2 Jahre, und habe erst später einigermaßen lesen und schreiben gelernt. Mein Lebensstandard entspricht **14 Oro pro Tag** (netto 250 im Monat) und ich wohne in slumartigen **städtischen** Verhältnissen, aber das bin ich gewohnt. Ich ernähre mich gut (ein Viertel aus tierischen Produkten), nutze mäßig Energie (fast ausschließlich fossile Quellen), und verbrauche **1/3 eines Konsumkorbs**.

Meine **Ökobilanz** ist aber **negativ**: ich verbrauche über 1,3 Erden und lokal verursache ich ein Nachhaltigkeitsdefizit von 60 %.

Pemba

Ich komme aus **Afrika** und bin ein **14-jähriges Mädchen**. Ich spreche zwei afrikanische Sprachen und gehe in die Kirche.

Mein persönlicher HDI beträgt **0,384**. Mein Leben ist **nicht so sicher**, politisch werde ich aber später **einigermaßen mitbestimmen** können. Meine größten Lebensrisiken sind Krankheiten, denn es gibt keine geregelte Gesundheitsversorgung, und die extreme Armut, unter der alles leidet. Meine **Lebenserwartung** beträgt statistisch 53,8 Jahre, es ist inzwischen immerhin wahrscheinlich, dass ich meinen 67. Geburtstag feiern kann.

Ich hatte nur 6 Jahre mäßigen Unterricht und habe leider keine Ausbildung. Mein Lebensstandard entspricht daher auch nur **1 Oro pro Tag** (netto 50 im Monat). Ich wohne in einer schlecht ausgestatteten **ländlichen** Wohnung. Meine Ernährung (fast nur pflanzliche Produkte) ist schlecht und ich leide **Hunger**, außerdem verbrauche ich sehr wenig Energie (praktisch nicht aus fossilen Quellen). Insgesamt konsumiere ich **1/22 eines Konsumkorbs**.

Meine **Ökobilanz** ist **positiv**: ich verbrauche 0,6 Erden und auch lokal lebe ich nachhaltig mit einem Überschuss von knapp 90 %.

Odessa

Ich komme aus **Europa** und bin ein **15-jähriges Mädchen**. Ich spreche eine europäische Sprache und kann etwas Englisch, außerdem bin ich an Feiertagen orthodoxe Christin.

Mein persönlicher HDI beträgt **0,796**. Mein Leben ist **sicher** und ich lasse mir **nicht den Mund verbieten**. Sorgen bereitet mir aber die schlechte Gesundheitsversorgung und generell der Zustand der Infrastruktur und die schwache Rechtsstaatlichkeit. Meine **Lebenserwartung** beträgt statistisch 73,6 Jahre, ich werde aber wohl über 80.

Ich erhalte guten Unterricht, hoffe auf insgesamt 14 Jahre und werde daher vielleicht sogar studieren können. Mein Lebensstandard entspricht aber nur **24 Oro pro Tag** (netto 500 im Monat) und ich lebe in einer mittelmäßig ausgestatteten **ländlichen** Wohnung. Ich ernähre mich ausreichend (zu über einem Fünftel aus tierischen Produkten) und verbrauche mäßig Energie (fast ausschließlich aus fossilen Quellen). Insgesamt verfüge ich über **7/10 eines Konsumkorbs**.

Meine **Ökobilanz** ist **negativ**: ich verbrauche 1,8 Erden und lokal verursache ich ein Nachhaltigkeitsdefizit von 30 %.

Guna

Ich komme aus Indien in **Asien** und bin ein **64-jähriger Mann**. Ich spreche Hindi und bin ein Hindu.

Mein persönlicher HDI beträgt **0,353**. Mein Leben ist **einigermaßen sicher** und ich bin stolz, **in demokratischen Verhältnissen** zu leben. Meine größten Lebensrisiken sind Verletzungen bei der Feldarbeit oder Krankheiten, weil es keine funktionierende Gesundheitsversorgung gibt, und die weit verbreitete Armut. Wenn alles gut geht, werde ich trotzdem meinen 77. Geburtstag erleben, obwohl meine statistische **Lebenserwartung** nur 36 Jahren betragen hat.

Ich hatte trotz 2 Bildungsjahren nie wirklich Unterricht und kann auch **nicht lesen, schreiben oder rechnen**. Mein Lebensstandard entspricht **4 Oro pro Tag** (netto 100 im Monat) und ich wohne in einer mittelmäßig ausgestatteten **ländlichen** Wohnung. Ich ernähre mich mangelhaft (zu 10 % aus tierischen Produkten) und habe nur sehr wenig Energie (überwiegend aus fossilen Quellen). Insgesamt konsumiere ich **1/13 eines Konsumkorbs**.

Meine **Ökobilanz** ist **gemischt**: ich verbrauche nur 0,3 Erden, lokal lebe ich aber nicht nachhaltig mit einem Defizit von 20 %.

Bekasi

Ich komme aus **Asien** und bin ein **4-jähriger Junge**. Ich spreche Javanisch und mag unsere muslimischen Feste.

Mein persönlicher HDI beträgt **0,706**. Mein Leben ist **sicher** und wenn ich erwachsen bin, werde ich einmal **mitbestimmen** dürfen. Neben Krankheiten bereiten mir die leer gefischten Meere Sorgen. Werde ich je als Fischer etwas zu fangen finden? Meine **Lebenserwartung** beträgt statistische 66,3 Jahre, ich werde also ziemlich sicher 68, vielleicht sogar über 70.

Ich werde hoffentlich guten Unterricht erhalten und habe sogar die Chance auf 13 Bildungsjahre und eine gute Ausbildung. Mein Lebensstandard entspricht **13 Oro pro Tag** (netto 250 im Monat) und ich wohne in einer mittelmäßig ausgestatteten **städtischen** Wohnung. Ich ernähre mich ausreichend (fast nur pflanzliche Produkte) und verbrauche kaum Energie (überwiegend aus fossilen Quellen). Insgesamt konsumiere ich **1/2 eines Konsumkorbs**.

Auch meine **Ökobilanz** ist **positiv**: ich verbrauche nur 0,6 Erden und lebe lokal nachhaltig mit einem Überschuss von knapp 20 %.

Hefei

Ich komme aus China in **Asien** und bin eine **74-jährige Frau**. Ich spreche Mandarin und bin Atheistin.

Mein persönlicher HDI beträgt **0,371**. Es geht mir **soweit ganz gut**, aber ich konnte in meinem Leben **nie irgendetwas mitbestimmen**. Mein größtes Lebensrisiko ist meine Armut, es gibt auch kaum mehr jemanden, der sich um mich kümmern könnte. Meine **Lebenserwartung** betrug zu meiner Geburt die Hälfte meines jetzigen Alters (also 37), jetzt sieht es ganz gut aus, dass ich sogar meinen 82. Geburtstag noch erlebe.

Ich hatte, glaube ich, irgendwann 2 Jahre Unterricht, aber ich kann leider trotzdem **nicht lesen und schreiben**. Mein Lebensstandard entspricht daher nur **4 Oro pro Tag** (netto 100 im Monat) und ich lebe in einer prekär ausgestatteten **ländlichen** Wohnung. Ich ernähre mich mangelhaft (zu unter einem Viertel aus tierischen Produkten) und verbrauche wenig Energie (fast ausschließlich aus fossilen Quellen). Alles in allem verbrauche ich **1/5 eines Konsumkorbs**.

Meine **Ökobilanz** ist **gemischt**: ich verbrauche 0,9 Erden, lokal lebe ich jedoch nicht nachhaltig mit einem Defizit von 40 %.

Nakuru

Ich komme aus **Afrika** und bin ein **23-jähriger Mann**. Ich spreche zwei afrikanische Sprachen und etwas Englisch. Ich bin protestantischer Christ, hole mir aber überall Hilfe.

Mein persönlicher HDI beträgt **0,571**. Mein Leben ist **eher sicher** und ich kann **politisch mitbestimmen**. Sorgen bereiten mir aber die Korruption und die schlechten Aufstiegschancen, auch die schlechte Infrastruktur ist ein Problem. Meine **Lebenserwartung** beträgt statistisch nur 48,3 Jahre, es ist aber wahrscheinlich, dass ich meinen 66.Geburtstag feiern kann.

Ich musste nach 7 Jahren den Unterricht abbrechen, aber die Qualität war sowieso schlecht. Ich hatte dann bald Jobs und habe mir inzwischen einen Lebensstandard von **19 Oro pro Tag** (netto 300 im Monat) erarbeitet. Ich wohne in einer mittelmäßig ausgestatteten **ländlichen** Wohnung, ernähre mich ausreichend (zu 10% aus tierischen Produkten) und verbrauche wenig Energie (praktisch nicht aus fossilen Quellen). Insgesamt beläuft sich mein Konsum auf **1/4 eines Konsumkorbs**.

Meine **Ökobilanz** ist **gemischt**: ich verbrauche 0,7 Erden, lokal lebe ich jedoch nicht nachhaltig mit einem Defizit von 50 %.

Tirupati

Ich komme aus Indien in **Asien** und bin eine **53-jährige Frau**. Ich spreche Telugu und bin eine Hindu.

Mein persönlicher HDI beträgt **0,353**. Mein Leben ist **sicher** und ich kann **politisch mitbestimmen**, auch wenn es nicht immer einfach ist. Meine größten Lebensrisiken sind Krankheiten, deren Behandlung zu teuer ist, und das immer extremere Wetter. Meine **Lebenserwartung** betrug zu meiner Geburt nur 41,7 Jahre, ich erlebe aber vielleicht sogar meinen 79. Geburtstag.

Ich hatte nie wirklich Unterricht, auch wenn in der Statistik 2 Jahre stehen, und bin **Analphabetin**. Mein Lebensstandard entspricht **3 Oro pro Tag** (netto 100 im Monat) und ich wohne in einer prekär ausgestatteten **ländlichen** Wohnung. Ich ernähre mich mangelhaft (zu 10 % aus tierischen Produkten) und verbrauche sehr wenig Energie (überwiegend aus fossilen Quellen). Mein Gesamtkonsum beläuft sich auf lediglich **1/16 eines Konsumkorbs**.

Meine **Ökobilanz** ist **gemischt**: ich verbrauche 0,3 Erden, lokal lebe ich jedoch nicht nachhaltig mit einem Defizit von 10 %.

Jambi

Ich komme aus **Asien** und bin ein **16-jähriges Mädchen**. Ich spreche zwei asiatische Sprachen, lerne etwas Englisch und bin sunnitische Muslima, aber vor allem an Festtagen.

Mein persönlicher HDI beträgt **0,643**. Mein Leben ist **sicher** und als Erwachsene werde ich **politisch voll mitbestimmen** dürfen. Mein größtes Lebensrisiko sind Krankheiten und die schlechte Versorgungslage und Infrastruktur, zuhause habe ich eigentlich nur Wasser. Außerdem stört mich die fehlende Gleichberechtigung von Mann und Frau. Meine **Lebenserwartung** beträgt 67,8 Jahre, dass ich 74 werde, ist jedoch wahrscheinlich.

Ich habe guten Unterricht und die Chance auf insgesamt 11 Bildungsjahre, aber nur mit zwei Nebenjobs. Mein Lebensstandard entspricht **7 Oro pro Tag** (netto 150 im Monat) und ich lebe in einer schlecht ausgestatteten **ländlichen** Wohnung. Ich ernähre mich mangelhaft (fast nur pflanzliche Produkte) und verbrauche sehr wenig Energie (überwiegend aus fossilen Quellen), insgesamt konsumiere ich **1/3 eines Konsumkorbs**.

Meine **Ökobilanz** ist **positiv**: ich verbrauche nur 0,4 Erden und lebe lokal nachhaltig mit einem Überschuss von 100 %.

Rosario

Ich komme aus **Lateinamerika** und bin ein **52-jähriger Mann**. Ich spreche Spanisch und verstehe auch eine indigene Sprache, außerdem bin ich an Feiertagen katholischer Christ.

Mein persönlicher HDI beträgt **0,812**. Mein Leben ist **sicher** und ich besitze **volle politische Mitbestimmungsrechte**. Mein größtes Lebensrisiko sind altersbedingte Krankheiten, mich stören aber auch schlechte wirtschaftliche Entfaltungsmöglichkeiten. Meine **Lebenserwartung** beträgt statistisch 57,7 Jahre, ich bin aber zuversichtlich, meinen 79. Geburtstag zu feiern.

Ich habe eine solide Ausbildung genossen, bis ich 16 war, und habe danach gut Fuß gefasst. Mein Lebensstandard entspricht daher **119 Oro pro Tag** (netto 1.800 im Monat) und ich wohne in einer gut ausgestatteten **städtischen** Wohnung. Ich ernähre mich üppig (30 % aus tierischen Produkten) und verbrauche viel Energie (fast ausschließlich aus fossilen Quellen). Alles in allem konsumiere ich **2,2 Konsumkörbe**.

Meine **Ökobilanz** ist **gemischt**: ich verbrauche 2,2 Erden, lokal lebe ich jedoch nachhaltig mit einem Überschuss von satten 100 %.

Wu

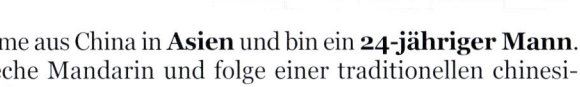

Ich komme aus China in **Asien** und bin ein **24-jähriger Mann**. Ich spreche Mandarin und folge einer traditionellen chinesischen Lehre.

Mein persönlicher HDI beträgt **0,699**. Mein Leben ist **sicher**, aber ich habe **keine Mitbestimmungsmöglichkeiten**. Meine größten Lebensrisiken sind Krankheiten, deren Behandlung vielleicht zu teuer ist, und dass niemand auf meine Probleme Rücksicht nimmt. Meine **Lebenserwartung** beträgt statistisch 67,8 Jahre, wahrscheinlich werde ich aber 76 Jahre alt.

Ich hatte 10 Jahre guten Unterricht und habe daher schnell einen Job gefunden. Mein Lebensstandard entspricht **26 Oro pro Tag** (netto 450 im Monat) und ich lebe in einer mittelmäßig ausgestatteten **städtischen** Wohnung. Ich ernähre mich üppig (zu knapp einem Viertel aus tierischen Produkten) und konsumiere viel Energie (fast ausschließlich aus fossilen Quellen), insgesamt habe ich aber nur **1/3 eines Konsumkorbs** zur Verfügung.

Meine **Ökobilanz** ist **negativ**: ich verbrauche über 1,8 Erden und lokal verursache ich ein Nachhaltigkeitsdefizit von 70 %.

Roanne

Ich komme aus **Europa** und bin eine **25-jährige Frau**. Ich spreche Französisch und bin eine katholische Christin, Religion spielt aber für mein Leben eigentlich keine Rolle.

Mein persönlicher HDI beträgt **0,927**. Mein Leben ist **sehr sicher**, ich kann politisch **voll mitbestimmen**. Meine größten Lebensrisiken sind altersbedingte Krankheiten, Sorgen bereitet mir aber auch die verbreitete Ungleichheit. Meine **Lebenserwartung** beträgt statistisch 80,6 Jahre, wahrscheinlich werde ich aber noch meinen 86. Geburtstag feiern.

Ich hatte 16 Jahre sehr guten Unterricht und habe ein Studium abgeschlossen. Mein Lebensstandard entspricht **84 Oro pro Tag** (netto 1.300 im Monat) und ich lebe in einer sehr gut ausgestatteten **städtischen** Wohnung. Ich ernähre mich üppig (zu einem Drittel aus tierischen Produkten) und verbrauche viel Energie (überwiegend aus fossilen Quellen). In Summe konsumiere ich **3,7 Konsumkörbe**.

Meine **Ökobilanz** ist sehr **negativ**: ich verbrauche über 3,7 Erden und lokal verursache ich ein Nachhaltigkeitsdefizit von 50 %.

Mersin

Ich komme aus **Asien** und bin ein **41-jähriger Mann**. Ich spreche Türkisch und bin sunnitischer Muslim.

Mein persönlicher HDI beträgt **0,723**. Mein Leben ist **recht sicher**, ich habe aber **kaum Mitbestimmungsrechte**. Meine größten Lebensrisiken sind Krankheiten, es wird aber auch viel zu wenig in die allgemeine Infrastruktur investiert und die schwache Rechtsstaatlichkeit wird immer mehr zum Problem. Meine **Lebenserwartung** beträgt statistisch nur 51,8 Jahre, wahrscheinlich werde ich aber 76 Jahre alt.

Ich habe immerhin 9 Jahre ganz ordentlichen Unterricht erhalten. Mein Lebensstandard entspricht **52 Oro pro Tag** (netto 800 im Monat) und ich wohne in einer gut ausgestatteten **städtischen** Wohnung. Ich ernähre mich üppig (ein Sechstel aus tierischen Produkten) und verbrauche mäßig Energie (fast ausschließlich aus fossilen Quellen). In Summe stehen mir **1,1 Konsumkörbe** zur Verfügung.

Meine **Ökobilanz** ist **negativ**: ich verbrauche knapp 1,9 Erden und lokal verursache ich ein Nachhaltigkeitsdefizit von 50 %.

Tampa

Ich komme aus **Nordamerika** und bin eine **26-jährige Frau**. Ich spreche Englisch und bin protestantische Christin.

Mein persönlicher HDI beträgt **0,810**. Mein Leben ist **sicher** und ich genieße **volle politische Mitbestimmung**, kann mich aber neben meinen Jobs nicht auch noch darum kümmern. Sorgen bereitet mir auch die unsichere Altersvorsorge, die ich mir momentan nicht leisten kann, und ich hoffe, dass ich nie ernstlich krank werde. Meine **Lebenserwartung** beträgt statistisch 78,5 Jahre, ich erlebe aber wahrscheinlich meinen 84. Geburtstag.

Ich habe 11 Jahre ordentlichen Unterricht erhalten, hatte aber keine Chance auf ein Studium. Mein Lebensstandard entspricht **29 Oro pro Tag** (netto 500 im Monat) und ich wohne in einer gut ausgestatteten **ländlichen** Wohnung, wobei es aber keinen Internetzugang gibt. Ich ernähre mich üppig (über ein Viertel tierische Produkte), aber vor allem mit Fast Food, und verbrauche viel Energie (fast ausschließlich aus fossilen Quellen). Insgesamt konsumiere ich **3 Konsumkörbe**.

Meine **Ökobilanz** ist **negativ**: ich verbrauche 2,7 Erden und lokal verursache ich ein Nachhaltigkeitsdefizit von 20 %.

Akola

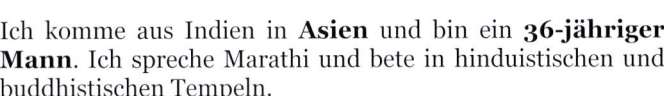

Ich komme aus Indien in **Asien** und bin ein **36-jähriger Mann**. Ich spreche Marathi und bete in hinduistischen und buddhistischen Tempeln.

Mein persönlicher HDI beträgt **0,664**. Mein Leben ist **sicher** und ich kann politisch **voll mitbestimmen**. Meine größten Lebensrisiken sind Verletzungen und Krankheiten, denn dann wird es teuer. Auch Stress und Luftverschmutzung machen mir zu schaffen. Meine **Lebenserwartung** beträgt statistisch 53,3 Jahre, wahrscheinlich werde ich aber 73 Jahre alt.

Ich habe ordentlichen Unterricht erhalten, wenn auch nur 8 Jahre lang. Mein Lebensstandard beläuft sich auf **28 Oro pro Tag** (netto 450 im Monat) und ich lebe in einer gut ausgestatteten **städtischen** Wohnung. Ich ernähre mich üppig (ein Zehntel aus tierischen Produkten), verbrauche aber nur mäßig Energie (überwiegend aus fossilen Quellen). In Summe beanspruche ich **1/3 eines Konsumkorbs**.

Meine **Ökobilanz** ist **negativ**: ich verbrauche 1,5 Erden und lokal verursache ich ein Nachhaltigkeitsdefizit von über 80 %.

Goma

Ich komme aus **Afrika** und bin ein **3-jähriges Mädchen**. Ich spreche eine afrikanische Sprache und werde bald eine weitere lernen. Ich bin katholische Christin und finde unsere Feste toll.

Mein persönlicher HDI beträgt **0,399**. Mein Leben ist **von Unsicherheit geprägt**, ich hoffe daher, politisch einmal **mitbestimmen** zu können. Meine größten Lebensrisiken sind die grassierende Armut, der Hunger und die komplett fehlende Infrastruktur und medizinische Versorgung. Außerdem machen mir Konflikte sehr zu schaffen. Meine **Lebenserwartung** beträgt statistisch 59,3 Jahre, ich könnte auch 62 werden, wenn nichts passiert.

Ich werde wahrscheinlich 7 Jahre eher schlechten Unterricht erhalten. Mein Lebensstandard entspricht **1 Oro pro Tag** (netto 50 im Monat) und ich lebe in einer prekär ausgestatteten **ländlichen** Wohnung. Ich ernähre mich mangelhaft (fast nur pflanzliche Produkte) und verbrauche sehr wenig Energie (praktisch nicht aus fossilen Quellen). Mein Gesamtkonsum beläuft sich auf gerade einmal **1/32 eines Konsumkorbs**.

Meine **Ökobilanz** ist **sehr positiv**: ich verbrauche 0,4 Erden und lebe lokal nachhaltig mit einem Rekord-Überschuss von 270 % (!).

Suihua

Ich komme aus China in **Asien** und bin eine **41-jährige Frau**. Ich spreche Mandarin, kann auch etwas Mongolisch und bin Buddhistin.

Mein persönlicher HDI beträgt **0,680**. Mein Leben ist **einigermaßen sicher**, ich habe aber **keine Mitbestimmungsrechte**, politische Kontrolle ist ständig präsent. Mein größtes Lebensrisiko ist die zunehmende Trockenheit, aber auch das schlechte Gesundheitssystem und das fehlende Internet sind problematisch. Meine **Lebenserwartung** beträgt statistisch 64,6 Jahre, wahrscheinlich feiern wir aber noch meinen 80. Geburtstag.

Ich hatte 7 Jahre ganz guten Unterricht. Dann habe ich gearbeitet und mir inzwischen einen Lebensstandard von **29 Oro pro Tag** (netto 450 im Monat) erworben. Ich wohne in einer mittelmäßig ausgestatteten **städtischen** Wohnung, ernähre mich üppig (zu einem Viertel aus tierischen Produkten) und verbrauche viel Energie (fast ausschließlich aus fossilen Quellen). Mein Gesamtkonsum beläuft sich daher auch auf **1/2 eines Konsumkorbs**.

Meine **Ökobilanz** fällt **negativ** aus: ich verbrauche fast 2 Erden und lokal verursache ich ein Defizit von über 70 %.

Haikou

Ich komme aus **Asien** und bin ein **30-jähriger Mann**. Ich spreche Mandarin und Koreanisch und bin Atheist.

Mein persönlicher HDI beträgt **0,568**. Mein Leben ist **unsicher** und ich habe **keine Mitbestimmungsrechte**. Daher fehlt es mir an fast allem, vor allem darf ich auf keinen Fall je ernstlich krank werden. Meine **Lebenserwartung** beträgt statistisch 66,1 Jahre, ich könnte wohl 74 werden, wenn … ja, wenn.

Ich habe 8 Jahre ordentlichen Unterricht erhalten, der aber sehr ideologisch war. Mein Lebensstandard entspricht **3 Oro pro Tag** (netto 100 im Monat) und ich lebe in einer schlecht ausgestatteten **ländlichen** Wohnung. Ich ernähre mich mangelhaft (zu einem Fünftel aus tierischen Produkten), sodass ich **Hunger** leide, und außerdem verbrauche ich wenig Energie (fast ausschließlich aus fossilen Quellen). Insgesamt konsumiere ich **1/2 eines Konsumkorbs**.

Meine **Ökobilanz** ist **negativ**: ich verbrauche knapp 1,9 Erden und lokal verursache ich ein Nachhaltigkeitsdefizit von 50 %.

Ballia

Ich komme aus Indien in **Asien** und bin ein **6-jähriges Mädchen**. Ich spreche Hindi und wir feiern hinduistische Feste.

Mein persönlicher HDI beträgt **0,438**. Mein Leben ist **sicher** und ich werde einmal politisch **voll mitbestimmen** können. Ein großes Lebensrisiko stellt die herrschende Armut dar, denn das tägliche Überleben ist ein Kampf, vor allem für ein Kind und speziell für ein Mädchen wie mich. Meine **Lebenserwartung** beläuft sich statistisch auf 67,3 Jahre, meinen 73. Geburtstag werde ich hoffentlich erleben.

Ich erhalte jetzt bald Unterricht und habe die Chance auf 8 Bildungsjahre. Das wäre auch wichtig, denn mein Lebensstandard entspricht nur **1 Oro pro Tag** (netto 50 im Monat) und ich lebe in einer prekär ausgestatteten **ländlichen** Wohnung. Meine Ernährung ist mangelhaft (ein Zehntel aus tierischen Produkten), ich leide daher oft **Hunger** und verbrauche fast keine Energie (überwiegend aus fossilen Quellen). Insgesamt verbrauche ich **1/24 eines Konsumkorbs**.

Meine **Ökobilanz** ist äußerst **positiv**: ich verbrauche 0,2 Erden und lebe lokal nachhaltig mit einem Überschuss von fast 50 %.

Kumbo

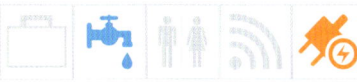

Ich komme aus **Afrika** und bin ein **18-jähriger Mann**. Ich spreche zwei afrikanische Sprachen und etwas Französisch. Ich folge katholischen und afrikanischen Ritualen.

Mein persönlicher HDI beträgt **0,527**. Mein Leben ist **eher unsicher** und politisch gibt es nur **wenig Mitbestimmung**. Meine größten Lebensrisiken sind Konflikte und die fehlende Gesundheitsversorgung, außerdem gibt es für uns Junge keine Ausbildungsmöglichkeiten. Meine **Lebenserwartung** beträgt statistische 49,8 Jahre, wahrscheinlich werde ich aber wohl 61.

Ich hatte schlechten Unterricht und musste nach 6 Bildungsjahren abbrechen, daher kann ich **nicht lesen und schreiben**. Ich habe es aber geschafft, Händler zu werden und mein Lebensstandard entspricht daher **12 Oro pro Tag** (netto 200 im Monat). Ich lebe in einer schlecht ausgestatteten **städtischen** Wohnung und verbrauche kaum Energie (überwiegend aus nichtfossilen Quellen), habe aber immer genug zu essen (fast nur pflanzliche Produkte). In Summe konsumiere ich **1/20 eines Konsumkorbs**.

Meine **Ökobilanz** ist **positiv**: ich verbrauche 0,8 Erden und lebe lokal knapp nachhaltig.

Su

Ich komme aus China in **Asien** und bin ein **2-jähriger Junge**. Ich lerne Mandarin und Religion finde ich langweilig.

Mein persönlicher HDI beträgt **0,898**. Mein Leben ist **sicher**, es gibt aber **keine politische Mitbestimmung**. Das bereitet mir Sorgen, weil ich mir das nicht gefallen lassen kann, denn es gibt zu viele Probleme, die gelöst werden müssen, wie z.B. die schlechte Luft oder die Korruption mancher Funktionäre. Meine **Lebenserwartung** beträgt daher statistisch auch nur 74,3 Jahre, ich werde also wohl 75.

Ich kann mit gutem Unterricht und 16 Bildungsjahren rechnen, wenn ich fleißig bin, habe ich also eine gute Chance auf einen Studienabschluss. Mein Lebensstandard beläuft sich bereits auf **87 Oro pro Tag** (netto 1.300 im Monat) und ich lebe in einer gut ausgestatteten **städtischen** Wohnung. Ich ernähre mich üppig (zu knapp einem Viertel aus tierischen Produkten) und verbrauche viel Energie (fast ausschließlich aus fossilen Quellen). Insgesamt konsumiere ich trotzdem nur **9/10 eines Konsumkorbs**.

Meine **Ökobilanz** ist aber sehr **negativ**: ich verbrauche 4,3 Erden und lokal verursache ich ein Nachhaltigkeitsdefizit von 90 %.

Bago

Ich komme aus **Asien** und bin eine **60-jährige Frau**. Ich spreche zwei asiatische Sprachen und bin Buddhistin.

Mein persönlicher HDI beträgt **0,491**. Mein Leben ist **relativ sicher**, wenn man sich anpasst, denn **Mitbestimmung gibt es nur beschränkt**. Mein größtes Lebensrisiko ist das Alter selbst: eine Krankheit, die nicht behandelt werden kann, oder körperliche Schwäche, sodass ich nicht mehr arbeiten kann. Meine **Lebenserwartung** hat statistisch nur 42,5 Jahren betragen, wenn nichts passiert, sieht es aber gut aus, dass ich 79 werde.

Ich hatte nur 4 Jahre Unterricht, habe aber immerhin lesen und schreiben gelernt. Mein Lebensstandard entspricht **7 Oro pro Tag** (netto 150 im Monat) und ich lebe in einer schlecht ausgestatteten **ländlichen** Wohnung. Ich ernähre mich mangelhaft (zu einem Sechstel aus tierischen Produkten) und verbrauche wenig Energie (überwiegend aus nicht-fossilen Quellen). Mein Gesamtverbrauch beläuft sich auf **1/9 eines Konsumkorbs**.

Meine **Ökobilanz** ist **positiv**: ich verbrauche 0,8 Erden und lebe lokal nachhaltig mit einem Überschuss von 10 %.

Aruba

Ich komme aus **Lateinamerika** und bin eine **21-jährige Frau**. Ich spreche Spanisch und eine Kreol-Sprache, außerdem bin ich katholische Christin.

Mein persönlicher HDI beträgt **0,774**. Mein Leben ist **nicht sicher** und ich kann politisch **kaum mitbestimmen**. Mein größtes Lebensrisiko stellt eine große Versorgungsunsicherheit dar, die immer wieder auftritt, nicht zuletzt wegen der Kriminalität. Auch der Klimawandel und die Ungleichheit machen mir zu schaffen. Meine **Lebenserwartung** beträgt statistisch 71,9 Jahre, ich werde aber wohl noch meinen 79. Geburtstag feiern.

Ich hatte 12 Jahre guten Unterricht, aber es gibt kaum weitere Perspektiven. Mein Lebensstandard entspricht **37 Oro pro Tag** (netto 600 im Monat) und ich lebe in einer mittelmäßig ausgestatteten **städtischen** Wohnung. Ich ernähre mich ausreichend (zu einem Sechstel aus tierischen Produkten) und verbrauche viel Energie (fast ausschließlich aus fossilen Quellen). Alles zusammen verbrauche ich **9/10 eines Konsumkorbs**.

Meine **Ökobilanz** ist **gemischt**: ich verbrauche zwar 1,5 Erden, lokal lebe ich jedoch nachhaltig mit einem Überschuss von 40 %.

Aurich

Ich komme aus **Europa** und bin ein **72-jähriger Mann**. Ich spreche Deutsch und bin protestantischer Christ.

Mein persönlicher HDI beträgt **0,931**. Mein Leben ist **sehr sicher** und ich genieße **volle politische Mitbestimmung**. Mein größtes Lebensrisiko stellen altersbedingte Krankheiten oder Pflegebedürftigkeit dar. Das macht mir auch deshalb Sorgen, weil ich gerade meine statistische **Lebenserwartung** von 72 Jahren erreicht habe, ich werde aber wahrscheinlich sogar noch 82.

Ich habe eine gute Schuldbildung genossen und konnte sogar studieren. Mein Lebensstandard beläuft sich auf **179 Oro pro Tag** (netto 2.700 im Monat) und ich lebe in einer sehr gut ausgestatteten **städtischen** Wohnung. Ich ernähre mich üppig (zu einem Drittel aus tierischen Produkten) und verbrauche viel Energie (fast ausschließlich aus fossilen Quellen). In Summe konsumiere ich **5,4 Konsumkörbe**.

Meine **Ökobilanz** ist aber **negativ**: ich verbrauche 3,2 Erden und lokal verursache ich ein Nachhaltigkeitsdefizit von 60 %.

Kannur

Ich komme aus Indien in **Asien** und bin eine **29-jährige Frau**. Ich spreche Malayalam und wenn ich spirituelle Hilfe brauche, suche ich sie, wo immer ich sie finden kann.

Mein persönlicher HDI beträgt **0,560**. Mein Leben ist **sicher** und ich habe **politische Mitbestimmungsrechte**. Mein größtes Lebensrisiko ist die fehlende Gesundheitsversorgung, aber ich sehe auch die Ungleichheit, die schlechten Aufstiegschancen und den schwachen Rechtsstaat als große Probleme, vor allem für mich als Frau. Meine **Lebenserwartung** beträgt statistisch 56,4 Jahre, es ist aber wahrscheinlich, dass ich 74 werde.

Ich hatte nur 6 Jahre eher schlechten Unterricht und musste danach gleich arbeiten. Mein Lebensstandard entspricht daher **8 Oro pro Tag** (netto 150 im Monat) und ich lebe in einer schlecht ausgestatteten **ländlichen** Wohnung. Ich ernähre mich mangelhaft (fast nur pflanzliche Produkte) und konsumiere wenig Energie (überwiegend aus nicht-fossilen Quellen). Insgesamt verfüge ich über **1/8 eines Konsumkorbs**.

Meine **Ökobilanz** ist **gemischt**: ich verbrauche nur 0,5 Erden, lokal lebe ich jedoch nicht nachhaltig mit einem Defizit von 50 %.

Arak

Ich komme aus **Asien** und bin ein **49-jähriger Mann**. Ich spreche zwei asiatische Sprachen, darunter Farsi, sowie etwas Arabisch und bin schiitischer Muslim.

Mein persönlicher HDI beträgt **0,582**. Mein Leben ist **einigermaßen sicher**, aber politisch gibt es **kaum Mitbestimmung**. Große Sorgen bereiten mir die schlechten Ausbildungsmöglichkeiten für Jugendliche, aber auch das repressive gesellschaftliche Klima und die steigenden Preise. Immerhin habe ich meine statistische **Lebenserwartung** von nur 48,4 Jahren bereits knapp überschritten, jetzt werde ich wahrscheinlich sogar 74.

Ich habe keinen guten Unterricht erhalten und nur 5 Bildungsjahre, weil die Zeiten unruhig waren. Mein Lebensstandard entspricht **32 Oro pro Tag** (netto 500 im Monat) und ich lebe in einer mittelmäßig ausgestatteten **städtischen** Wohnung. Ich ernähre mich üppig (ein Zehntel aus tierischen Produkten) und verbrauche sehr viel Energie (fast ausschließlich aus fossilen Quellen). Insgesamt konsumiere ich etwa **1/2 eines Konsumkorbs**.

Meine **Ökobilanz** ist **negativ**: ich verbrauche 1,7 Erden und lokal verursache ich ein Nachhaltigkeitsdefizit von über 70 %.

Cheng

Ich komme aus China in **Asien** und bin eine **23-jährige Frau**. Ich spreche Mandarin und Religion ist mir egal.

Mein persönlicher HDI beträgt **0,665**. Mein Leben ist **sicher**, politisch kann ich aber **nicht mitbestimmen**. Sorgen bereiten mir die oft gefährlichen Arbeitsbedingungen, aber auch die steigende Ungleichheit und die politische Willkür, all das muss sich ändern. Meine **Lebenserwartung** beträgt statistisch 71,4 Jahre, vielleicht schaffte ich aber sogar meinen 80er.

Ich hatte 10 Jahre guten Unterricht, mein Lebensstandard entspricht aber nur **11 Oro pro Tag** (netto 200 im Monat). Ich lebe in einer schlecht ausgestatteten **städtischen** Wohnung, was manche als „slumartig" beschreiben. Ich ernähre mich sehr gut (zu einem Fünftel aus tierischen Produkten) und verbrauche mäßig Energie (fast ausschließlich aus fossilen Quellen). In Summe steht mir **1/4 eines Konsumkorbs** zur Verfügung.

Meine **Ökobilanz** fällt **negativ** aus: ich verbrauche 1,2 Erden und lokal verursache ich ein Nachhaltigkeitsdefizit von über 50 %.

Mopti

Ich komme **aus Afrika** und bin **ein 2-jähriger Junge**. Ich werde eine afrikanische Sprache und etwas Französisch sprechen. Außerdem mag ich unsere muslimischen Feste.

Mein persönlicher HDI beträgt **0,372**. Mein Leben ist **nicht sicher** und politisch werde ich **kaum mitbestimmen** können. Meine größten Lebensrisiken sind Krankheiten und der Klimawandel, aber auch allgemeine Unsicherheit, geringe soziale Gerechtigkeit und schwache Rechtsstaatlichkeit. Meine **Lebenserwartung** beträgt statistisch 58,9 Jahre, immerhin meinen 60. Geburtstag erlebe ich also wahrscheinlich. Das ist ja richtig alt!

Ich werde keinen guten Unterricht erhalten und kann nur mit 6 Bildungsjahren rechnen. Mein Lebensstandard entspricht **1 Oro pro Tag** (netto 50 im Monat). Ich lebe in einer prekär ausgestatteten **ländlichen** Wohnung, ernähre mich mangelhaft (fast nur pflanzliche Produkte) und verbrauche kaum Energie (fast gar nichts aus fossilen Quellen). Insgesamt verbrauche ich **1/20 eines Konsumkorbs**.

Meine **Ökobilanz** ist **positiv**: ich verbrauche 0,8 Erden und lebe auch lokal knapp nachhaltig.

Surin

Ich komme aus **Asien** und bin eine **38-jährige Frau**. Ich spreche Thai und bin Buddhistin.

Mein persönlicher HDI beträgt **0,721**. Mein Leben ist **eher unsicher** und politisch gibt es eigentlich **keine Mitbestimmung**. Sorgen bereiten mir vor allem die Konflikte in der Gesellschaft und die Übernutzung der Ressourcen. Meine **Lebenserwartung** beträgt statistisch 64,4 Jahre, es ist aber wahrscheinlich, dass ich noch meinen 82. Geburtstag erlebe.

Ich hatte guten Unterricht, aber nur 9 Jahre lang, bis ich begonnen habe, zu arbeiten. Mein Lebensstandard entspricht **21 Oro pro Tag** (netto 350 im Monat) und ich lebe in einer mäßig ausgestatteten **ländlichen** Wohnung. Ich ernähre mich sehr gut (zu einem Sechstel aus tierischen Produkten) und verbrauche mäßig Energie (fast ausschließlich aus fossilen Quellen). Insgesamt geht **1/2 eines Konsumkorbs** auf mein Konto.

Meine **Ökobilanz** ist **negativ**: ich verbrauche 1,4 Erden und lokal verursache ich ein Nachhaltigkeitsdefizit von über 50 %.

Orai

Ich komme aus Indien in **Asien** und bin ein **28-jähriger Mann**. Ich spreche Hindi und bin ein Hindu.

Mein persönlicher HDI beträgt **0,580**. Mein Leben ist **sicher** und ich könnte politisch voll **mitbestimmen**, wenn ich die Zeit dazu fände. Meine größten Lebensrisiken sind Krankheiten, denn die medizinische Versorgung ist sehr teuer. Außerdem gibt es noch immer keinen Zugang zum Internet und generell wenig Aufstiegschancen. Meine **Lebenserwartung** beläuft sich statistisch auf 56,4 Jahre, wahrscheinlich werde ich aber 72 Jahre alt.

Ich habe keinen guten Unterricht erhalten und nach 7 Jahren abbrechen müssen. Mein Lebensstandard beträgt **9 Oro pro Tag** (netto 150 im Monat) und ich lebe in einer schlecht ausgestatteten **ländlichen** Wohnung. Ich ernähre mich ausreichend (zu einem Zehntel aus tierischen Produkten) und verbrauche wenig Energie (überwiegend aus fossilen Quellen). Insgesamt konsumiere ich **1/7 eines Konsumkorbs**.

Meine **Ökobilanz** ist **gemischt**: ich verbrauche nur 0,6 Erden, lokal lebe ich jedoch nicht nachhaltig mit einem Defizit von 50 %.

Preston

Ich komme aus **Europa** und bin ein **31-jähriger Mann**. Ich spreche Englisch und bin auf dem Papier protestantischer Christ.

Mein persönlicher HDI beträgt **0,934**. Mein Leben ist **äußerst sicher** und ich besitze **volle politische Rechte**, Wahlen interessieren mich aber nicht. Meine größten Sorgen sind altersbedingte Krankheiten, außerdem sehe ich die wachsende Ungleichheit als Problem. Meine **Lebenserwartung** beträgt statisch 71,8 Jahre, dass ich 81 werde, ist aber wahrscheinlich.

Ich hatte 15 Jahre sehr guten Unterricht und habe einen Studienabschluss. Mein Lebensstandard entspricht **104 Oro pro Tag** (netto 1.600 im Monat) und ich lebe in einer sehr gut ausgestatteten **städtischen** Wohnung. Ich ernähre mich üppig (zu knapp einem Drittel aus tierischen Produkten) und verbrauche viel Energie (fast ausschließlich aus fossilen Quellen). In Summe verbrauche ich **4,1 Konsumkörbe**.

Meine **Ökobilanz** ist sehr **negativ**: ich verbrauche 2,9 Erden und lokal verursache ich ein Nachhaltigkeitsdefizit von über 70 %.

Anshun

Ich komme aus China in **Asien** und bin ein **4-jähriges Mädchen**. Ich spreche Zhuang, werde aber auch Mandarin lernen. Außerdem bin ich Buddhistin.

Mein persönlicher HDI beträgt **0,610**. Mein Leben ist **schwierig**, politisch werde ich **keine Mitspracherechte** haben. Meine größten Probleme sind die weitverbreitete Armut, der Versorgungsmangel und die politische Repression. Meine **Lebenserwartung** beträgt statisch 77,0 Jahre, ich werde aber wahrscheinlich mindestens 78 Jahre alt.

Ich werde hoffentlich 11 Jahre guten Unterricht erhalten, vielleicht kann ich dadurch der Armut entfliehen. Mein Lebensstandard entspricht **3 Oro pro Tag** (netto 100 im Monat) und ich lebe in einer schlecht ausgestatteten **ländlichen** Wohnung. Ich ernähre mich mangelhaft (knapp ein Fünftel aus tierischen Produkten) und verbrauche wenig Energie (fast ausschließlich aus fossilen Quellen). In Summe verbrauche ich **1/5 eines Konsumkorbs**.

Meine **Ökobilanz** ist **gemischt**: ich verbrauche 0,9 Erden, lokal lebe ich jedoch nicht nachhaltig mit einem Defizit von 40 %.

Tabora

Ich komme aus **Afrika** und bin eine **57-jährige Frau**. Ich spreche mehrere afrikanische Sprachen, darunter Swahili, und folge einer afrikanischen Religion, gehe aber auch in die Kirche.

Mein persönlicher HDI beträgt **0,257**. Mein Leben ist **nicht sicher** und es gibt **wenig politische Mitbestimmung**. Die größte Gefahr für mein Leben stellt die Armut dar, denn es gibt insgesamt einfach zu wenig von allem. Meine statistische **Lebenserwartung** von 44,2 Jahren habe ich immerhin lange hinter mir, vielleicht werde ich sogar 80. Ob ich mir das wünschen soll?

Ich hatte nie Unterricht, vielleicht einmal 1 Jahr, und bin **Analphabetin**. Mein Lebensstandard entspricht **2 Oro pro Tag** (netto 75 im Monat) und ich wohne in einer prekär ausgestatteten **ländlichen** Wohnung. Ich ernähre mich mangelhaft (fast ausschließlich pflanzliche Produkte), den **Hunger** bin ich aber längst gewöhnt, und verbrauche sehr wenig Energie (praktisch nicht aus fossilen Quellen). In Summe konsumiere ich lediglich **1/18 eines Konsumkorbs**.

Meine **Ökobilanz** ist **gemischt**: ich verbrauche nur 0,6 Erden, lokal lebe ich jedoch nicht nachhaltig mit einem Defizit von 20 %.

Durango

Ich komme aus **Lateinamerika** und bin ein **35-jähriger Mann**. Ich spreche Spanisch und bin ein katholischer Christ.

Mein persönlicher HDI beträgt **0,784**. Mein Leben ist **nicht sehr sicher**, politisch kann ich aber **voll mitbestimmen**. Meine größten Lebensrisiken sind die Kriminalität und die Korruption, aber auch die teure medizinische Versorgung. Meine **Lebenserwartung** beläuft sich statistisch auf 63,3 Jahre, dass ich einmal 78 werde, gilt aber als wahrscheinlich.

Ich hatte 10 Jahre recht guten Unterricht und habe daher einen ganz guten Job. Mein Lebensstandard entspricht **59 Oro pro Tag** (netto 900 im Monat) und ich lebe in einer gut ausgestatteten **städtischen** Wohnung. Ich ernähre mich üppig (zu einem Fünftel aus tierischen Produkten) und verbrauche relativ viel Energie (fast ausschließlich aus fossilen Quellen). Alles zusammen verfüge ich über **1,3 Konsumkörbe**.

Meine **Ökobilanz** ist **negativ**: ich verbrauche 1,5 Erden und lokal verursache ich ein Nachhaltigkeitsdefizit von über 50 %.

Akron

Ich komme aus **Nordamerika** und bin ein **16-jähriger Junge**. Ich spreche Englisch und bin protestantischer Christ, aber eigentlich interessiert mich Religion nicht.

Mein persönlicher HDI beträgt **0,931**. Mein Leben ist **sicher** und ich werde politisch einmal **voll mitbestimmen** dürfen. Meine größten Lebensrisiken sind altersbedingte Krankheiten, auch weil es teuer und schwierig ist, sich gesund zu ernähren. Meine statistische **Lebenserwartung** beträgt 73,9 Jahre, wahrscheinlich werde ich aber wohl 78 Jahre alt.

Ich habe sehr guten Unterricht und werde sicher studieren, am Ende werden es 20 Bildungsjahre gewesen sein, ein neuer Rekord in Globo. Mein Lebensstandard entspricht **99 Oro pro Tag** (netto 1.500 im Monat) und ich wohne in einer sehr gut ausgestatteten **städtischen** Wohnung. Ich ernähre mich üppig (über ein Viertel aus tierischen Produkten) und verbrauche sehr viel Energie (fast nur fossile Quellen). Insgesamt verfüge ich über **4,8 Konsumkörbe**.

Meine **Ökobilanz** fällt **negativ** aus: ich verbrauche 4,4 Erden und lokal verursache ich ein Nachhaltigkeitsdefizit von 50 %.

Kulna

Ich komme aus **Asien** und bin ein **neugeborenes Mädchen**. Ich werde Bengali sprechen und sunnitische Muslima werden.

Mein persönlicher HDI beträgt **0,445**. Mein Leben ist **unsicher** und später werde ich politisch **kaum mitbestimmen** können. Die größten Gefahren stellen Krankheiten dar, weil die Gesundheitsversorgung viel zu teuer ist. Außerdem werden mir der Klimawandel und die Umweltverschmutzung zu schaffen machen. Meine **Lebenserwartung** beträgt 73,9 Jahre.

Ich werde hoffentlich einmal Unterricht haben, wenn es einen Platz für mich gibt, wären 8 Bildungsjahre möglich. Mein Lebensstandard entspricht nur **1 Oro pro Tag** (netto 50 im Monat) und ich lebe in slumartigen **städtischen** Verhältnissen. Meine Ernährung ist schlecht (fast ausschließlich pflanzliche Produkte), sodass ich **Hunger** leiden muss, außerdem verbrauche ich fast keine Energie (überwiegend aus fossilen Quellen). Mein Gesamtkonsum beläuft sich auf **1/28 eines Konsumkorbs**.

Meine **Ökobilanz** ist **positiv**: ich verbrauche nur 0,2 Erden und lebe lokal nachhaltig mit einem Überschuss von 30 %.

Pali

Ich komme aus Indien in **Asien** und bin eine **22-jährige Frau**. Ich spreche Hindi und bin eine Hindu.

Mein persönlicher HDI beträgt **0,501**. Mein Leben ist **nicht wirklich sicher** und ich kann eigentlich politisch **mitbestimmen**, aber als Frau wird man oft nicht für voll genommen. Diese fehlende Gleichberechtigung bereitet mir große Sorgen, aber auch sonst die das Leben gefährlich und schon die tägliche Hygiene ist oft ein Risiko. Meine **Lebenserwartung** beträgt statistisch 60,0 Jahre, ich habe aber gute Chancen, zumindest 74 zu werden.

Ich hatte nur 7 Jahre Unterricht und habe gelernt, was immer möglich war. Mein Lebensstandard entspricht **3 Oro pro Tag** (netto 100 im Monat) und ich wohne in slumartigen **städtischen** Verhältnissen. Ich ernähre mich mangelhaft (fast nur pflanzliche Produkte) und verbrauche sehr wenig Energie (überwiegend aus fossilen Quellen). In Summe verfüge ich über **1/16 eines Konsumkorbs**.

Meine **Ökobilanz** ist **positiv**: ich verbrauche nicht einmal 0,3 Erden und lebe auch lokal knapp nachhaltig.

Lalit

Ich komme aus **Asien** und bin ein **24-jähriger Mann**. Ich spreche eine indische Sprache und etwas Englisch. Außerdem bin ich ein Hindu.

Mein persönlicher HDI beträgt **0,587**. Mein Leben ist **sicher**, politisch gibt es aber nur **wenig Mitbestimmung**. Neben Krankheiten ist der Klimawandel mein größtes Lebensrisiko, denn er stellt uns schon heute immer wieder vor Versorgungsengpässe. Wie soll das nur weitergehen? Meine statistische **Lebenserwartung** beträgt 58,9 Jahre, ich werde hoffentlich meinen 73. Geburtstag erleben.

Ich hatte 8 Jahre eher schlechten Unterricht, aber immerhin hat es für die Grundlagen gereicht. Mein Lebensstandard beläuft sich auf **9 Oro pro Tag** (netto 150 im Monat) und ich lebe in einer mittelmäßig ausgestatteten **ländlichen** Wohnung. Ich ernähre mich ausreichend (fast ausschließlich pflanzliche Produkte) und verbrauche wenig Energie (überwiegend aus fossilen Quellen). Insgesamt konsumiere ich **1/6 eines Konsumkorbs**.

Meine **Ökobilanz** ist **gemischt**: ich verbrauche nur 0,6 Erden, lokal lebe ich jedoch nicht nachhaltig mit einem Defizit von 50 %.

Taif

Ich komme aus **Asien** und bin ein **37-jähriger Mann**. Ich spreche Arabisch und bin sunnitischer Muslim.

Mein persönlicher HDI beträgt **0,917**. Mein Leben ist **sicher** und in kann **politisch bestimmen**. Die größten Gefahren für mich wären soziale Unruhen oder auch zu große Umwälzungen in Globo, weil es mir wirtschaftlich gut geht, so wie es jetzt ist. Meine **Lebenserwartung** beträgt statistisch 56,7 Jahre, wahrscheinlich werde ich aber 75 Jahre alt.

Ich hatte sehr guten Unterricht und habe auch studiert, insgesamt sind 17 Bildungsjahre zusammengekommen. Mein Lebensstandard entspricht **236 Oro pro Tag** (netto 3.600 im Monat) und ich lebe in einer sehr gut ausgestatteten **ländlichen** Wohnung. Ich ernähre mich üppig (zu einem Fünftel aus tierischen Produkten) und verbrauche sehr viel Energie (fast nur aus fossilen Quellen). Alles in allem konsumiere ich **3,2 Konsumkörbe**.

Meine **Ökobilanz** fällt **negativ** aus: ich verbrauche 2,5 Erden und lokal verursache ich ein Nachhaltigkeitsdefizit von fast 90 %.

Kadoma

Ich komme aus **Afrika** und bin eine **42-jährige Frau**. Ich spreche zwei afrikanische Sprachen und Englisch. Außerdem bin ich protestantische Christin.

Mein persönlicher HDI beträgt **0,766**. Mein Leben ist **nicht wirklich sicher**, aber ich kann politisch **mitbestimmen**. Meine größten Lebensrisiken sind Krankheiten, zu deren Behandlung mehr als die Grundversorgung nötig wäre, aber auch die große Ungleichheit, die hohe Kriminalität und die Unfähigkeit der Politik stören mich sehr. Meine **Lebenserwartung** liegt statisch bei 59,0 Jahren, ich erlebe aber wahrscheinlich auch meinen 73. Geburtstag noch.

Ich hatte 11 Jahre guten Unterricht. Mein Lebensstandard beläuft sich auf **34 Oro pro Tag** (netto 550 im Monat) und ich lebe in einer gut ausgestatteten **städtischen** Wohnung. Ich ernähre mich üppig (zu einem Sechstel aus tierischen Produkten) und verbrauche viel Energie (fast ausschließlich aus fossilen Quellen), insgesamt konsumiere ich **6/10 eines Konsumkorbs**.

Meine **Ökobilanz** ist **negativ**: ich verbrauche 1,6 Erden und lokal verursache ich ein Nachhaltigkeitsdefizit von über 50 %.

Samara

Ich komme aus **Europa** und bin eine **76-jährige Frau**. Ich spreche Russisch und bin seit jeher überzeugte Atheistin.

Mein persönlicher HDI beträgt **0,628**. Mein Leben ist **relativ sicher**, es gibt jedoch **keine echte politische Mitsprache**. Meine größten Lebensrisiken sind die niedrigen Pensionen, vor allem für uns Frauen, und dass es auch sonst viel zu wenig Geld für die Infrastruktur gibt. Meine **Lebenserwartung** von nur 55,0 Jahren bei meiner Geburt habe ich schon lange überlebt, vielleicht schaffe ich sogar meinen 87. Geburtstag.

Ich hatte nur 7 Jahre, dafür recht guten Unterricht, und hatte daher eine gute Arbeit. Heute entspricht mein Lebensstandard aber nur noch **17 Oro pro Tag** (netto 300 im Monat) und lebe in einer schlecht ausgestatteten **städtischen** Wohnung, was manche „slumartig" nennen. Ich ernähre mich ausreichend (ein Viertel aus tierischen Produkten) und verbrauche viel Energie (fast ausschließlich aus fossilen Quellen). Insgesamt habe ich **8/10 eines Konsumkorbs**.

Meine **Ökobilanz** ist **gemischt**: ich verbrauche zwar 2,1 Erden, lokal lebe ich jedoch nachhaltig mit einem Überschuss von 90 %.

Nalbari

Ich komme aus Indien in **Asien** und bin ein **19-jähriger Mann**. Ich spreche mehrere asiatische Sprachen und bin ein Hindu, aber vor allem wegen der Feste.

Mein persönlicher HDI beträgt **0,473**. Mein Leben ist **sicher** und politisch könnte ich **voll mitbestimmen**, aber meine Bedürfnisse scheinen immer nur vor Wahlen interessant zu sein. Sorgen machen mir vor allem schlechte Ausbildungsmöglichkeiten für uns junge Menschen, aber auch sonst gibt es kaum etwas, außer Wasser und Strom. Meine **Lebenserwartung** beträgt statistisch 60,2 Jahre, vielleicht schaffe ich auch 70.

Ich habe 7 Jahre schlechten Unterricht erhalten und kann daher **nicht wirklich lesen und schreiben**. Mein Lebensstandard entspricht **2 Oro pro Tag** (netto 75 im Monat) und ich wohne in einer schlecht ausgestatteten **ländlichen** Wohnung. Ich ernähre mich mangelhaft (ein Zehntel tierische Produkte), leide oft **Hunger** und verbrauche sehr wenig Energie (überwiegend aus fossilen Quellen), insgesamt **1/20 eines Konsumkorbs**.

Meine **Ökobilanz** ist **positiv**: ich verbrauche nur 0,2 Erden und lebe auch lokal nachhaltig mit einem Überschuss über 10 %.

Loudi

Ich komme aus China in **Asien** und bin eine **51-jährige Frau**. Ich spreche Xiang und habe kein religiöses Bekenntnis.

Mein persönlicher HDI beträgt **0,602**. Mein Leben ist **sicher**, politisch gibt es aber **keinerlei Mitbestimmung**. Meine größte Sorge ist, einmal am Ende meines Lebens alleine zu sein, auch die teure Gesundheitsversorgung ist ein Problem. Dabei habe ich dem einiges zu verdanken: meine statistische **Lebenserwartung** betrug bei meiner Geburt nur 49,2 Jahre, heute ist es sogar wahrscheinlich, dass ich 81 Jahre alt werde.

Ich hatte nur 6 Jahre schlechten Unterricht und kann daher nur **wenig lesen und schreiben**. Immerhin habe ich jetzt einen ganz guten Job und mein Lebensstandard beträgt **22 Oro pro Tag** (netto 400 im Monat). Ich wohne in einer mittelmäßig ausgestatteten **ländlichen** Wohnung, ernähre mich üppig (zu einem Viertel aus tierischen Produkten) und verbrauche viel Energie (fast nur aus fossilen Quellen). In Summe ergibt das **1/3 eines Konsumkorbs**.

Meine **Ökobilanz** fällt **negativ** aus: ich verbrauche 1,7 Erden und lokal verursache ich ein Nachhaltigkeitsdefizit von fast 70 %.

Kediri

Ich komme aus **Asien** und bin ein **62-jähriger Mann**. Ich spreche Javanisch und bin sunnitischer Muslim, aber vor allem aus Tradition.

Mein persönlicher HDI beträgt **0,620**. Mein Leben ist **sicher** und ich besitze **volle politische Mitbestimmung**. Meine größten Lebensrisiken sind das schlechte Gesundheitssystem und die Luftverschmutzung. Zwar habe ich trotzdem meine statistische **Lebenserwartung** von 43,0 Jahren bereits lange überlebt, aber ich möchte auch bis 75 gesund bleiben.

Ich hatte nur 6 Jahre Unterricht, habe dann aber schnell gelernt, worauf es im Leben ankommt. Mein Lebensstandard beläuft sich daher nun auf **37 Oro pro Tag** (netto 600 im Monat) und ich wohne in einer gut ausgestatteten **städtischen** Wohnung, ernähre mich üppig (fast ausschließlich pflanzliche Produkte), brauche aber nur wenig Energie (überwiegend aus fossilen Quellen). Insgesamt konsumiere ich trotzdem **1,2 Konsumkörbe**.

Meine **Ökobilanz** ist aber **negativ**: ich verbrauche 1,6 Erden und lokal verursache ich ein Nachhaltigkeitsdefizit von über 50 %.

Maringa

Ich komme aus **Lateinamerika** und bin eine **30-jährige Frau**. Ich spreche Portugiesisch und Spanisch, außerdem bin ich katholische Christin.

Mein persönlicher HDI beträgt **0,654**. Mein Leben ist **sicher** und ich kann politisch eigentlich **voll mitbestimmen**, aber Frauen haben es da nicht leicht. Meine größten Lebensrisiken sind der Klimawandel und die Umweltzerstörung durch die Großfarmen, auf denen es viel zu wenig Arbeit gibt. Meine **Lebenserwartung** beträgt statistisch 67,7 Jahre, wahrscheinlich erlebe ich aber auch noch meinen 82. Geburtstag.

Ich hatte 8 Jahre ordentlichen Unterricht und habe es danach ganz gut getroffen. Mein Lebensstandard entspricht **11 Oro pro Tag** (netto 200 im Monat) und ich lebe in einer mittelmäßig ausgestatteten **städtischen** Wohnung. Ich ernähre mich üppig (zu einem Viertel aus tierischen Produkten) und verbrauche eher wenig Energie (überwiegend aus fossilen Quellen). Insgesamt verbrauche ich **7/10 eines Konsumkorbs**.

Meine **Ökobilanz** fällt **gemischt** aus: ich verbrauche 1,8 Erden, lokal lebe ich aber nachhaltig mit einem Überschuss von fast 200 %.

Sannar

Ich komme aus **Afrika** und bin ein **12-jähriger Junge**. Ich spreche Arabisch und bin sunnitischer Muslim.

Mein persönlicher HDI beträgt **0,608**. Mein Leben ist **nicht sicher** und politisch werde ich **wenig mitbestimmen** können. Die größten Gefahren für meine Leben stellen die schlechten Ausbildungsmöglichkeiten dar. Meine **Lebenserwartung** beträgt statistisch 63,0 Jahre, dass ich einmal 69 werde, gilt aber als wahrscheinlich.

Ich habe derzeit ganz guten Unterricht, aber mehr als 9 Jahre werden nicht möglich sein. Mein Lebensstandard entspricht **9 Oro pro Tag** (netto 200 im Monat) und ich lebe in einer mittelmäßig ausgestatteten **städtischen** Wohnung. Ich ernähre mich gut (zu einem Sechstel aus tierischen Produkten) und verbrauche wenig Energie (größtenteils aus fossilen Quellen). Insgesamt konsumiere ich **1/5 eines Konsumkorbs**.

Meine **Ökobilanz** fällt **negativ** aus: ich verbrauche 1,1 Erden und lokal verursache ich ein Nachhaltigkeitsdefizit von fast 50 %.

Erbil

Ich komme aus **Asien** und bin ein **7-jähriges Mädchen**. Ich spreche Arabisch und bin schiitische Muslima.

Mein persönlicher HDI beträgt **0,646**. Mein Leben ist **sehr unsicher** und **Mitbestimmung ist eigentlich völlig unmöglich**. Ich lebe durch die Konflikte vielmehr in ständiger Gefahr und obwohl die Möglichkeiten gar nicht so schlecht wären, droht immer wieder der Zusammenbruch von allem, was mühsam aufgebaut wurde. Meine **Lebenserwartung** liegt statistisch bei 74,2 Jahren, ich erlebe also hoffentlich meinen 77. Geburtstag.

Ich habe die Chance auf 11 Jahre Unterricht, aber ob er stattfinden kann und wie gut er sein wird, ist noch offen. Mein aktueller Lebensstandard beläuft sich auf **6 Oro pro Tag** (netto 150 im Monat) und ich lebe wegen der Zerstörungen in slumartigen **städtischen** Verhältnissen. Ich ernähre mich mangelhaft (zu einem Zehntel aus tierischen Produkten) und verbrauche recht wenig Energie (überwiegend aus fossilen Quellen). Alles zusammen konsumiere ich **7/10 eines Konsumkorbs**.

Meine **Ökobilanz** ist **negativ**: ich verbrauche 1,4 Erden und lokal verursache ich ein Nachhaltigkeitsdefizit von 80 %.

Hisar

Ich komme aus Indien in **Asien** und bin ein **43-jähriger Mann**. Ich spreche Hindi und Englisch und bin ein Hindu.

Mein persönlicher HDI beträgt **0,693**. Mein Leben ist **sicher** und ich kann **politisch mitbestimmen**. Meine größten Sorgen sind die Beschränkungen, denen ich in meinem wirtschaftlichen Fortkommen ausgesetzt bin und der Neid meiner Mitmenschen. Mich beschäftigt aber auch die weitverbreitete Armut. Meine **Lebenserwartung** beträgt statistisch zwar nur 49,5 Jahre, aber inzwischen ist wahrscheinlich, dass ich auch meinen 74. Geburtstag noch feiern kann.

Ich hatte 9 Jahre guten Unterricht und habe damit eine gute Basis für mein Arbeitsleben gelegt. Mein Lebensstandard entspricht **39 Oro pro Tag** (netto 600 im Monat) und ich wohne in einer gut ausgestatteten **städtischen** Wohnung. Ich ernähre mich üppig (ein Achtel aus tierischen Produkten) und verbrauche mäßig Energie (überwiegend aus fossilen Quellen). Insgesamt verfüge ich über **1/2 eines Konsumkorbs**.

Meine **Ökobilanz** ist **negativ**: ich verbrauche 2 Erden und lebe auch lokal nicht nachhaltig mit einem Defizit von fast 90 %.

Jilin

Ich komme aus China in **Asien** und bin ein **44-jähriger Mann**. Ich spreche Mandarin und etwas Mongolisch und bin Anhänger des Schamanismus.

Mein persönlicher HDI beträgt **0,659**. Mein Leben ist **eher sicher**, politisch besitze ich aber **keine Mitbestimmungsrechte**. Am meisten Sorgen bereiten mir die politische Repression und die Korruption in der Verwaltung. Meine **Lebenserwartung** beträgt statistisch 58,6 Jahre, dass ich meinen 78. Geburtstag noch erlebe, gilt aber als wahrscheinlich.

Ich hatte 7 Jahre mittelmäßigen Unterricht, sobald ich arbeiten durfte, habe mich aber hochgearbeitet. Mein Lebensstandard beläuft sich auf **34 Oro pro Tag** (netto 550 im Monat) und ich lebe in einer gut ausgestatteten **städtischen** Wohnung, was wegen der Luftverschmutzung aber als „slumartig" bezeichnet wird. Ich ernähre mich üppig (knapp ein Viertel aus tierischen Produkten) und verbrauche viel Energie (fast ausschließlich aus fossilen Quellen). In Summe konsumiere ich **1/2 eines Konsumkorbs**.

Meine **Ökobilanz** ist **negativ**: ich verbrauche 2,1 Erden und lebe auch lokal nicht nachhaltig mit einem Defizit fast 80 %.

Dese

Ich komme aus **Afrika** und bin ein **7-jähriges Mädchen**. Ich spreche zwei afrikanische Sprachen, lerne ein bisschen Arabisch und bin sunnitische Muslima.

Mein persönlicher HDI beträgt **0,387**. Mein Leben ist **unsicher** und ich werde einmal nur **sehr wenige Mitbestimmungsmöglichkeiten** haben. Aber ich habe sowieso größere Probleme, denn uns fehlt es an vielem, das beginnt schon beim Essen und Trinken. Insgesamt dominiert die Armut mein Leben und wir spüren die Folgen des Klimawandels. Meine statistische **Lebenserwartung** beträgt 58,5 Jahre, ich werde aber wohl wenigstens 65.

Ich werde 6 Jahre schlechten Unterricht erhalten, dann werde ich mir das nicht mehr leisten können, denn mein Lebensstandard entspricht nur **1 Oro pro Tag** (netto 50 im Monat). Ich lebe in einer prekär ausgestatteten **ländlichen** Wohnung, leide **Hunger** (meine Ernährung beinhaltet auch fast nur pflanzliche Produkte) und verbrauche fast keine Energie (fast nur nicht-fossile Quellen). Insgesamt verfüge ich über **1/8 eines Konsumkorbs**.

Meine **Ökobilanz** ist **gemischt**: ich verbrauche 0,7 Erden, lokal lebe ich jedoch nicht nachhaltig mit einem Defizit von 10 %.

Lugo

Ich komme aus **Europa** und bin ein **20-jähriger Mann**. Ich spreche Spanisch und etwas Englisch und bin katholischer Christ.

Mein persönlicher HDI beträgt **0,907**. Mein Leben ist **sicher** und ich kann politisch **voll mitbestimmen**. Mein größtes Problem ist, dass junge Menschen wie ich keine geeignete Arbeit finden und sich daher das Leben immer weniger leisten können. Meine **Lebenserwartung** beträgt statistische 73,9 Jahre, wahrscheinlich werde ich aber 81 Jahre alt.

Ich habe sehr guten Unterreicht erhalten und studiere jetzt, insgesamt werde ich auf 19 Bildungsjahre kommen. Mein Lebensstandard entspricht **57 Oro pro Tag** (netto 900 im Monat) und ich lebe in einer gut ausgestatteten **städtischen** Wohnung. Ich ernähre mich üppig (zu einem Viertel aus tierischen Produkten) und verbrauche viel Energie (fast ausschließlich aus fossilen Quellen). Alles zusammen verbrauche ich **2,4 Konsumkörbe**.

Meine **Ökobilanz** ist **negativ**: ich verbrauche 2,3 Erden und lebe auch lokal nicht nachhaltig mit einem Defizit von 60 %.

Davao

Ich komme aus **Asien** und bin eine **20-jährige Frau**. Ich spreche Tagalog und Spanisch, außerdem bin ich katholische Christin.

Mein persönlicher HDI beträgt **0,691**. Mein Leben ist **sicher** und ich kann politisch **weitgehend mitbestimmen**, was als Frau aber nicht immer leicht ist. Meine größten Lebensrisiken sind die schwache Rechtsstaatlichkeit und die schlechte Gesundheitsversorgung, hoffentlich wird auch das politische Klima nicht schlechter. Meine statistische **Lebenserwartung** beträgt 69,2 Jahre, wahrscheinlich werde ich aber 75.

Ich habe 11 Jahre guten Unterricht erhalten, mehr war nicht möglich. Mein Lebensstandard entspricht **14 Oro pro Tag** (netto 250 im Monat) und ich wohne in einer mittelmäßig ausgestatteten **ländlichen** Wohnung. Ich ernähre mich ausreichend (zu einem Sechstel aus tierischen Produkten) und verbrauche wenig Energie (überwiegend aus fossilen Quellen), insgesamt verfüge ich über **1/4 eines Konsumkorbs**.

Meine **Ökobilanz** ist **gemischt**: ich verbrauche nur 0,6 Erden, lokal lebe ich aber nicht nachhaltig mit einem Defizit von 50 %.

Bao

Ich komme aus China in **Asien** und bin ein **10-jähriges Mädchen**. Ich spreche Mandarin und interessiere mich nicht für Religion.

Mein persönlicher HDI beträgt **0,729**. Mein Leben ist **sicher**, politisch werde ich aber **keinerlei Mitbestimmungsrechte** haben. Sorgen bereitet mir, dass die Versorgung nicht gut organisiert ist und es zu wenige wirtschaftliche Möglichkeiten gibt. Meine **Lebenserwartung** beträgt statistisch 75,6 Jahre, dass ich 79 werde, ist aber wahrscheinlich.

Ich erhalte guten Unterricht und kann mit 12 Bildungsjahren rechnen. Mein Lebensstandard entspricht **13 Oro pro Tag** (netto 250 im Monat) und ich lebe in einer mäßig ausgestatten **ländlichen** Wohnung. Ich ernähre mich sehr gut (ein Viertel aus tierischen Produkten) und verbrauche viel Energie (fast ausschließlich aus fossilen Quellen). Insgesamt konsumiere ich **1/4 eines Konsumkorbs**.

Meine **Ökobilanz** fällt **negativ** aus: ich verbrauche 1,3 Erden und lokal verursache ich ein Nachhaltigkeitsdefizit von 60 %.

Karag

Ich komme aus Indien in **Asien** und bin ein **14-jähriger Junge**. Ich spreche Bengali und bin sunnitischer Muslim.

Mein persönlicher HDI beträgt **0,604**. Mein Leben ist **sicher** und ich werde einmal politisch **mitbestimmen** können. Sorgen bereitet mir die fehlende Infrastruktur, vor allem für die Hygiene und die Gesundheitsversorgung. Meine **Lebenserwartung** beträgt statistische 62,2 Jahre, dass ich einmal 70 werde, ist aber wahrscheinlich.

Ich hatte jetzt seit 8 Jahren eher mäßigen Unterricht und es wird wohl mein letztes Jahr gewesen sein, womit mir eine echte Ausbildung fehlt. Mein Lebensstandard entspricht **11 Oro pro Tag** (netto 200 im Monat) und ich lebe in slumartigen **städtischen** Verhältnissen. Ich ernähre mich ausreichend (ein Zehntel aus tierischen Produkten) und verbrauche wenig Energie (überwiegend aus fossilen Quellen). Insgesamt konsumiere ich **1/6 eines Konsumkorbs**.

Meine **Ökobilanz** ist **gemischt**: ich verbrauche 0,7 Erden, lokal lebe ich jedoch nicht nachhaltig mit einem Defizit von 60 %.

Trenton

Ich komme aus **Nordamerika** und bin eine **54-jährige Frau**. Ich spreche Englisch, kann auch Spanisch und etwas Französisch, und bin katholische Christin, aber nur an Feiertagen.

Mein persönlicher HDI beträgt **0,946**. Mein Leben ist **sehr sicher** und ich kann politisch **voll mitbestimmen**. Meine größten Lebensrisiken sind altersbedingte Krankheiten. Meine **Lebenserwartung** beträgt statistisch 74,0 Jahre, wahrscheinlich kann ich aber meinen 86. Geburtstag feiern.

Ich habe 13 Jahre sehr guten Unterricht erhalten und eine ausgezeichnete Berufsausbildung. Mein Lebensstandard entspricht **161 Oro pro Tag** (netto 2.500 im Monat) und ich lebe in einer sehr gut ausgestatteten **städtischen** Wohnung. Ich ernähre mich qualitativ hochwertig (ein Fünftel aus tierischen Produkten) und verbrauche viel Energie (fast ausschließlich aus fossilen Quellen). In Summe beanspruche ich damit ganze **5,2 Konsumkörbe** für mich.

Meine **Ökobilanz** fällt **gemischt** aus: obwohl ich 5 (!) Erden verbrauche, lebe ich lokal trotzdem nachhaltig mit 15 % Überschuss.

Aksu

Ich komme aus China in **Asien** und bin ein **11-jähriger Junge**. Ich spreche ein Turk-Sprache und etwas Mandarin und bin sunnitischer Muslim, aber vor allem an Festtagen.

Mein persönlicher HDI beträgt **0,569**. Mein Leben ist **unsicher** und ich werde wohl **nie politisch mitbestimmen** können. Meine größte Sorge ist die politische und kulturelle Unterdrückung, was auch meine Chancen auf eine erfolgreiche Zukunft verringert. Außerdem spüren wir die Folgen des Klimawandels und leiden unter der schlechten Infrastruktur. Meine **Lebenserwartung** beträgt statistisch 72,2 Jahre, hoffentlich werde ich 76.

Ich kann mit 10 Jahren Unterricht rechnen, die Qualität ist aber mittelmäßig. Mein Lebensstandard entspricht **3 Oro pro Tag** (netto 100 im Monat) und ich wohne in einer schlecht ausgestatteten **ländlichen** Wohnung. Ich ernähre mich mangelhaft (zu einem Fünftel aus tierischen Produkten) und verbrauche wenig Energie (fast ausschließlich aus fossilen Quellen). Mein Gesamtkonsum beläuft sich auf **1/5 eines Konsumkorbs**.

Meine **Ökobilanz** ist **gemischt**: ich verbrauche 0,9 Erden, lokal lebe ich jedoch nicht nachhaltig mit einem Defizit von 40 %.

Wenn Sie sich nun (noch mehr?) Mut machen wollen,

DRÖSSER, Christoph & COENENBERG, Nora: *100 Kinder*. Gabriel Verlag, Stuttgart, 2020.

EISL, Markus & MANSBERGER, Gerald: *NEW HUMAN FOOT-PRINT: Unsere Welt im Umbruch*. eoVision, Salzburg, 2018.

GÖPEL, Maja: *Unsere Welt neu denken. Eine Einladung*. Ullstein Verlag, München 2020.

IFZ SALZBURG (Hrsg.): *Weltverbesserung im Kleinen. Ein Lesebuch für gutes Zusammenleben*. Mandelbaum, Wien, 2019.

KEMFERT, Claudia: *Mondays for Future: Freitag demonstrieren, am Wochenende diskutieren und ab Montag anpacken und umsetzen*. Murmann Publishers, Hamburg, 2020.

MINGELS, Guido: *Früher war alles schlechter. Warum es uns trotz Kriegen, Krankheiten und Katastrophen immer besser geht*. Deutsche Verlags-Anstalt, München, 2017.

NUSSBAUMER, Josef & NEUNER, Stefan: *Hoffnungstropfen*. Studia, Innsbruck, 2018.

RAWORTH, Kate: *Die Donut-Ökonomie: Endlich ein Wirtschafts-modell, das den Planeten nicht zerstört*. Carl Hanser, München, 2018.

SCHARMACHER-SCHREIBER, Kristina & MARIAN, Stephanie: *Wie viel wärmer ist 1 Grad? Was beim Klimawandel passiert*. Beltz & Gelberg, Weinheim, 2019.

dann empfehlen wir zum Weiterlesen (und -schauen):

SCHNEIDEWIND, Uwe: *Die große Transformation. Eine Einführung in die Kunst gesellschaftlichen Wandels.* S. Fischer, Frankfurt am Main, 2018.

SCHRÖDER, Martin: *Warum es uns noch nie so gut ging und wir trotzdem ständig von Krisen reden.* Benevento, Salzburg, 2018.

WINKLER, Jakob: *Fatimas fantastische Reise in eine Welt ohne Erdöl.* Jakob Winkler, Innsbruck, 2019.

VON WEIZSÄCKER, Ernst Ulrich & WIJKMAN, Anders: *Wir sind dran. Was wir ändern müssen, wenn wir bleiben wollen. Eine neue Aufklärung für eine volle Welt.* Gütersloher Verlags Haus, Gütersloh, 2017.

WILKINSON, Richard & PICKETT, Kate: *Gleichheit ist Glück: Warum gerechte Gesellschaften für alle besser sind.* Haffmans & Tolkemitt, Berlin, 2010.

Und wenn Sie unsere Zahlen in der realen Welt nachschauen wollen, dann ...

... wenden Sie sich an folgende Organisationen:

Berichte über die Ziele für nachhaltige Entwicklung (seit 2016), https://archive.unric.org/de/wirtschaftliche-und-soziale-entwicklung/27848 (in Deutsch)

Food and Agricultural Organization of the United Nations (**FAO**):

Food and agricultural data (FAOSTAT), http://www.fao.org/faostat/en/#data

Global Information System on Water and Agriculture (AQUASTAT), http://www.fao.org/aquastat/en/

International Energy Agency (**IEA**): *World Energy Outlook,* https://www.iea.org/topics/world-energy-outlook

United Nations, Department of Economic and Social Affairs (**UN-DESA**):

United Nations Global SDG Database, https://unstats.un.org/sdgs/indicators/database/

Sustainable Development, https://sdgs.un.org/

World Population Prospect, https://population.un.org/wpp/

United Nations Development Programme (**UNDP**): *Human Development Data,* http://hdr.undp.org/en/data

The **World Bank** (IBRD): *World Bank Open Data,* https://data.worldbank.org/

World Health Organization (**WHO**): *Health topics,* https://www.who.int/health-topics/

World Tourism Organization (**UNWTO**): *Statistical Data,* https://www.unwto.org/data

… oder an folgende wissenschaftliche Einrichtungen:

Carbon Dioxide Information Analysis Center (CDIAC): *CDIAC Data*, https://cdiac.ess-dive.lbl.gov/data/

Center for Systemic Peace (CSP): *The Policy Project*, http://www.systemicpeace.org/polityproject.html

clio infra: *How Was Life? Global Well-Being since 1820*, https://clio-infra.eu/

Gapminder: *Data*, https://www.gapminder.org/data/

Global Footprint Network: *Free Public Dataset*, https://www.footprintnetwork.org/licenses/publicdata-package-free/

Groningen Growth and Development Center:

Penn World Tables, https://www.rug.nl/ggdc/productivity/pwt/

Maddison Project Database 2018, https://www.rug.nl/ggdc/historicaldevelopment/maddison/releases/maddison-project-database-2018

International Civil Aviation Organization (ICAO): *Economic Development, Facts & Figures*, https://www.icao.int/sustainability/Pages/FactsFigures.aspx

Organisation Internationale des Constructeurs d'Automobiles (OICA): *Vehicles in use*, http://www.oica.net/category/vehicles-in-use/

Our World in Data: *Research and data to make progress against the world's largest problems*, https://ourworldindata.org/

Small Arms Survey: *Global Firearms Holdings*, http://www.smallarmssurvey.org/weapons-and-markets/tools/global-firearms-holdings.html

Stockholm International Peace Research Institute (SIPRI): *SIPRI Military Expenditure Database*, https://www.sipri.org/databases/milex

Transparency International: *Corruption Perceptions Index*, https://www.transparency.org/research/cpi/overview

Water Footprint Network: *Product Gallery*, https://waterfoot print.org/en/resources/interactivetools/product-gallery/

Wikipedia:

List of languages by number of native speakers, https:// en.wikipedia.org/wiki/List_of_languages_by_number _of_native_speakers (basierend auf *Ethnologue*)

List of countries by age of first marriage, https://en. wikipedia.org/wiki/List_of_countries_by_age_at_first _marriage (basierend auf verschiedenen Studien)

World Justice Project (WJP): *World Justice Project Rule of Law Index*, https://worldjusticeproject.org/our-work/ wjp-rule-law-index

World Trade Organization (WTO): *Data*, https://data.wto.org/

... oder auch direkt an folgende wissenschaftliche Publikationen:

Bairoch, Paul (1971): "Structure de la population active mondiale de 1700 à 1970", in: *Annales* 26 (5), S. 960-976.

Criado-Perez, Caroline (2019): *Invisible Women: Exposing Data Bias in a World Designed for Men*. Chatto & Windus, London (2020 auch in Deutsch als „Unsichtbare Frauen" bei btb erschienen).

Davies, James B., et al. (2017): "Estimating the Level and Distribution of Global Wealth, 2000–2014", in: *Review of Income and Wealth* 63 (4), S. 731-759 (Daten verfügbar unter: https://doi.org/10.1111/roiw.12318).

FAO (2018): *The State of the World's Forests 2018: Forest Pathways to Sustainable Development*. Food and Agricultural Organisation.

Hubermann, Michael & Minns, Chris (2007): "The times they are not changin': Days and hours of work in Old and New Worlds, 1870–2000", in: *Explorations in Economic History* 44 (4), S. 538-567.

IEA (2017): *World Energy Outlook 2017*. International Energy Agency.

IPCC (2014): *AR5 Synthesis Report: Climate Change 2014*. The Intergovernmental Panel on Climate Change.

Kaza, Silpa, et al. (2018): *What a Waste 2.0. A Global Snapshot of Solid Waste Management to 2050*. World Bank Group.

Le, Quang Bao, et al. (2016): "Biomass Productivity-Based Mapping of Global Land Degradation Hotspots", in: Nkonya, Ephraim, et al. (eds.): *Economics of Land Degradation and Improvement – A Global Assessment for Sustainable Development*, Springer Nature, London u.a., S. 55-84.

Milanović, Branko (2016): *Global Inequality. A New Approach for the Age of Globalization.* Harvard University Press, Cambridge/MA (auch in Deutsch als „Die ungleiche Welt" bei Suhrkamp erschienen).

Mora, Camilo, et al. (2009): "Management Effectiveness of the World's Marine Fisheries", in: *PLoS Biology* 7 (6), e1000313.

OECD (2020): *How's Life? 2020. Measuring Well-Being.* OECD Publishing, Paris (Daten verfügbar unter: https:// doi.org/10.1787/9870c393-en).

UNO (2017): *Ziele für nachhaltige Entwicklung. Bericht 2017.* Vereinte Nationen.

van Zanden, Jan Luithen, et al. (2014): "The Changing Shape of Global Inequality", in: *Review of Income and Wealth* 60 (2), S. 279-297.

Global betrachtet müssen viele Millionen Menschen tagtäglich einen oder mehrere Leidenswege durchwandern, weil unsere Ökonomie oft kaum andere Wege bereithält. Das Buch *Leidenswege der Ökonomie* macht anhand von 14 Stationen auf diese Leiden aufmerksam. Jede Station beginnt mit einem Kreuzwegbild, setzt sich mit einem kurzen zusammenfassenden Text fort, geht dann in eine Sammlung von „Kurzmeldungen" über und wird durch Grafiken abgerundet. Doch es gibt auch immer wieder Abzweigungen von den Leidenswegen, die in eine andere Zukunft weisen. Diesen „Hoffnungsschimmern" ist das letzte Kapitel gewidmet.

Josef Nussbaumer, Andreas Exenberger,
Stefan Neuner
Studia-Verlag, Februar 2015
ISBN 978-3902652966
272 Seiten, € 19,90

In unserer heutigen – oft als katastrophal bezeichneten – Welt passiert eine schier unüberschaubare Fülle an erfreulichen Erscheinungen und Aktivitäten. Und auch viele sozioökonomische Belange haben sich in den letzten Jahrzehnten teils erheblich verbessert. Alle diese Entwicklungen sind *Hoffnungstropfen* für eine bessere Zukunft.

Jedes Wasser, sei es Quelle, Fluss oder Meer ergießt sich aus einzelnen kleinen Tropfen so laut und wild, so groß und still es auch sein mag. (Christine Rainer)

Josef Nussbaumer, Stefan Neuner
Studia-Verlag, Dezember 2017
ISBN 978-3903030442
274 Seiten, € 19,90